동東의 생활사

동東의 생활사

고광민 著

동東의 생활사

차례

그림 차례

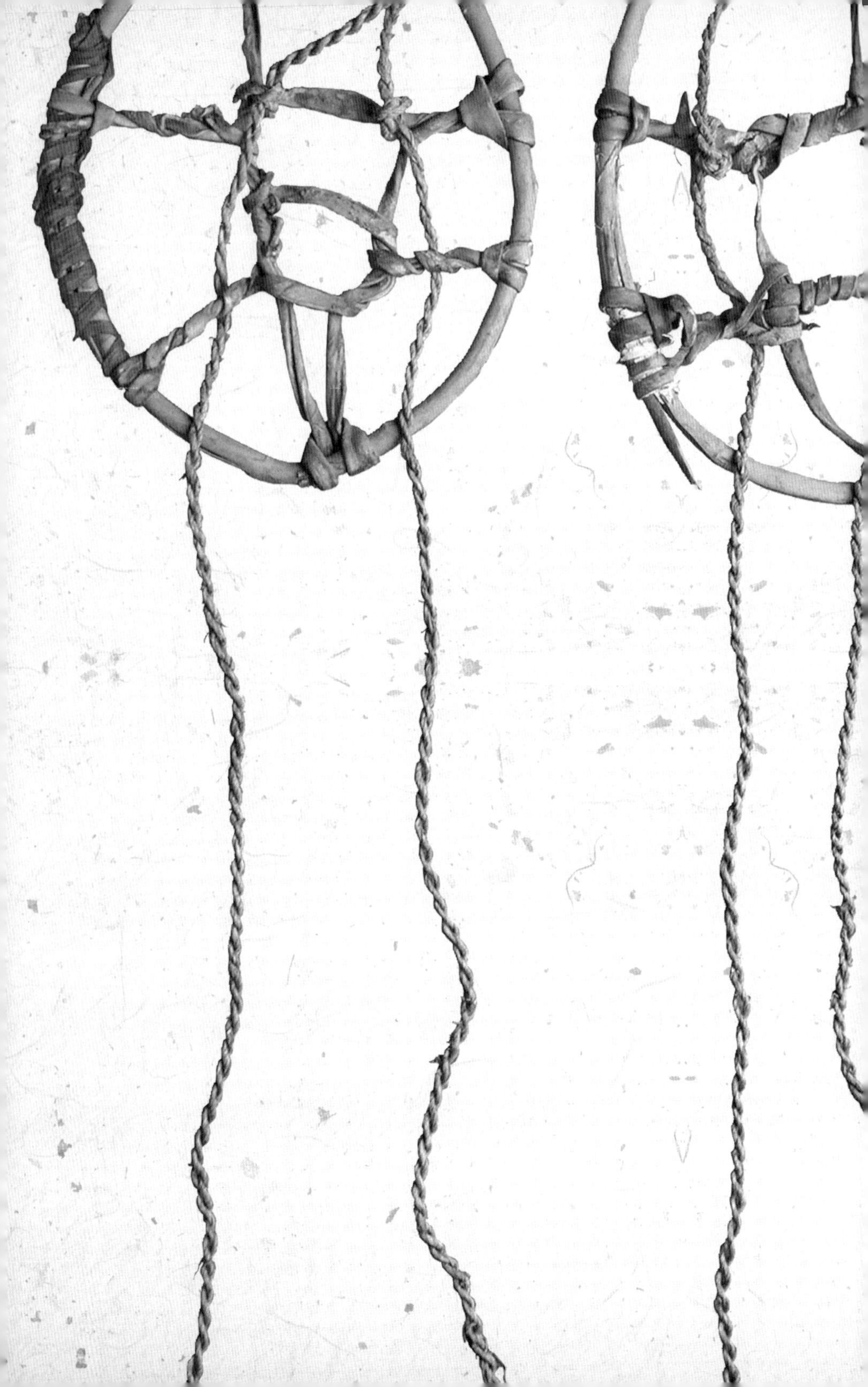

서문

서문

한반도는 동쪽은 높고, 서쪽은 낮은 동고서저[東高西低]의 땅이다. 그 꼭대기를 백두대간[白頭大幹]이라고 한다. 한반도는 백두대간을 기점으로 동[東]과 서[西]가 문화적으로 상당한 차이를 드러내고 있다. 농법, 도구, 언어에서 그 사례를 들여다보고자 한다. 농법은 영동지역의 단작[單作]과 영서지역의 혼작[混作]의 사례로 들여다보고자 한다.

강원도 영동지역 강릉시 구정리[구정면] 윤기종 씨[1929년생, 남]에게 가르침 받은 사례에 따르면, 이 마을 숙전[熟田]에서의 보편적인 윤작구조[輪作構造]는 감자 - 보리 - 조[또는 콩]를 단작[單作]하는 것이었다. 강원도 영서지역 인제군 방동리[기린면] 전병룡 씨[1923년생, 남]에게 가르침 받은 사례에 따르면, 이 마을 숙전에서의 보편적인 윤작구조는 조와 팥,

옥수수와 콩을 혼작하는 것이었다. 여기에서 여름농사만을 들어 다보고자 한다. 영동지역의 조와 콩은 단작, 영서지역의 조와 팥, 옥수수와 콩은 혼작하고 있었다. 이는 태풍과 무관하지 않아 보인다. 태풍은 여름농사 시기에 불어오는 계절풍이다. 대관령으로 말미암아 영동지역은 태풍의 방비지대防備地帶가 되고, 영서지역은 태풍의 무방비지대無防備地帶가 된다. 태풍의 방비지대에서는 여름농사 단작이 효율적이고, 태풍의 무방비지대에서는 여름농사 혼작이 효율적이다.

도구는 홍두깨로 사례를 들어보고자 한다. 국어사전에서 홍두깨의 설명은 "다듬잇감을 감아서 다듬이질할 때에 쓰는, 단단한 나무로 만든 도구"라고 한다. 이것은 한반도 백두대간 남쪽과 서쪽 지역에 해당되는 뜻풀이다. 백두대간 동쪽 지역 사람들은 의생활 도구의 홍두깨를 '배게'라고 하였다. 한반도 백두대간 동쪽 지역에도 홍두깨가 있다. 그러나 백두대간 동쪽 지역 사람들은 안반에서 손국수를 만들 밀가루와 콩가루 반죽을 밀

[도1] '배게'와 '홍두깨'
'배게'는 경북 의성군 사촌3리(점곡면) 김중수 씨(1952년생, 남) 집에서 쓰던 것이다. 이 마을 사람들은 다듬잇감을 감아서 다듬이질할 때에 쓰는, 단단한 나무로 만든 도구를 '배게(좌)'라고 한다. 가죽나무를 다듬어 만든 것이다(직경 6.7㎝, 길이 72.1㎝). '홍두깨(우)'는 경북 의성군 사촌3리(점곡면) 김형수 씨(1930년생, 남) 집에서 쓰던 것이다. 안반에서 손국수를 만들 밀가루와 콩가루 반죽을 밀 때 쓰는, 단단한 나무로 둥글게 만든 도구다(직경 5.0㎝, 길이 111.5㎝).

때 쓰는 단단한 나무로 둥글게 만든 도구를 홍두깨라고 한다(**도1**). 백두대간 동쪽의 홍두깨는 식생활 도구고, 백두대간 서쪽의 홍두깨는 의생활 도구다. 그러나 국어사전에는 백두대간 동쪽에서 전승되었던 의생활 도구인 '배게'는 없고, 백두대간 서쪽에서 전승되었던 의생활 도구인 홍두깨만 있다. 이러한 사례는 빙산의 일각에 지나지 않는다. 한국의 문화는 정치, 경제, 사회, 문화의 중심 도시인 서울이 위치한 백두대간 서쪽 중심으로 철저하게 치우쳐 있다.

언어의 사례는 백두대간 동쪽 울산광역시 울주군 삼정리[두동면] 김홍섭 씨[1932년생, 남]의 농사일기에서 들여다보고자 한다. 1962년 음력 9월 24일 식전, 김홍섭 씨는 일기에서 "밥먹는도가리 마자 비고 고물콩, 배밑콩 꺾음."이라고 기록하였다. 김홍섭 씨는 논배미를 '도가리'라고 하였다. '밥먹는도가리'는 김홍섭 씨 소유 '새논'에 있는 논배미 이름이다. '고물콩'과 '배밑콩'은 무슨 콩일까. 김홍섭 씨는 '고물콩'은 떡고물을 만들 때 쓰는 콩이고, '배밑콩'은 밥에 섞는 콩이라고 했다. 그리고 못자리를 '못강', 수수를 '수끼', 논두렁을 '논두룸'이라고 하였다. 한반도 백두대간 동쪽에서 오랫동안 전승되다가 지금은 잃어버린 말들이다.

이 책의 지역 범위는 강원도 영동 지역[강릉, 동해, 속초, 삼척, 양양, 고성], 경북 지역, 그리고 경남의 낙동강 동쪽 지역[창녕, 울주, 밀양, 양산, 울산, 기장]을 대상으로 하였고, 마을 이름은 현지조사 당시의 이름으로 나타내었다. 이 책에서는 이들 한반도의 동해안에 접해 있는 지역을 '동해안 지역'이라고 하고자 한다. 이 책은 동해안 지역 원초경제사회 사람들의 생활사 기록이다. 원초경제사회란 인간이 필요한 자원을 자연에서 마련하여 살아가는 경제사회라는 의미의 말이다. 개발경제사회와 반대의 의미이다.

원초경제사회 사람들은 의식주 등 일상생활에 필요한 대부분의 자원을 자연에서 마련하였다. 개발경제사회 사람들은 의식주 등 일상생활에 필요한 모든 자원을 돈으로 마련하였다. 초가집이 원초경제사회의 집이라면, 슬레이트집은 개발경제사회의 집이다. 원초경제사회 때의 밭갈이 도구는 쟁기였고, 개발경제사회 때의 밭갈이는 경운기로 하게 되었다. 이 책은 원초경제사회를 살아온 동해안 지역 여러분들의 가르침과 기록^마을문서와 일기 등^ 속에서 발굴한 자료를 토대로 한다.

원초경제사회 때 사람들은 산과 바다, 그리고 산과 바다를 이어주는 강하江河, 그 사이에 있는 논과 밭, 그리고 마을을 삶의 공간으로 살아왔다. 원초경제사회 사람들은 산야에서 초목, 논과 밭에서 양식糧食, 강과 바다에서 수산물을 취하면서 삶을 꾸려왔다. 그리고 그 지역의 풍토에 맞는 여러 가지 도구들을 창조하고 계승해왔다. 이 책은 원초경제사회 서민들의 생활공간에 맞추어 다음과 같이 5장으로 구성하였다.

1장은 '산야의 생활사'다.

동해안 지역에서 '멧돼지 사냥'은 개인 사냥과 집단 사냥이 전승되고 있다. 개인 사냥과 집단 사냥의 방법, 그리고 집단 사냥의 분포 지역을 살펴보았다.

울산광역시 울주군 두동면 삼정리 김홍섭 씨는 1955년부터 지금까지 농사 일기를 써왔다. 김 씨의 일기 속에서 1962년 1년 동안의 '땔나무의 1년'을 들여다보았다. 원초경제사회 때의 땔나무는 부의 상징이기도 했다. 땔나무는 채취시기에 따라 '겨울나무'와 '여름나무'로 구분했고, 겨울나무와 여름나무의 땔나무 종류도 서로 대조를 이루고 있다.

우리의 머릿속에는 나무가 없는 산야는 '민둥산' 또는 '벌거숭이'라는 부정적인 관념이 각인되어 있다. 그러나 나무가 없는 산이 필요했고 그래서 이러한 산을 가꾸고 살아온 역사를 '풀, 풀, 풀'에서 살펴보았다.

원초경제사회 때 '천석꾼도 소가 반쪽'이라는 말이 전승되는데, 그만큼 일소 한 마리를 소유한다는 것은 쉽지 않았기 때문이었다. '소의 일생'에서는 일소에 관련된 소의 1년, 소의 소작 등을 들여다보았다.

2장은 '전답의 생활사'다.

동해안 지역에는 1년 2작 지역과 2년 3작 지역이 공존하고 있었다. 2년 3작은 농작물의 생장기간을 맞추어 농산물 수확을 극대화하려는 지혜의 농법이었다. '2년 3작의 세계'에서는 이 지역에서 전승되는 2년 3작의 실체를 살펴보았다.

동해안 지역에서는 보리 씨앗또는 밀 씨앗, 인분, 거름을 분리하여 파종하는 지역과 혼합하여 파종하는 지역이 공존하고 있었다. 그 배경은 무엇 때문이었을까. '보리와 밀의 남과 북'에서 이를 들여다보았다.

울주 지역 김홍섭 씨의 일기 속에서 '논거름의 1년'을 추적하여 보았다. 논거름은 언제 어떻게 마련하였으며, 언제 어떤 방법으로 거름을 주었는지를 들여다보았다.

김홍섭 씨의 일기 속에서 '밭거름의 1년'을 통해 밭거름 종류와 목적에 대해서 살펴보았다.

경북 의성군에는 금성산이 있다. 화산폭발로 탄생된 산으로 백두대간과 뚝 떨어져 있다. 금성산 자락에 사는 사람들 사이에는, 가뭄이 들어 모를 못 심게 되면, 어느 누구가 금성산 꼭대기에 묘를 썼기 때문이라는 '금성산 이야기'가 전승되고 있다.

동해안 지역 사람들은 빗물에 의해서만 벼를 생산하는 논을 '천봉답天奉畓'이라고 하였다. 김홍섭 씨의 일기 속에서 '고개만당의 운명'을 추적하였다. 천봉답의 논농사는 고생이 많은 논농사였다. 천봉답의 농민은 왜 밭농사를 짓지 않고 논농사를 고집하였을까. 숙명적으로 천봉답이 될 수밖에 없는 배경을 들여다보았다.

산야가 60% 이상인 한반도의 농민들은 실개천 또는 강물을 이용하여 논농사를 짓는 경우가 그만큼 많았다. 이런 논을 '봇논', 봇논의 논들을 '봇들'이라고 하였다. 수십 명, 또는 수백 명의 답주들이 힘을 모아 실개천 또는 강물을 이용하여 봇논의 논농사를 짓기 위해서는 어떠한 조직이 필요하기 마련이었다. 동해안 지역의 '봇논의 조직'은 다양하게 전승되고 있다.

동해안 지역 사람들은 논농사를 짓기 위하여 일정한 마을 단위로 공동 조직을 만드는 경우가 있었다. 논농사 공동조직의 이름은 지역에 따라 달랐다. 남쪽 지역 사람들은 '두레', 북쪽 지역 사람들은 '질'이라고 하였다. '두레와 질'은 어떻게 전승되었을까.

3장은 '마을의 생활사'다.

'뒤티마을의 마을 살림'에서는 산촌山村의 생활을 마을 문서를 통해 살펴보았다.

'가곡천과 한기마을'에서는 가곡천 한기마을강원도 삼척시 원덕읍 노경리 김명준 씨1934년생, 남의 생활사를 통하여 한기마을에 전승되어온 원초경제사회의 생활사를 살펴보았다.

우포늪은 한반도 최대 규모의 내륙습지다. 우포늪 주변에 있는 소목마을경남 창녕군 이방면 장재리 사람들이 우포늪을 무대로 살아온 '우포늪의 비밀'을 들여다보았다.

'삼척 갯마을의 남정네와 아낙네'는 어촌 생활사다. 농경지 조건이 열악한 갈남리강원도 삼척시 원덕읍에서 초곡리강원도 삼척시 근덕면에 이르는 마을의 남정네와 아낙네들이 어떻게 살아왔는지 살펴보았다.

동해안 지역에서 일정한 산야山野를 마을 사람들이 공동으로 소유하고 있는 '여러 가지 동산洞山'의 이용과 목적을 들여다보았다.

동해안 지역 사람들은 마을 공동 소유의 논과 밭을 '동답洞畓', '동밭', '성황답城隍畓'이라고 하였다. 동해안 지역 사람들은 동답또는 동밭,

성황당을 어떻게 소유, 관리, 운용하였는지 '동서남북의 동답洞畓'에서 들여다보았다.

4장은 '갯밭의 생활사'다.

미역밭은 지역에 따라 마을 공동 소유, 마을 분할 소유, 그리고 개별 소유 등 다양하게 전승되고 있다. 그 배경은 무엇 때문이었을까, '미역밭 주인'에서 살펴보았다.

조선시대 울산 지역에는 많은 제주도 해녀들이 이주하여 정착하였다. '경상도 울산부 호적대장'에 수차례 등장하는 두모악頭毛岳, 곧 제주도 사람들의 기록은 이를 증명해 주고 있다. '조선시대 제주도 해녀가 울산으로 온 까닭'은 무엇일까.

1962년 음력 1월 13일양력 2월 17일, 울산광역시 울주군 두동면 삼정리 김홍섭 씨1932년생, 남는 어머니 제사상祭祀床에 올릴 물고기를 사려고 언양 오일장으로 갔다. 언양장에서 여러 가지 물고기를 사서 어머니 제사상에 올렸다. '언양장에 나타난 바닷물고기 추적'에서는 울산 지역 갯마을을 찾아다니면서 바닷물고기의 출처를 찾아내고, 그 어법 등을 들여다보았다.

동고서저東高西低한 한반도에서 '동고東高'의 영동 지역은 농경지가 협소하고, '서저西低'의 영서 지역은 농경지가 광활하였다. 영동 쪽 갯마을 사람들은 양식을 구하려고 갯밭에서 얻은 해산물을 등에 지고 백두대간의 고개고개를 넘어 영서 쪽 산촌으로 가서 물물교환하며 살아왔다. '영길 넘는 시변리 사람들'에서는 영서 지역 강원도 양양군 현남면 시변리 사람들의 물물교환 생활사를 들여다보았다.

경북 울진군 매화면 오산2리에서 강원도 삼척시 원덕읍 갈남1리까지의 갯마을 사람들의 미역짬에서 해산물 풍작을 기원하는 '짬고사'와 제주도 갯마을 사람들의 해산물 풍작을 기원하는 '영등굿' 속 '씨드림'을 비교하여 '짬고사와 씨드림'이 어떻게 전승되었는지 살펴보았다.

5장은 '도구의 생활사'다.

원초경제사회 때 겉곡을 찧거나 알곡을 빻는 일은 일상사日常事였다. 동해안 지역 사람들은 디딜방아에서만 겉곡을 찧거나 알곡을 빻았다. 동해안 지역에서 디딜방아 문화는 어떻게 전승되었는지를 '디딜방아 소리'에서 들여다보았다.

동해안 지역 중 남부 지역 사람들은 대그릇에 익숙하였고, 북부 지역 사람들은 싸리그릇에 익숙하였다. '대그릇과 싸리그릇'에서 그 전승 실태를 살펴보았다.

대나무가 많은 한반도 남부 지역에서는 대고리, 대나무가 귀한 한반도 중부와 북부 지역에서는 버들고리가 전승되었다. '버들고리의 고향'에서 버들백정들이 살았다고 전승되는 마을 주변에서 전승되고 있는 버들고리의 속내를 들여다보았다.

원초경제사회 때의 식수食水 마련은 여성들의 몫이었다. 식수 운반도구는 물동이였다. 동해안 지역에는 세 가지 종류의 물동이가 전승되고 있다. '물동이의 얼굴'에서는 서해안 지역에서 전승되고 있는 물동이를 비교 고찰하였다.

마지막으로 동해안과 제주도 두 지역에서 전승되고 있는 통나무배를 살펴보았다. 현장의 자료를 바탕으로 '동해안 떳가리와 제주도 테'를 비교 고찰하였다.

1장

산야의 생활사

멧돼지 사냥

동해안 지역에서 멧돼지 사냥은 개인 사냥과 집단 사냥이 전승되고 있다. 개인 사냥은 '옥노올가미'를 이용한 사냥이고, 집단 사냥은 창을 이용한 사냥이다. 왜 동시에 두 가지 사냥이 전승되고 있는가. 멧돼지 개인 사냥과 집단 사냥의 목적은 무엇이었을까.

개인 사냥

멧돼지 개인 사냥의 도구는 올가미였다.

[사례1] 경북 봉화군 법전면 오지2리 이순구 씨 1944년생, 남

이 마을 사람들은 음력 9월 중에 '옥노올가미'로 멧돼지를 잡았다. 이때는 가을 곡식이 한창 익어갈 무렵이다. 이 무렵 멧돼지들은 먹이를 구하려고 여기저기 막무가내로 돌아다녔다. 멧돼지는 땅에 코를 대고 다니는 습성이 있다. 멧돼지가 즐겨 다니는 길을 '통질'이라고 한다. 통질에 옥노를 설치하였다. 옥노는 가는 철사를 여러 겹으로 꼬아 직경 0.3cm의 줄로 만들었는데 이것을 '멧돼지 옥노'라고 한다. 통질에 나무가 있으면 그것에 옥노를 묶었다. 나무가 없으면 나무토막에 옥노를 묶고 지상에서 20cm 정도 위치에 설치하였다. 멧돼지의 목이나 발목이 옥노에 걸리면 달아나려고 애쓸수록 옥노는 옥죄어들었다(도2).

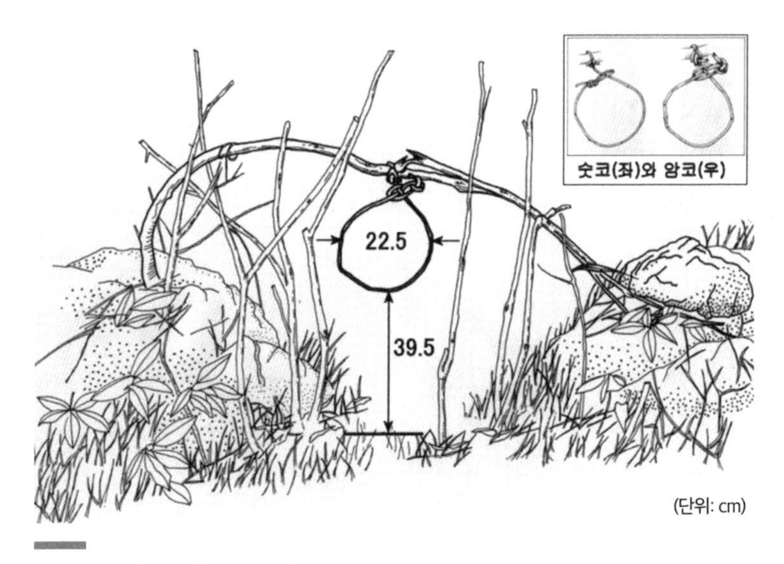

[도2] 제주도의 '암코'와 '숫코'(그림 강봉석)

제주도에서는 올가미를 '코'라고 하였다. '코'는 '암코'와 '숫코'가 전승되고 있다. 암코는 한번 조이면 쉬 풀어지지 않았다. 사례1의 지역에서도 철사 '옥노'가 등장하기 전에는 암코가 전승되었는지 모른다.

집단 사냥

멧돼지 집단 사냥 도구는 창이었다**(도3)**.

[사례2] 강원도 강릉시 왕산면 목계리 박종근 씨1935년생, 남

이 마을 북동쪽에 있는 칠성산981m 산줄기는 남쪽으로 길게 뻗어 석병산1,055m까지 이어진다. 그 서쪽 골짜기 '큰골'은 제법 깊다. 그 자락 '방터골'에 20여 가호가 모여 살았다. 폭설이 걷히고 화창한 날이면 굶주림에 지친 멧돼지는 큰골을 타고 방터골로 내려온다. 멧돼지는 다리가 짧은 들짐승이라서 눈 속에 쉬 빠진다. 눈 속에 빠진 멧돼지는 코로 눈[雪]을 헤치며 길을 뚫고 나오려고 애를 쓴다.

이 마을 사람들은 멧돼지 사냥 조직을 짰다. 보통 7명이 하나의 조직을 이루는데 창잽이 3명과 몰이꾼 4명으로 구성되었다. 몰이꾼 4명은 모두 몽둥이를 들고 창잽이들은 멧돼지 창 하나씩을 손에 들었다. 창잽이는 순번이 정해져 있다. 맨 먼저 창을 찌를 창잽이를 '선창잽이'라고 하고 두 번째 찌를 창잽이를 '재창잽이', 세 번째 찌를 창잽이를 '삼창잽이'라고 하였다.

화창한 날에는 조망 권역이 그만큼 넓게 확보되었다. 사냥꾼들

[도3] 창
강원도 평창군 도암면 차항리 박○○(1936년생, 남) 씨가 쓰던 것이다(길이 244.0㎝, 날의 폭 5.0㎝, 날의 길이 31.0㎝).

은 칠성산과 석병산의 능선으로 올라가서 큰골 골짜기를 타고 산자락으로 내려오는 멧돼지를 찾았다. 멧돼지가 발견되면 사냥꾼들은 썰매를 타고 멧돼지가 있는 곳으로 달려간다. 창잽이들이 신경을 쓰는 것은 멧돼지의 역습이었다. 멧돼지 이빨을 '움'이라고 한다. 움에 찔리지 않도록 조심해야 한다. 창잽이들은 만약을 대비하여 눈길을 닦아놓는다. 비상 탈출로脫出路를 확보해 두는 것이다. 멧돼지가 악에 뻗쳐 닥치는 대로 물어뜯으려고 입을 벌려 으르렁댈 때 선창잽이는 멧돼지에게 "들이라!"라고 고함을 지른다. 멧돼지에게 덤빌 테면 덤벼들라는 의미의 고함임과 동시에 멧돼지 사냥 구성원들에게 응전應戰하라는 준비의 신호였다. 멧돼지는 창잽이에게 머리로 들이받으려고 달려든다. 선창잽이는 몸을 살짝 옆으로 비키면서 멧돼지의 목을 창으로 찌른다. 이를 '창질'이라고 한다. 그러면 멧돼지는 맥을 못 추었다. 목에 명중命中시키지 못했을 때 재창잽이가 시도한다. 재창잽이가 명중시키지 못했을 때 삼창잽이가 창질을 한다. 몰이꾼들은 몽둥이로 멧돼지를 때려눕힌다.

몰이꾼들은 눈 속에 묻혀 있는 땔감을 주워다가 불을 피운다. 그 자리에서 산신山神에게 고사를 올린다. 제물로 멧돼지 양쪽 귀를 끊어 올렸다. 이어서 멧돼지를 10토막앞다리 2, 뒷다리 2, 갈비 2, 배 1, 머리 1, 목 1, 궁둥이 1으로 갈랐다. 이를 '분육分肉'이라고 한다. 포상褒賞으로 선창잽이는 목, 재창잽이는 궁둥이, 삼창잽이는 머리를 차지하였다. 나머지 7개앞다리 2, 뒷다리 2, 갈비 2, 배 1는 창잽이를 포함한 사냥꾼 7명이 각각 하나씩 차지하였다.

[사례3] 강원도 양양군 현북면 장리 서양원 씨1946년생, 남

이 마을 서남쪽에 있는 조봉1,182m은 서북쪽의 정족산850m까지 이어졌다. 그 사이에 여러 개의 골짜기가 있다. 폭설이 멈춘 다음 날, 이 마을 사람들은 멧돼지 사냥을 나선다. 보통 7명이 하나의 조직을 꾸렸다. 산으로 올라 눈 속에 묻힌 멧돼지를 포위하였다. 이런 일을 '후리질한다'고 하였다. 후리질을 하고 창잽이 세 사람이 순서에 따라 멧돼지를 창질하고 멧돼지를 잡았다. **사례2**와 같이 멧돼지를 포상하고 분육하였다.

[사례4] 강원도 양양군 현북면 도리 김동춘 씨1931년생, 남

이 마을 서쪽에는 정족산850m이 있다. 정족산 줄기는 남서쪽으로 뻗어 조봉1,182m까지 이어졌다. 폭설이 멈추고 화창한 날, 이 마을 사람들은 멧돼지 사냥을 위한 조직을 결성하였다. 이때의 조직을 '패'라고 하였다. 한 패는 보통 7명이었다. 눈에 빠지지 않게 '설피'를 덧신었다**(도4)**. 멧돼지 사냥 패는 창꾼과 몰이꾼으로 구성한다. 창꾼은 멧돼지 창으로, 몰이꾼은 몽둥이로 멧돼지를 잡는다.

멧돼지 사냥 패들은 산 능선으로 올라간다. 멧돼지는 눈 속에서 먹이를 찾아 헤매다가 눈 속에 빠지곤 하는데, 이때 멧돼지들은 발자국을 남기기 마련이었다. 사냥꾼들은 무리를 지어 다니지 않았고, 능선을 따라 흩어져 골짜기에 있는 멧돼지나 그 발자국을 추적하였다. 멧돼지를 찾아낸 이는 휘파람을 불어 신호를 보냈다. 그 신호에 따라 멧돼지 사냥 패들이 그리로 모여든다. 멧돼지를

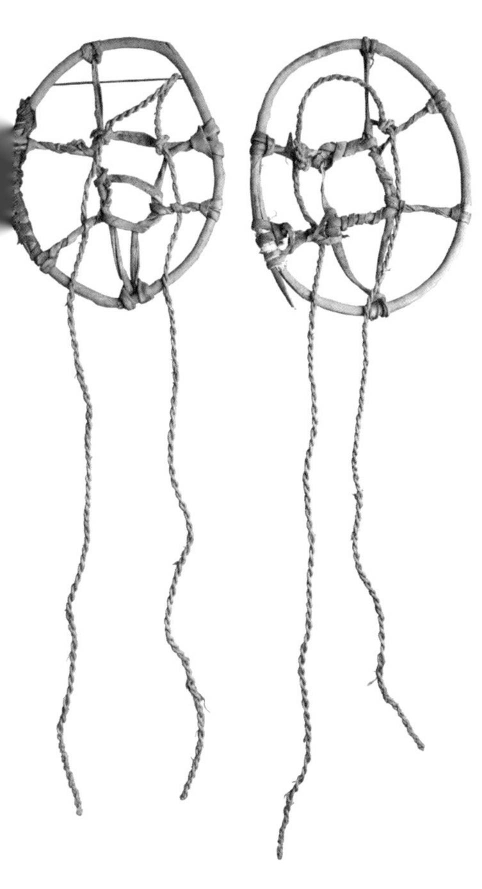

[도4] 설피
강원도 양양군 현북면 도리 김동춘 씨(1931년생, 남)가 신던 것이다. 물푸레나무, 소가죽, 피나무 껍질의 줄로 만들었다.

찾아내었을 때 창을 찌르는 순서는 미리 정해져 있다. 몰이꾼들은 몽둥이로 멧돼지를 때려잡는다. 멧돼지를 쫓다가 부수적으로 노루를 때려 잡기도 하였다. 멧돼지를 잡고 나서, 포상과 분육은 앞의 **사례2**와 같다.

[사례5] 강원도 양양군 양양읍 화일리 김낭영 씨1933년생, 남

이 마을은 설악산1,708m 동쪽 골짜기에 있다. 이 마을 사람들은 폭설이 걷히고 화창한 날을 골라 멧돼지 사냥 조직을 짰다. 멧돼지 집단 사냥 구성원은 7명이었다. 구성원 모두 각각 창을 들고 설악산 쪽으로 올라가서 멧돼지를 찾아 나선다. 멧돼지를 발견하면 멧돼지를 중심으로 빙 둘러선다. 선창잽이가 멧돼지 목을 찌르고 재창잽이가 다시 목을 찌른다. 멧돼지를 잡으면 선창잽이가 제주祭主

가 되어 그 자리에서 고사告祀를 올렸다. 멧돼지 양쪽 귀를 잘라 제물로 올렸다. 그리고 멧돼지를 모두 10개앞다리 2, 뒷다리 2, 갈비 2, 배 1, 머리 1, 목 1, 궁둥이 1로 분육하였다. 선창잽이는 포상 2깃과 개인 몫 1깃을 포함하여 3깃, 재창잽이는 포상 1깃과 개인 몫 1깃으로 2깃을 차지하였다. 나머지 구성원들은 각각 1깃씩 차지하였다.

동해안 지역에서 멧돼지 사냥은 개인 사냥과 집단 사냥이 전승되고 있다. 개인 사냥의 도구는 옥노올가미, 집단 사냥의 도구는 창이다. 개인 사냥의 목적은 농작물 보호였고, 집단 사냥의 목적은 멧돼지 포획이었다. 집단 사냥의 분포 지역은 최심적설最深積雪 1m 이상 지역이다**(도5)**.

사례2 강릉시 왕산면 목계리와 **사례5**의 양양군 양양읍 화일리에서 멧돼지 사냥과 포상품은 서로 달랐다. **사례2** 지역에서는 멧돼지 창잽이의 순서를 미리 정하였고 선창잽이 포상품은 목, 재창잽이 포상품은 궁둥이, 삼창잽이 포상품은 머리였다. **사례5** 지역에서는 멧돼지 창잽이의 순서가 미리 정해져 있지 않았다. 포상품은 멧돼지를 분육한 10깃 중 선창잽이는 2깃, 재창잽이는 1깃을 차지하였다.

멧돼지를 잡고 곧바로 산신에게 멧돼지 양쪽 귀를 제물로 올려놓고 고사를 지냈다. 그리고 어느 지역이나 멧돼지 집단 사냥 구성원은 7명이었다. 이는 멧돼지 분육의 수월성도 고려되었을 것이다.

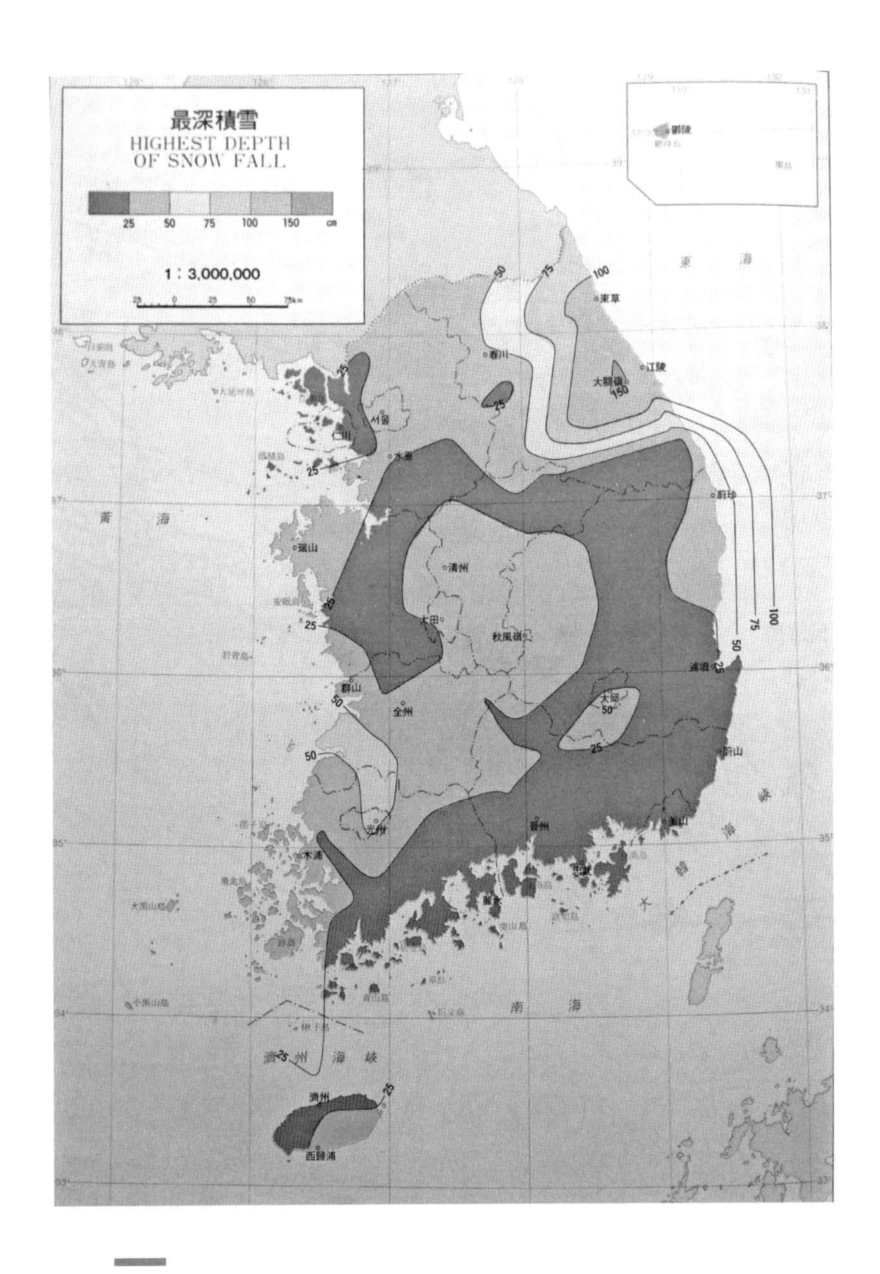

[도5] 한국의 최심적설도(最深積雪圖)

[국립지리원(1993), 《대한민국국세지도(大韓民國國勢地圖)》에서].

땔나무의 1년

김홍섭 씨는 1932년 울산광역시 울주군 두동면 삼정리 아랫마을에서 태어났다. 원초경제사회 때, 김 씨는 산야에서 땔나무를 마련하였다. 그 내용을 일기에 꼬박꼬박 적어두었다. 김 씨의 일기 중에서 1962년 1년간의 땔나무 기록만 발췌하여 하나하나 김 씨의 가르침을 받으면서 내용을 확인하고 정리하였다〈**표1**〉. 땔나무는 김 씨 소유의 '갓'과 주인 없는 산야에서 채취했다.

〈표1〉 김홍섭 씨 농사 일기의 땔나무 1년(1962)

월/일(음력)	내용
1/9	*오전/둥거리 1짐 해 왔다
	*오후/물거리 1짐 해 왔다
1/10	*오전/물거리 1짐 해 왔다
	*오후/물거리(싸리) 1짐 해 왔다
1/11	*오전/물거리 1짐 해 왔다
	*오후/물거리 1짐 해 왔다
1/12	*오전/물거리 1짐 해 왔다
	*오후/물거리 1짐 해 왔다
1/14	*종일/나무 2짐 해 왔다
1/22	*오전/뒷산에서 둥거리 1짐 해 왔다
	*오후/뒷산에서 훌청 술 베고 끝다리 1단 주었다
1/23	*오전/뒷산에서 물거리 1짐 해 왔다
	*오후/뒷산 도래솔 부근에서 깔비 1짐 해 왔다
1/24	*오전/인보시장 소깝 5단 팔았다(1단 140환=700환)
	*오후/범골에서 나무 1짐 해 왔다
2/8	*오후/뒷산에서 묵은 소깝 38단 옮겨 가렸다
2/9	*오후/뒷산에서 소깝 가렸다(현재 76단)
2/14	*오전/재너머에서 소깝 1짐 해 왔다
	*오후/재너머에서 소깝 1짐 해 왔다
2/17	*오후/뒷산에서 소깝 1짐 해 왔다
2/18	*오전/나무 1짐 해 왔다
2/19	*오전/나무 1짐 해 왔다
2/21	*오후/북골에서 물거리 1짐 해 왔다
2/22	*오전/북골에서 소깝 1짐 해 왔다
2/24	*오후/소깝 1짐 해 왔다
2/25	*오전/나무 1짐 해 왔다
2/26	*오전/나무(물거리) 1짐 해 왔다
2/30	*오후/물거리 1짐 해 왔다

월/일(음력)	내용
3/1	*오전/물거리 1짐 해 왔다
	*오후/뒷산에서 나무 1짐 해 왔다
3/2	*오후/물거리 1짐 해 왔다
3/4	*인보시장에 소깝 4단 지고 가서 팔았다(1단 150환=600환)
3/5	*오전/물거리 1짐 해 왔다
3/7	*오후/물거리 1짐 해 왔다
3/8	*오후/물거리 1짐 해 왔다
3/12	*오후/뒷산에서 소깝 가렸다
3/13	*오전/재넘어에서 물거리 1짐 해 왔다
3/16	*오후/뒷산에서 위덮이 소깝 7단 했다
3/17	*오전/재넘어에서 둥거리(주질겁지) 1짐 해 왔다
	*오후/뒷산에서 위덮이 소깝 3단 했다
3/20	*오전/둥거리 1짐 했다
3/24	*오전/인보시장에 소깝 4단 팔았다(1단 150환=600환)
4/1	*오전/물거리 1짐 해 왔다
	*오후/재넘어에서 둥거리 1짐 해 왔다
4/5	*오후/소깝 위덮이 1짐 해 놓고 왔다
9/1	*식전/소깝 1짐 해서 잿밭 덮었다
9/3	*식전/소깝 1짐 해 왔다
10/18	*오후/ 둥거리 1짐, 소깝 1단 해 왔다
11/1	*오후/나무 2단 하고, 삽짝 윗대 해 와서 마구간 얽어서 만들었다
11/2	*오전/재넘어에서 나무 1짐 해 왔다
11/5	*식전/깔비 1짐 긁어 왔다
11/7	*종일/깔비 2짐 긁어 왔다
11/13	◎상수(尙秀)는 까둥거리 2짐 해 왔다
11/14	*오후/뒷산에서 깔비 1짐 긁어 왔다
11/27	*오후/깔비 1짐 긁어 왔다
	◎상수(尙秀)는 나무 2짐 해 왔다
11/28	*오전/재넘어에서 둥거리 1짐 해 왔다
	*오후/뒷산에서 깔비 1짐 긁어 왔다

월/일(음력)	내용
12/3	*오후/뒷산에서 깔비 1짐 긁어 왔다
12/4	*오전/둥거리 1짐 해 왔다
12/6	*오전/둥거리 1짐 해 왔다
12/7	*오전/둥거리 1짐 해 왔다
	*오후/뒷산에서 깔비 1짐 긁어 왔다
12/10	*오후/둥거리 조금 해 왔다
12/11	*오전/나무 1짐 해 왔다
	*오후/뒷산에서 나무 1짐 해 왔다
12/12	*오전/둥거리 1짐 해 왔다
12/13	*오전/나무 1짐 해 왔다
	*오후/깔비 조금 긁어 왔다
12/14	*오전/나무 1짐 해 왔다
	*오후/깔비 조금 긁어 왔다
12/15	*오전/둥거리 1짐 해 왔다
	*오후/깔비 1짐 긁어 왔다
12/16	*오전/둥거리 1짐 해 왔다
	*오후/뒷산에서 갈비 1짐 긁어 왔다
12/17	*오전/재넘어에서 나무(둥거리) 1짐 해 왔다
	*오후/둥거리 1짐 해 왔다
12/18	*오전/깔비 1짐 긁어 왔다
12/19	*오전/깔비 1짐 긁어 왔다
	*오후/뒷산에서 소깝 2단 주워 왔다
12/20	*오후/깔비 1짐 긁어 왔다
12/21	*오전/둥거리 1짐 해 왔다
12/23	*오전/둥거리 1짐 해 왔다
	*오후/둥거리 1짐 해 왔다
12/24	*오후/뒷산에서 깔비 1짐 긁어 왔다
12/25	*오전/재넘어에서 깔비 1짐 긁어 왔다
12/27	*오전/둥거리 1짐 해 왔다
	*오후/둥거리 1짐 해 왔다
12/29	*오전/나무 1짐 해 왔다

'갓'은 나무와 풀을 생산하는 개인 소유의 산야라는 울주군 지역의 말이다. 김 씨의 갓은 '뒷산'이라고 불렀다. 뒷산은 약 3정보[1정보는 3,000평으로 약 9,917.4㎡]였다. 뒷산의 구성은 다음과 같다.

- 소나무밭: 약 5,000평 정도로 소나무를 심어 가꾸었다. 소나무밭에서는 목재[木材], '둥거리[통나무]', '소깝[솔가지]', '깔비[솔가리]' 따위를 생산하였다.
- 참나무밭: 약 3,000평 정도로 '참나무[상수리나무]'를 심어 가꾸었다. 바위가 많은 곳으로 둥거리 따위를 생산하였다.
- 분등산: 약 700평 정도로 주로 '갈풀'을 생산하였다. 참나무를 잘라낸 밑동에서 곁눈이 해마다 자라났다. 이때의 1년생 곁눈과 나뭇잎을 '갈풀' 또는 '숨기풀'이라고 하였다. 갈풀은 논에 밑거름으로 주는 풀, 또는 참나무 움돋이를 말한다.
- 새밭: 약 300평 정도로 '새[억새]'를 생산하였다. 새를 베어내어 '영개[이엉]'의 재료로 삼는 경우가 많았다.
- 산소: 김 씨 소유의 갓에는 김 씨 어머님 산소를 비롯하여 모두 4자리의 묘소가 있었다. 산소 주위에 소나무가 죽 늘어서 있었다. 산소 주변 소나무를 '도래솔'이라고 하였다.

이 마을에는 "땔나무 벳가리를 보면 부잣집인지 가난한 집인지를 알 수 있다."는 말이 전승되고 있다. '벳가리'는 낟가리라는 말이다. 가난한 집 사람들은 수시로 땔나무를 나무전에 지고 가서

[도6] 김홍도의 풍속화(고누놀이)

김홍도(1745~1806년) 풍속화(고누놀이) 속의 땔나무는 낙엽 관목인 '물거리'일 가능성이 높다. 그러면 이 그림은 이른 봄의 풍속이다. 김홍섭 씨는 따스한 봄날 땔나무를 지고 오다가 양지바른 곳에서 쉬는 동안의 행복감을 지금도 잊을 수 없다고 하였다

팔아 양식을 마련하는 경우가 많았으니, 집에는 그만큼 땔나무를 놓아둘 여유가 없었다. 이렇게 땔나무 볏가리는 부富의 척도가 되기도 하였다.

김홍섭 씨의 땔나무 채취시기를 살펴보면, 음력 1월 9일부터 음력 4월 5일까지와 음력 9월 1일부터 음력 12월 29일까지로 구분할 수 있다.

먼저 음력 1월 9일부터 음력 4월 5일까지 채취한 나무를 살펴보자. 이 무렵에 채취하는 땔나무를 '여름나무'라고 한다. 여름에 땔나무라는 말이다. 여름나무는 '물거리'와 '소깝'이 많았다. 물거리는 싸리나무, 진달래나무 등 낙엽 관목으로 설 이후에 채취하는 땔나무이다. 김 씨의 2월 26일 일기에 "나무물거리 1짐"이라고 기록하듯이 이 시기에 채취한 '나무'는 모두 물거리를 나타낸다. 1짐은 지게 하나에 올려 운반하는 단위다.

왜 정월 이후부터 물거리를 채취하는 것일까. 음력설 이전 겨울의 낙엽 관목은 물기가 말라 있어서 이 무렵의 물거리는 거칠어 낫으로 베어내기가 매우 어렵다. 음력설이 지나 입춘 무렵이면 나무에 물

[도7] 나무낫(날의 폭 4.8㎝, 날의 길이 19.5㎝, 자루 길이 36.3㎝)
땔나무를 채취하는 낫이다. 경북 의성군 사촌3리(점곡면) 김형수 씨(1930년생, 남) 집에 있는 것이다. 시우쇠로 'ㄱ' 자 모양으로 만들어 안쪽으로 날을 내고, 뒤 끝 슴베에 나무 자루를 박아 만들었다. 나무 자루에는 쇠고리를 채웠고 날에는 '상(上)' 자를 새겨놓았다.

기가 오르기 시작한다. 1962년 김 씨가 처음 나무를 해온 음력 1월 9일은 양력으로는 2월 13일로 입춘2월 4일경이 지나고 나서다. 이 시기가 되면 나무는 비교적 부드러워 낫으로 잘 베어졌다. 물거리와 소깝을 베는 낫을 '나무낫'이라고 한다. 나무낫은 풀이나 곡식을 베어내는 낫보다 두툼하다(**도7**). 1962년 정월 9일부터 음력 4월 5일까지, 나무라고 기재한 것도 포함하여 물거리 25짐을 해 왔다.

소깝은 솔가지를 말한다. 입춘이 지나면 솔가지는 서서히 물이 올라 베어내기가 좋았다. 장대에 낫자루를 묶어 높은 곳의 소깝을 베어냈다. 이런 일을 '소깝 찐다'고 하였다. 김 씨의 일기에는 1962년 음력 1월 9일부터 음력 4월 5일 사이에 소깝 6짐 10단이 기록되어 있는데 소깝은 4단이 1짐이니 총 8짐 2단인 것이다.

1962년 음력 2월 8~9일, 김 씨는 뒷산에서 묵은 소깝 76단을 일정한 곳에 옮겨 쌓았다. 모두 19짐이다. 소깝 100단을 한 '접'이라고 한다. 소깝은 오일장으로 지고 가서 팔기도 하였다.

음력 1월 9일부터 음력 4월 5일까지 채취한 나무 중에 '둥거리'는 소나무밭에서 간벌한 것이었다. 이 시기의 둥거리는 주로 간벌 대상이나 고목枯木이었다. 음력 3월 17일, 김 씨 일기에 기재된 "둥거리주질겁지 1짐"에서 '주질겁지'란 껍질이 벗겨진 통나무이다.

추석이 지나고 음력 9월 1일부터 음력 12월 29일까지, 김 씨가 채취한 땔나무를 살펴보자. 이 무렵의 땔나무를 겨울에 땔 땔나무라는 뜻으로 '겨울나무'라고 불렀다. 겨울나무는 '둥거리'와 '깔비'가 많았다.

둥거리는 장작을 만들 수 있는 통나무로 주로 소나무나 참나무였다. 김 씨는 겨울나무로 둥거리 17짐 정도를 해 왔다. 둥거리를 채취할 때는 도끼로 찍고 톱으로 켜 넘어뜨렸다. 길이는 250㎝ 정도로 지게로 져서 집으로 날라서 장작으로 패기 위해 '보탕자리'에 짐을 내렸다. 보탕자리는 나무를 패거나 자를 때에 받쳐놓은 보탕[모탕]이 있는 자리다.

둥거리로 장작을 팰 때는 톱으로 먼저 세 토막으로 내고 토막을 도끼로 쪼갰다. 겨울철 둥거리는 수분이 없는 상태라서 도끼로 잘 패졌다. 장작은 군불을 때거나, 시장으로 내다 팔거나, 상갓집의 화톳불 땔나무로 두루 쓰였다.

깔비는 솔가리의 이 지역 말이다. 김 씨는 겨울나무로 깔비 14짐 정도를 해왔다. 깔비 한 짐을 만드는 과정은 다음과 같다. '까꾸리[갈퀴]'로 긁어모은 깔비는 여러 개의 '모닥[무더기]'으로 모아 놓는다. 발등에 나무막대기를 올려놓고 까꾸리로 깔비 모닥을 긁어 나무막대기 위로 올려 가로 80㎝, 세로 70㎝, 높이 15㎝ 정도로 만든다. 이를 '깔빗장 친다'고 하는데 지게 위에 깔빗장 9개를 차곡차곡 올리면 이것이 1짐이 되었다. 깔비 1짐을 한 '동'이라고 한다.

음력 9월 초하룻날에는 '잿밭'을 덮기 위해 소깝 1짐을 해왔다. 잿밭이란 거름 무더기를 말한다. 소의 배설물 등의 퇴비를 보관해 둔 잿간의 거름을 모두 마당으로 꺼내놓고 쇠스랑으로 이리저리 뒤집어 잘 섞는다. 이를 '잿밭 뒤빈다'라고 하는데 잘 섞은 거름을 차곡차곡 쌓아놓고 그 위에 소깝을 덮었다. 방수, 수분 증발 차단,

발효 증진의 효과를 얻기 위함이었다. 이렇게 거름을 저장하여 두었다가 보리밭 밑거름으로 주었다.

음력 9월 3일에도 소깝 1짐을 해왔다. 이때의 소깝을 '가을소깝'이라고 하는데 가을소깝은 곧바로 땔나무가 되었다.

음력 11월 13일에는 김 씨 큰아들[尙秀]이 '까둥거리' 2짐을 해왔다. 까둥거리는 그루터기를 말하는데 괭이로 캐어냈고 바지게로 지어왔다.

김 씨는 1년[1962] 중 66일 동안 땔나무를 마련하였다. 입춘 전에 마련하는 땔나무는 주로 둥거리와 깔비였고 겨울에 때는 땔나무라서 '겨울나무'라고 하였다. 입춘 이후에 마련하는 땔나무는 주로 물거리와 소깝이었고 여름에 때는 땔나무라서 '여름나무'라고 하였다. 원초경제사회 때의 산야는 이렇게 순환되었다.

풀, 풀, 풀

원초경제사회 때 사람들은 논과 밭에 거름으로 풀을 깔아주었다. 그리고 마구간[외양간]에서 마구거름[두엄]을 쳐내고 마른 풀을 깔아주었다. 논에 깔아주는 풀을 '논거름풀', 밭에 깔아주는 풀을 '밭거름풀', 그리고 마구간에 깔아주는 풀을 '마구간풀'이라 하고자 한다. 논거름풀, 밭거름풀, 마구간풀은 모두 나무가 없는 산에서 생산되는 것으로, 소위 '민둥산' 또는 '벌거숭이'는 논거름풀, 밭거름풀, 마구간풀을 생산하기 위해 필요한 산이었다. 갯마을 사람들은 산야의 풀 대신 갯밭에서 생산한 거름용 해조류를 논과 밭의 거름풀로 주기도 했다.

논거름풀

논거름풀은 볍씨를 뿌려 볏모를 기르는 못자리에 주는 것과 볏모를 옮겨 심을 논에 주는 것이 있었다. 못자리의 논거름풀을 '못풀', 논의 논거름풀을 '싱기풀'이라고도 했다. 싱기풀은 '심다[植]'와 풀로 이루어진 말이다.

[사례1] 강원도 고성군 현내면 마달리 박두훈 씨 1947년생, 남

이 마을에는 "소만에 갈 꺾는다."라는 말이 전승되었다. 소만 양력 5월 21일경 에 '갈'을 꺾으려고 산으로 올라갔다. 해마다 참나무에 5~6개의 새로 나온 움돋이를 낫으로 꺾었다. 하루에 5짐 정도 꺾을 수 있었다. 논 한 마지기 100평 당 2짐 정도의 갈을 깔았다. 논갈이하고 써레로 써리고 나서 볏모를 심었다**(도8)**.

[사례2] 강원도 강릉시 왕산면 목계리 박종근 씨 1935년생, 남

이 마을에는 '갈령'이라는 말이 전승되었다. '갈'은 참나무의 움돋이, '영'은 한자어 '령令'이다. 논거름풀을 하기 위한 참나무 움돋이는 영이 내려진 후에야 채취할 수 있었다. 갈령이 내려지기 전에 갈을 채취하는 것은 관습법 위반이었다. 이 마을에서 갈령은 소만 양력 5월 21일경 때 내려졌다. 갈령을 받은 사람들은 너나없이 산야로 올라갔다. 낫으로 갈을 꺾어서 단을 묶었다. 갈 10뭇이 지게 한 짐이었다. 보통 한 사람이 하루에 일곱 짐을 꺾었다. 한 마지기 이 지

역은 150평당 일곱 짐의 갈을 논거름풀로 깔았다. 이 마을에서는 망종양력 6월 6일경 때 모내기를 했다.

[사례3] 경북 영주시 순흥면 석교1리 동호마을 김지락 씨1938년생, 남

이 마을 사람들은 논거름풀을 '풀'이라고 하였다. 망종 무렵에 풀을 자유롭게 채취하였다. 풀은 참나무와 오리나무의 움돋이와 잎이었다. 풀은 하루 4짐 정도 베어낼 수 있었다. 논 한 마지기300평당 지게로 열 짐 정도의 풀을 깔고 논을 갈았다. 하지양력 6월 21일경 전후 3일 사이에 써레질을 하고 나서 볏모를 심었다.

[도8] 논거름풀 넣기(1970년대, 제주시 애월읍 광령리, 농촌진흥청 소장)
이 마을 어느 농부가 일소로 논밭을 밟아주면서 논거름풀을 넣고 있다.

[사례4] 경북 안동시 길안면 현하2리 뒤티마을 이종숙 씨[1932년생, 남]

이 마을 사람들은 논거름풀을 '싱기풀'이라고 하였다. 망종 무렵에 싱기풀을 채취하는데, 참나무과의 움돋이와 잎을 '참풀', 그 이외 잡목과 잡초의 움돋이와 잎을 '잡풀'이라고 했다. 한 마지기[이 지역은 200평] 논에 지게로 6짐 정도의 싱기풀을 깔아주고 논을 갈았다. 하지 전후 3일 사이에 써레질을 하고 나서 볏모를 심었다.

[사례5] 경북 의성군 점곡면 송내리 김부근 씨[1942년생, 남]

이 마을 사람들은 곡우[양력 4월 20일경] 때 못자리를 앉혔다. 못자리 넓이는 서 마지기[이 지역은 1마지기가 200평]당 40평 정도였다. 곡우 때 상수리나무는 물이 오르지 않았지만, 땅버들[갯버들]은 물이 올랐다. 냇가에서 땅버들을 베어서 5~7㎝ 정도로 작두로 썰어 햇볕에 널어 말렸다. 말리지 않은 땅버들을 못풀로 주면 볏모에 병이 생겼다. 훌칭이로 못자리 전체를 갈고 나서 '못풀'을 깔고 써레로 써렸다.

[사례6] 부산광역시 기장군 일광면 이천리 이동마을 방현호 씨[1936년생, 남]

이 마을 사람들은 파도에 떠밀려 갯가로 밀려온 거름용 해조류를 '진태미'라고 한다. 진태미는 봄에 이 마을 갯가로 많이 밀려왔다. 이 마을 사람들은 진태미를 자유롭게 건어내고 육지에 널어 말렸다가 작두에 썰어 거름을 마련하였다. 무논에 진태미 거름을 깔아놓고 쟁기로 논을 갈면서 논바닥에 묻었다.

밭거름풀

밭거름풀은 보리밭에 밑거름을 주기 위해 준비하였다.

[사례7] 경북 봉화군 춘양면 소로2리 김월순 씨 1931년생, 여

이 마을 사람들은 밭거름풀을 '제풀'이라고 하였다. 서숙 밭매기 이후인 처서양력 8월 23일경 무렵에 제풀을 베었다. 제풀은 쑥대와 '새억새' 등이었다. 작두로 썰어서 한쪽에 쌓아놓고 그 위에 인분이나 흙을 덮어서 발효시켜 거름으로 만들었다.

[사례8] 경북 봉화군 법전면 어지2리 이순구 씨 1944년생, 남

이 마을 사람들은 밭거름풀을 '제풀'이라고 하였다. 처서 전후에 산야에서 자유롭게 제풀을 베어냈다. 제풀을 작두로 썰어서 마당 한쪽 구석에 쌓아놓고 인분을 끼얹어서 발효시켰다. 발효되는 것을 '굴 튼다'고 하였다. 입동양력 11월 7일경 무렵 보리 갈 때 밑거름으로 주었다.

[사례9] 경북 안동시 길안면 현하2리 뒤티마을 이종숙 씨 1932년생, 남

이 마을 사람들은 밭거름풀을 '거름풀'이라고 하였다. 처서 전후에 산야에서 자유롭게 거름풀을 베어냈다. 거름풀을 작두로 썰어서 마당 한쪽 구석에 쌓아놓고 인분을 끼얹어 발효시켜 거름을 만들었다. 입동 무렵 보리 갈 때 밑거름으로 주었다.

[사례10] 울산광역시 울주군 두동면 삼정리 김홍섭 씨 1932년생, 남

이 마을 사람들은 밭거름풀을 '보리풀'이라고 하였다. 보리풀은 8월 중에 산야에서 베어낸 갈풀과 넝쿨 따위의 1년생 잡초였다. 보리풀을 작두로 썰어 마당 한쪽 구석에 쌓아놓고 그 위에 인분을 끼얹었다. 보리풀은 삭아서 발열하면서 거름으로 되었다.

마구간풀

마구간에 '마구거름 두엄'을 쳐낸 자리에 다시 마른 풀을 깔아주었다. 마구간은 거름을 생산하는 곳이기도 했다. 마구거름이 되어주는 마구간풀의 종류와 명칭은 지역에 따라 달랐다.

[사례11] 강원도 강릉시 왕산면 목계리 박종근 씨 1935년생, 남

이 마을 사람들은 마구간에 깔아주는 풀을 '갈풀'이라고 하였다. 처서 이후에는 잡초들이 바싹 말랐다. 낫으로 갈풀을 베어내어 단으로 묶어 두었다. 날씨가 화창한 날을 골라 작두로 썰어 가리를 만들어 저장하였다. 이를 '풀가리'라고 하였다. 마구간을 수시로 치우는데 이때 나오는 거름을 '마구짓'이라고 하였다. 마구짓을 걷어낸 자리에 다시 갈풀을 깔아주었다.

[사례12] 강원도 삼척시 원덕읍 노경3리 김명준 씨1934년생, 남

이 마을 사람들은 입추부터 입하까지 소를 마구간에 들여 매었다(도9). 입하부터 입추까지는 마구간에서 마당 한 구석에 매었다. 이곳을 '마답'이라고 하였다(도10). 이 마을 사람들은 마구간에 소를 들여 매는 동안에 깔아주는 풀을 '마구풀'이라고 하였다. 처서 이후에 산야에서 잡초를 베어 작두로 썰어 저장하였다. 이를 '마구풀가리'라고 하였다. 수숫대를 엮은 발로 에두르고, 그 안에 마구

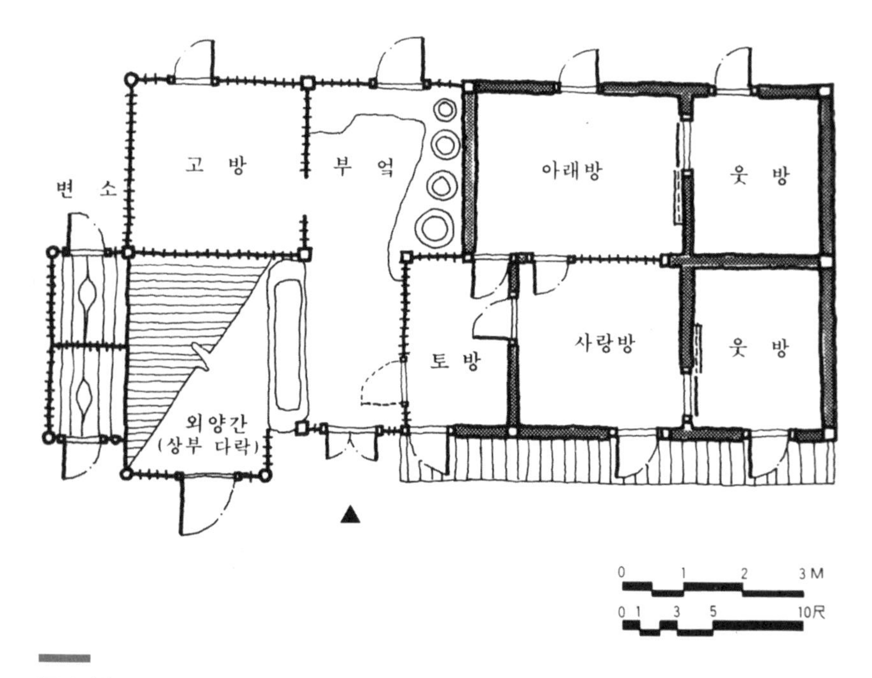

[도9] 강원도 삼척시 가곡면 동활리 윤 씨네 민가 평면도[국립민속박물관(1994), 《강원도 산간지역의 가옥과 생활》, 117쪽에서]

이 마을과 가까운 강원도 삼척시 원덕읍 노경3리 김명준 씨(1934년생, 남)는 소를 매어 기르는 칸살이 민가에 들어 있는 경우를 '마구간', 별동의 칸살을 '마구채'라고 하였다. 위의 민가 평면도에 들어 있는 외양간은 '마구간'이 되는 것이다.

[도10] 마답(2001년 6월 13일, 강원도 삼척시 가곡면 오목리)
마답에 구유를 설치하였다. 마답에 맨 소에게 콩깍지를 주고 있다.

풀을 넣었다. 그 위에 '영개^이엉'를 덮었다. 마구간에서 거름을 걷어 내고 그 자리에 다시 마구풀을 깔아주었다.

[사례13] 경북 봉화군 춘양면 소로2리 김월순 씨^1931년생, 여

이 마을 사람들은 마구간에 깔아주는 풀을 '갈풀'이라고 하였다. 추분 이후에 마련하여 저장하였다. 겨울을 넘기면서 마구간의 거름을 치우고 그 자리에 다시 갈풀을 깔아주었다. 마구간을 쳐낸 것을 쌓아 발효시켜 거름을 만들었다. 이를 '마구거름'이라고 하였다. 마구거름은 감자 밭에 밑거름으로 주었다.

[사례14] 경북 봉화군 법전면 어지2리 이순구 씨[1944년생, 남]

이 마을 사람들은 마구간에 깔아주는 풀을 '갈풀'이라고 하였다. 이 마을 사람들은 추분[양력 9월 23일경] 이후에 산야에서 자유롭게 갈풀을 채취하였다. 갈풀은 잡초와 넝쿨 따위였다. 완전하게 마르지 않은 갈은 썩을 염려가 있었기 때문에 섞이지 않게 주의를 기울였다. 마구거름을 쳐내고 난 자리에 갈풀을 깔아주었다. 마구거름은 일정한 장소에 저장하여 두면서 발효시켜 거름으로 만들었다. 갈풀은 주로 이듬해 감자 심는 밭에 밑거름으로 주었다.

[사례15] 울산광역시 울주군 두동면 삼정리 김홍섭 씨[1932년생, 남]

이 마을 사람들은 마구간에서 나오는 두엄[풀, 짚 또는 가축의 배설물 따위를 썩힌 거름]을 '마구거름'이라고 하였다. 마구거름을 긁어낸 자리에 볏짚 '북대기[검불]'나 보릿짚 따위를 깔아주었다. 이를 '마구짚'이라고 하였다. 마구간 쇠똥에 고자리파리가 모여들어 알을 치면 고자리파리의 애벌레는 마늘 따위의 작물을 해치기 일쑤였다. 가랑잎[떡갈잎]을 깔아주면 고자리파리 애벌레 방충 효과가 있었다.

원초경제사회 때 사람들은 산야에서는 일년초, 갯밭에서는 해초[海草]를 거두어다가 논거름풀, 밭거름풀, 마구간풀로 이용하였다. 못자리논의 거름풀은 '못풀'이라고 했다. 본답의 거름풀은 **사례1, 2**의 강원도 지역에서는 '갈', **사례3**의 경북 영주시 지역에서는 '풀', **사례4**의 안동시 지역에서는 '싱기풀'이라고 하였다. **사례6**의 부산

기장 지역 어촌에서는 '진태미갯가에 밀려든 거름용 해조류'를 본답에 논거름풀로 주기도 했다.

밭거름풀은 산야에서 일년초를 베어다가 인분과 섞어 발효시켜 만든 것이었다. 밭거름풀을 **사례 7, 8** 봉화 지역에서는 '제풀', **사례9** 안동 지역에서는 '거름풀', **사례10** 울주 지역에서는 '보리풀'이라고 하였다.

마구간을 쳐낸 자리에 깔아주는 마구간풀을 **사례11** 강릉 지역과 **사례13, 14** 봉화 지역에서는 '갈풀', **사례12** 삼척 지역에서는 '마구풀', **사례15** 울주 지역에서는 '마구짚'이라고 하였다.

원초경제사회 때 사람들은 나무가 없는 산야에서 잡초를 가꾸어 논거름풀, 밭거름풀, 마구간풀을 생산하였다. 이로 미루어볼 때, 소위 벌거숭이 또는 민둥산이라는 편견의 언어는 재평가하여야 할 여지가 많은 것 같다.

소의 일생

원초경제사회 때 농부들은 일소에 쟁기를 매어 밭을 갈았다. 일소는 논과 밭을 갈거나 고르는 농사일뿐 아니라 짐도 지어 날랐다. 일소 한 마리를 거느린다는 것은 만만한 일이 아니었다. 그래서 "천석꾼도 소가 반쪽"이라는 말이 전승되었다. 일소가 없는 농가에서 이웃의 일소를 빌려 밭갈이나 짐 나르는 일을 부렸을 경우에는 인력人力으로 그 품을 갚았다. 이를 '소품앗이'라고 하였다. 일소의 품삯과 농부의 품삯은 같은 값이었다. 원초경제사회 때의 소의 일생, 소의 1년, 그리고 소의 소작은 어떠하였을까. 소의 일생, 소의 1년은 울산광역시 울주군 두동면 삼정리 김홍섭 씨1932년생, 남의 사례를 중심으로 살펴보았다.

소의 일생

1962년 음력 8월 20일, 김 씨는 일기에 "소 암새 붙이러 갔다가 암새가 사거서 못 부침"이라고 기록하였다. 김 씨 소유의 일소는 암소였다. '암새'는 암소의 '발정發情'이고, '사거서'는 발정이 사그라졌다는 것이다. 암소는 생후 13개월부터 발정하였다. 발정이 되면 불두덩이가 퉁퉁 부어올랐다. 발정의 욕구를 발산하려고 소리도 내질렀다. 이를 '암새낸다'고 하였다. 김 씨는 발정한 암소를 데리고 교미 붙이러 갔는데 '암새'가 삭아서 못 붙였다는 것이었다.

1962년 음력 8월 22일, 김 씨는 "상리上里 정수암씨鄭壽岩氏 댁宅에서 우牛 교미交尾"라고 기록하였다. 음력 8월 20일, 교미 실패의 암소가 이틀 후에 발정하였던 것이다. '상리上里'는 이웃 상삼정마을이었다. 그 마을 정 씨는 씨수소를 소유하고 있었다. 이 마을 사람들은 씨수소를 '종모우種牡牛'라고 하였다. 상삼정마을 정 씨는 종모우를 가지고 있으면서 교미를 붙인 값을 받았다. 김 씨는 암소를 이끌고 상삼정 종모우가 있는 정 씨네 집으로 갔다. 김 씨가 '코꾼지코뚜레'를 잡아 암소를 붙들고 있으면 종모우는 생식기의 모세혈관이 팽팽해지면서 암소에게 올라탔다. 암새를 붙이고 나서 암소가 오줌을 싸면 새끼가 들지 않는다는 이야기가 전승되었다. 그래서 암새 붙이고 나서 곧바로 오줌을 싸지 못하게 회초리로 때리며 소를 몰아 서둘러 돌아오기도 했다.

1963년 음력 5월 14일, 김 씨네 집 마구간외양간에서 드디어 송아지가 탄생했다. 김 씨는 일기에 "소 새끼 낳았음"이라고 기록하였다. 김 씨네 집은 위채와 아래채로 구성되었다. 아래채는 마구간외양간과 잿간측간과 거름 저장 공간 2칸짜리였다. 마구간 출입문 위를 건너질러 '건구줄금줄'을 쳤다. 건구줄에 솔가지와 숯을 꽂았다. 마구간을 신성의 영역으로 만들어놓았다. 건구줄은 2주일 정도 걸어두었다.

어린 송아지는 어미 소의 젖을 먹으며 자랐다. 생후 5~6개월 지나면 새끼소의 머리에 뿔이 돋았고 이때쯤 젖을 떼게 했다. 소태나무 껍질을 벗겨 솥에서 삶아 우려내었다. 소태나무 나뭇진은 무척 썼다. 그 물을 어미 소 젖꼭지에 발랐다. 어린 송아지는 젖을 먹다가 고개를 털었다. 소태나무 껍질 마련이 귀찮은 농부는 어미 소 젖꼭지에 소태나무 달인 물 대신 쇠똥을 발랐다. 어린 송아지는 쇠똥 묻은 젖꼭지를 빨다가 차차 젖을 떼게 되었다.

젖을 떼고 나서 송아지의 목을 맸다. 이를 '목맨 송아지'라고 하고 송아지의 목줄을 '목다리'라고 했다. 목맨 송아지와 관련된 속담으로 "홀시아버지 모시기나 목맨 송아지 키우기나!"라는 말이 전승되었다. 며느리가 홀시아버지 모시기가 쉽지 않았던 만큼, 농부가 천방지축天方地軸 날뛰는 목맨 송아지 돌보기가 어려웠다는 말이었다. 목맨 송아지를 소작하는 관습도 전승되었다.

생후 10개월쯤에는 물푸레나무 송곳 따위로 코청을 뚫어 그 자리에 노송나무로 고리를 채웠다. 이를 '코꾼지'라고 하였다. 소의 목에는 요령을 매달았다(**도11**). 소의 동태 파악 목적이었다. 그리

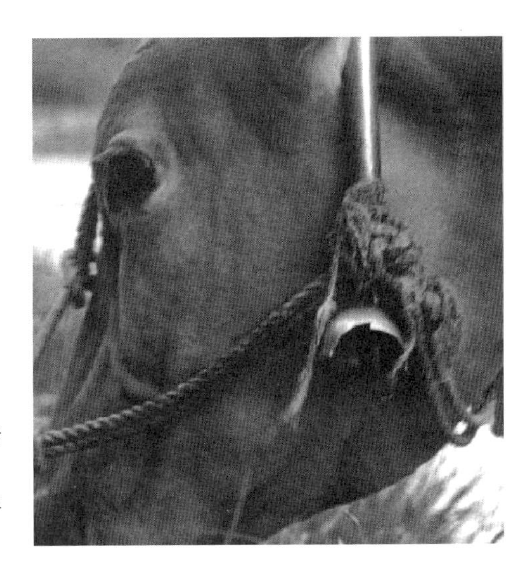

[도11] 요령(1998년 여름, 전라남도 완도군 약산면 조약리)
소의 목에 단 종을 '요령'이라고 하였다.

고 생후 13개월쯤 자라면 암소와 수소는 서로 교미를 시켰다.

생후 24개월이 되면 밭갈이 훈련을 시켰다. 소의 목에 멍에를 씌우고 괭이써레 따위를 매달았다. 목에 '멍에자국'이 박혔다. 멍에자국은 일소의 상징이기도 하였다. 소시장에서는 일소임을 입증하는 수단으로 작용하였다. 밭갈이 훈련 때, 한 사람은 앞에서 '이까리고삐'를 잡아끌고, 또 한 사람은 뒤에서 소를 몰았다. 하루에 4시간 정도 2~3일간 훈련을 시키다가, '훌칭이극젱이'를 채우고 하루 4시간 정도 7~10일 동안 훈련을 시켰다. 처음에는 고삐를 끌어주며 밭을 갈게 하다가 차차 고삐를 끌어 주는 것을 멈추고 혼자 훌칭이를 끌 수 있을 때까지 훈련시켰다.

일소의 나이 15세까지는 해마다 거르지 않고 새끼를 쳤다. 15세가 넘어서는 노년기老年期에 접어들었다. 해마다 새끼도 낳지 못하고 살도 서서히 빠졌다. 밭갈이도 힘겨웠다. 일소의 주인은 어느 날 소죽을 잘 먹이고 소시장으로 끌고 가서 팔았다.

소의 1년

정월 보름날 소반 위에 밥과 나물을 올려놓고 일소에게 대접하였다. 이를 '소 대접'이라고 하였다. 어느 것을 먼저 먹는가에 따라 그 해 농사의 흉풍凶豊을 가늠하였다. 일소가 밥을 먼저 먹으면, 일소가 흉년이 들 것임은 미리 알고 밥을 먼저 먹었다고 가늠하였다. 일소가 나물을 먼저 먹으면, 일소가 풍년이 들 것임을 미리 알고 나물을 먼저 먹었다고 가늠하였다. 이와 같이 일소가 밥을 먼저 먹으면 농사 흉년, 나물을 먼저 먹으면 풍년이라고 예측했다. 한편 정월 보름날 하루 동안 개에게는 아무것도 먹이지 않고 굶겼다. 개는 농사에 도움이 안 되는 동물이기 때문이었다. "개 보름 쇠듯 한다."라는 말도 이 때문에 생겼다.

1962년 음력 4월 6일, 입하양력 5월 5일경 후 4일째 되는 날이었다. 김씨는 일기에 "오늘부터 소풀 잡힘"이라고 기록하였다. '소풀'은 소가 먹는 생초生草를 말한다. 이때부터 일소에게 여물이나 소죽 대신 생초를 먹이기 시작했다. 일소는 생초를 먹기 시작하면 소여물이나 소죽 먹기를 꺼렸다.

소는 되새김질할 때 드러눕기도 한다. 소의 몸에는 '까부던지,

까부레기, 부던지'라는 진드기가 붙어 있는 경우가 많았다. 닭은 소의 몸에 붙은 진드기를 뜯어먹으려고 하였다. 서로 아무런 관심도 두지 않고 있는 사이임을 비유적으로 이르는 속담으로 쓰이는 "닭이 소 보듯, 소가 닭 보듯"이라는 말은 '마닥자리'에 드러누워 되새김하고 있는 소와 소의 몸에 붙은 진드기를 뜯어먹으러 간 닭의 사이에서 비롯된 말이었다. 마닥자리란 따뜻한 날 마당 한구석에 소를 매어두는 공간을 말한다.

한 사람이 '이까리'를 잡아 소를 끌고 논두렁이나 밭두렁을 다니면서 생초를 먹이기도 하였다. 또 경우에 따라서는 말목을 박아 소를 놓아두거나 소를 산야로 끌고 가서 이까리를 풀어놓고 먹이는 경우도 있었다(도12).

[도12] 소 먹이기(1998년 여름, 전남 완도군 약산면 조약리)
한 농부가 고삐를 잡고 논둑길을 걸어 다니면서 일소를 먹이고 있다.

피[稷]는 생초로 소에게 주지 않았다. 물알이 생긴 피를 생초로 소에게 먹이면 피의 씨앗이 쇠똥과 같이 배설되어 밭으로 번질 수도 있었기 때문에 피 줄기는 솥에서 삶아서 말린 후에 여물로 소에게 먹였다.

생초는 입추[양력 8월 8일경]까지 먹이고 그 이후부터는 일소에게 여물이나 소죽을 먹였다. 밤과 날이 추운 낮에는 마구간에 들여 매었다. 일소 등[背]에 자그마한 멍석을 덮어주기도 하였다. 이를 '삼정친다'고 하였다. '삼정'은 추울 때 소의 등에 덮어주는 멍석이다. 따뜻한 날에는 삼정을 벗기고 마당에 내맸다.

조짚, 고구마줄기, 콩깍지 등을 작두로 썬 것을 '여물'이라고 하였다. 저녁에 여물을 소죽솥에서 끓였다. 소죽솥에 물을 붓고 끓이다가 끓는 물에 여물을 넣고 1시간쯤 끓였다. 이런 일을 '소죽 쑨다'고 했다. 이것을 '소죽갈쿠리'로 건져서 소죽바가지에 뜨면서 소죽통에 담아주었다**(도13)**.

이웃 중리마을[울주군 두서면]에는 소 의원[醫員] 최 씨가 살고 있었다. 소 의원 최 씨는 오늘날의 수의사[獸醫師]였지만, 지금의 수의사들과는 이력이 조금 달랐다. 소 의

[도13] 소죽꼬꾸렝이(날 길이 20.0㎝, 자루 길이 72.5㎝)
쇠죽을 끓이는 동안에 여물을 휘저어주는 주걱 같은 것이다. 경북 의성군 옥산면 실업1리 노수암 씨(1932년생, 여) 집에서 쓰던 것이다. 고부랑 소나무를 다듬어 만들었다. 이 마을 사람들은 이것을 '소죽꼬꾸렝이'라고 하였다.

원 최 씨의 선생님은 그의 어머니였다. 최 씨 어머니는 경주시 내남면 사람이었다. 소 의원 최 씨의 단골 구역은 울주군 두동면과 두서면 일대였다. 이 일대에서 소를 기르는 사람은 소 의원 최 씨와 단골 관계를 맺고 있었다. 김 씨는 소가 아플 때마다 소 의원 최 씨네 집으로 갔다. 김 씨가 소의 증세症勢를 말하면 소 의원 최 씨는 왕진往診하러 왔다.

김 씨는 소 의원 최 씨의 소 질병을 고치는 모습을 기억하고 있었다. 소가 식욕부진 증상으로 혓바늘이 돋으면, 소 의원 최 씨는 소의 혓바닥을 맨손으로 쭉 빼내고 왕소금으로 문지르고 나서 고삼苦蔘 뿌리 가루를 물에 타 먹였다. 소의 다리 염증에는 발가락 사이에 새끼줄을 끼워 긁어주고 나서 고추장을 발라주었다. 소가 눈병에 걸렸을 때는 간장을 입에 물고 눈에 뿜어주었다. 소 의원 최 씨는 그 값으로 일소 한 마리당 1년에 여름곡식으로 보리 1말, 가을곡식으로 나락벼 1말을 받았다. 이때의 보리를 '수모곡收牟穀', 나락을 '수조곡收粗穀'이라고 하였다.

소의 소작

소의 주인과 소를 기르는 사람 사이에 성장기의 소를 놓고 소작을 맺는 경우가 있었다. 이러한 소작소는 여러 가지 이름이 전승되었다. 소를 사육하는 사람은 그 성장기의 소를 데려다가 2년 정도 키운다. 소는 생후 13개월에 첫 교미를 시켰고 임신 10개월 후 새끼를 낳는다. 새끼는 소작인이 차지하였고, 어미 소는 소 주인에게 돌려주었다.

[사례1] 강원도 양양군 현남면 시변리 안순호 씨1932년생, 남

이 마을 사람들은 소작으로 주고받는 소를 '그리소'라고 했다. 안 씨는 15세가 되는 해에 이 마을 김 씨네 다섯 살짜리 암소를 2년 동안 소작하였다. 암소를 소작하는 동안에는 여러 가지 일도 부렸다. 암소는 소작을 하고 있는 2년 동안 두 마리의 송아지를 생산하였다. 한 마리는 주인, 그리고 한 마리는 안 씨가 차지하였다. 이때 소의 소작으로 번 송아지는 안 씨가 한평생을 살아가는 데 살림 밑천이 되었다.

[사례2] 강원도 강릉시 구정면 구정리 윤기종 씨1929년생, 남

이 마을 사람들은 소작으로 주고받는 소를 '그리소'라고 하였다. 소의 주인은 '그리 주었다', 소작인은 '그리 먹인다'고 하였다. 윤 씨는 50세가 되는 해에 이웃집 배 씨1924년생, 남와 함께 우시장으로 갔다. 배 씨가 생후 12개월짜리 수소 한 마리를 사서 윤 씨에게 주고 윤 씨는 그 소를 1년 동안 먹여서 1년 후에 우시장으로 가서 팔았다. 1년 전에 수소를 살 때 원금은 배 씨에게 돌려주고, 이익금은 절반씩 나누었다.

[사례3] 강원도 삼척시 근덕면 광태리 심재우 씨 1942년생, 남

이 마을 사람들은 소작으로 주고받는 송아지를 '시침이'라고 하였다. 송아지 주인은 '시침이 주었다', 그리고 소작인은 '시침이 받았다'라고 하였다. 심 씨는 20세 무렵에 이웃 금계리 근덕면 이 씨 소유 시침이를 소작하여 5년 동안 길렀다. 생후 2년째부터는 새끼를 쳤고, 밭갈이를 가르쳐 일도 부렸다. 그동안 4마리의 송아지를 생산할 때마다 첫 송아지는 주인, 두 번째 송아지는 심 씨가 차지하였다. 송아지를 2마리씩 나누어 가진 후에 어미 소를 이 씨에게 돌려주었다.

[사례4] 경북 영주시 순흥면 석교1리 김지락 씨 1938년생, 남

이 마을 사람들은 소작으로 주고받는 송아지를 '배내기소'라고 하였다. 김 씨는 40세 무렵, 이웃 지동리 순흥면 김 씨 소유의 배내기소를 소작하였다. 생후 3개월짜리 송아지를 '목터리'라고 불렀는데 이때부터 소작 대상이 되었다. 배내기소를 1년 반 정도 키워 교미를 붙였다. 2년 4개월째에 암컷 새끼를 낳았다. 어미 소와 새끼 송아지를 3개월 정도 더 키웠다. 2년 7개월째 되는 어느 날, 새끼는 떼놓고 어미 소를 주인에게 끌고 가서 돌려주었다. 김 씨는 배내기소를 키워 송아지 한 마리를 얻은 것을 "소타래기 붙들었다!"고 기뻐하였다. '소타래기'는 고삐라는 말이었다. 김 씨는 이때 처음으로 일소를 소유할 수 있게 되었다.

[사례5] 울산광역시 울주군 두동면 삼정리 김홍섭 씨[1932년생, 남]

1962년 음력 11월 6일, 김 씨는 일기에 "최방구씨에게 소 사육 의뢰[飼育依賴]"라고 기록하였다. 그리고 1965년 음력 2월 13일에는, "서우만씨 송아지 몰고 감[배낙]"이라고 기록하였다. 배낙은 소작으로 주고받는 소, '배냇소'를 말한다. 이 마을에는 "아기와 '배냇소'는 남에게 줄 것이 못 된다."라는 말이 전승되기도 하였다. 아기[자식]를 남에게 주는 것은 식모살이나 꼴머슴살이로 보내는 것이고, 배냇소는 남의 집에 소작을 주는 것이니, 아기나 송아지가 남의집살이를 하게 되면 그만큼 대접을 잘 받지 못할 것이기 때문이었다.

소를 소작하였던 최 씨와 서 씨는 모두 이웃 은편리[두동면]에 살고 있는 사람들이었다. 이 마을은 태산준령[泰山峻嶺] 기슭에 있다. 이 마을 사람들은 태산준령에 소를 풀어놓고 먹이다가 15일에 한 번쯤 돌아보았다. 그만큼 소 가꾸기가 좋은 곳이었다. 그러니 이곳 사람들은 소를 소작하며 생계를 돕는 경우가 많았다. 이 마을 사람들은 배냇소를 맡기는 일을 '배냇 준다', 배냇소를 기르는 일을 '배냇 먹인다'고 하였다.

소의 일생은 성장곡선을 그렸다. 암소가 새끼를 치면 마구간에 '건구줄[금줄]'을 쳤다는 것은 소의 생산 가치가 그만큼 높았음을 미루어 짐작할 수 있다.

소의 1년에서, 정월 대보름날의 '소 대접'은 흉풍 예측의 수단으로 작용되었다. 하지[양력 5월 5일경] 무렵부터 입추[양력 8월 8일경]까지는 생초

生草, 그 이후는 여물과 소죽을 먹였다. 소의 질병을 관리하는 소 의원은 일정한 단골 구역을 거느렸고, 그 값으로 1년에 보리와 벼를 각각 1말씩 받았다.

동해안 지역에서는 소의 소작이 왕성하게 이루어졌다. 소작소의 명칭은 **사례1, 2** 지역에서는 '그리소', **사례3** 지역에서는 '시침이', **사례4** 지역은 '배내기소', **사례5** 지역에서는 '배냇소'라고 다양하게 전승되었다. 소작의 방법과 조건도 지역에 따라 다소 달랐다.

2장

전답의 생활사

1년 2작과 2년 3작의 세계

《농가월령가》는 음력 6월에, "봄보리, 밀, 귀리를 차례로 베어 내고 / 늦은콩, 팥, 조, 기장을 베기 전에 / '대우' 들여 지력을 쉬지 말고 극진히 다스리소"라고 노래하였다. 이때 '대우'는 2년 3작의 농업사를 지칭하는 말이다. 백두대간 서쪽 사람들은 보리밭 사이에 콩을 심는 일을 '대우 친다'고 하였다. 백두대간 동쪽 사람들 사이에서는 이러한 말이 전승되지 않는다. 대우 치기는 겨울작물인 보리, 밀, 귀리를 베어내기 전에 여름작물인 메주콩, 팥, 조, 기장 따위를 사이짓기하는 것이다.

우하영禹夏永, 1741~1812은 《천일록千一錄》에서, "소위 대우라는 것은, 보리 사이에 호미로 골을 내고 콩팥을 심는 것所謂代耰者 就牟麥之畝 而以鋤括土 種以豆太"이라고 하였다. 여기에서 '보리 사이'는 보릿골과 보릿골 사이라는 말이다. 그 사이를 지역에 따라 '놀골', '민골', '헛골'이라고 한다. 동해안 지역 2년 3작 지대의 사람들은 우하영의 설명처럼 보리밭 사이에 콩을 심는 경우가 많았다. 2년 3작은 생장기간을 맞추어 수확을 극대화하려는 지혜의 농법이다. 동해안 지역에서 1년 2작과 2년 3작의 세계는 어떠하였을까.

목화

목화는 주로 겨울 농사를 비워두었던 밭에 심었으나 동해안의 일부 지역에서는 보리밭에 사이짓기[間作]로 목화를 심기도 했다.

[사례1] 경남 창녕군 이방면 장재리 소목마을 노기열 씨 1942년생, 남

이 마을 사람들은 보리 심은 고랑을 '보릿골', 보릿골과 보릿골 사이를 '놀골'이라고 하였다. 놀골은 놀고 있는 골이라는 말이다. 보릿골과 놀골의 폭은 각각 60㎝ 정도였다. 보리를 베어내기 15일 전쯤, '훌칭이 극젱이'로 놀골을 갈았다. 이때 소가 보릿골의 보리를 먹지 못하게 입에 '찌그리 부리망'를 씌웠다. 놀골에 목화 씨앗을 흩뿌리고 괭이로 흙밥을 밀고 당기며 목화 씨앗을 묻었다. 망종 양력 6월 6일경 무렵에 보리를 베어냈다. 훌칭이로 보리 '끌터기 그루터기'를 갈아주면서 목화가 자라는 '목화골'을 북돋아주었다.

수수

수수는 단작單作보다 혼작混作하는 경우가 많았다. 수숫대는 발[簾]의 재료로 활용되는 경우가 많아서 수수 생산은 수숫대 이용 목적이 많았다.

[사례2] 울산광역시 울주군 두동면 삼정리 김홍섭 씨1932년생, 남

이 마을 사람들은 수수를 '수끼'라고 하였다. 콩을 심은 두둑에 4~5m 간격으로 호미나 맨손으로 수끼를 심었다. 이렇게 심는 모양을 '수끼 모드린다'고 하였다. 음력 9월 하순에 수끼를 베고 나서 콩을 베어냈다.

콩

동해안 지역 사람들은 콩을 보리 그루밭에 심기도 하고, 보리밭에 사이짓기도 했다**(도14)**.

[사례3] 강원도 강릉시 사천면 사기막리 권영록 씨1931년생, 남

소만양력 5월 21일경 무렵에 감자골과 감자골 사이에 콩을 심었다. 하지 때 감자를 수확하면서 일어나는 흙밥으로 콩 심은 데를 북돋아 주었다.

[도14] 콩 수확(2016년 10월 20일, 강원도 삼척시 미로면 삼거리)
콩을 베어내는 대로 단을 묶어 세워놓았다.

[사례4] 경북 봉화군 춘양면 소로2리 김월순 씨 1931년생, 여

춘분 양력 3월 21일경 무렵에 감자를 심고 소만 양력 5월 21일경 무렵에 감자골과 감자골 사이에 콩을 심었다. 아낙네들이 호미로 감자골 사이에 25㎝ 간격으로 구멍을 내고 2~3개의 콩 씨앗을 넣고 묻었다.

[사례5] 경북 봉화군 법전면 어지2리 이순구 씨 1944년생, 남

입동 양력 11월 8일경 무렵에 보리와 밀을 심었다. 보릿골과 보릿골 사이를 '헛골'이라고 하였고 보릿골과 헛골의 폭은 30㎝ 정도였다. 이듬해 소만 때 헛골에 콩을 심었다. 아낙네들이 앞치마에 콩 씨

앗을 담고, 호미를 들고 다니면서 30㎝ 간격으로 구멍을 냈다. 하나의 구멍에 콩 씨앗 2~3알을 넣고 묻었다. 밀밭에 콩을 심는 경우도 마찬가지였다.

[사례6] 경북 영주시 순흥면 석교1리 김지락 씨1938년생, 남

감자는 춘분 무렵에 심어야 하므로 감자를 심을 예정의 밭에는 겨울 농사를 짓지 않았다. 밭 전면에 거름을 흩뿌리고 훌칭이로 폭 45㎝ 정도의 두둑을 만들었다. 두둑 위에 감자를 심었다. 이 마을 사람들은 감자밭에 콩을 심는 경우가 많았다. 올콩은 망종, 그루콩은 하지 무렵에 심었다. '감자골'과 감자골 사이에 25㎝ 거리를 두고 호미로 구멍을 내면서 콩을 심었다. 대서양력 7월 24일경 무렵에 감자를 캐면서 일어나는 흙밥으로 콩 심은 데를 북돋아주었다.

서숙

동해안 지역 사람들은 조[粟]를 '서숙'이라고 하였다. 보리 그루밭에 서숙을 심거나 사이짓기하였다.

[사례7] 강원도 양양군 양양읍 화일리 김낭영 씨1933년생, 남

이 마을에서는 "서숙은 밀또는 보리 속에 심고, 콩은 밀또는 보리 그루밭에 심는다."는 말이 전승된다. 이 마을 사람들은 소만 때 보릿골

과 보릿골, 또는 밀골과 밀골 사이의 '헛골또는 민골'에 서숙을 심는 경우가 많았다. 한 남정네는 소 대신 '후치극젱이'를 끌었고, 한 남정네는 후치를 조정하면서 헛골을 갈았다. 이를 '캔다'라고 하였다. 헛골에 서숙 씨앗과 재거름을 흩뿌리고 싸리 빗자루로 헛골을 쓸며 서숙 씨앗을 묻었다.

[사례8] 강원도 강릉시 왕산면 목계리 박종근 씨1935년생, 남

소만 때 밀골과 밀골 사이 '헛골'에 서숙을 심었다. '훌치극젱이'로 헛골을 갈고 서숙 씨앗을 뿌렸다. 발로 흙밥을 밀고 당기며 서숙 씨앗을 묻었다.

[사례9] 경북 봉화군 춘양면 소로2리 김월순 씨1931년생, 여

소만 무렵에 보릿골과 보릿골 사이 헛골에 서숙, 감자골과 감자골 사이 헛골에 콩을 심었다. 한 남정네가 훌칭이를 끌고, 또 한 사람은 훌칭이를 조정하면서 보릿골 사이 헛골을 일구었다. 아낙네가 서숙 씨앗을 흩뿌리면 남정네는 괭이로 흙밥을 밀고 당기며 묻어주었다. 망종 이후 보리를 베어내고, 남정네 두 사람이 보리그루를 쟁기로 갈아주면서 서숙을 북돋아주었다. 이를 '돌가리'라고 하였다. 또는 아낙네 한 사람이 호미로 보리그루를 일구면서 서숙을 북돋아주었다. 이를 '고재비'라고 하였다.

[사례10] 경북 봉화군 법전면 어지2리 이순구 씨 1944년생, 남

소만 무렵에 보릿골 사이 '헛골'에는 콩, 밀골 사이 헛골에는 서숙을 심었다. '가지갱기'라는 인력人力 쟁기로 헛골을 일구었다. 서숙 씨앗을 흩뿌리고 발로 흙밥을 밀고 당기며 서숙 씨앗을 묻었다. 헛골에 서숙 심는 일을 '끌덕한다'고 하였다. 끌덕한다의 '끌'은 그루터기이고, 그루터기에 서숙을 심는다는 말이다.

사례1 경남 창녕군 이방면 장재리 소목마을 사람들은 보릿골과 보릿골 사이 헛골에 목화를 심었다. 이곳은 동해안 지역 중에서 목화 사이짓기의 북방한계선일 가능성이 높다. **사례2** 울산광역시 울주군 두동면 삼정리 사람들은 콩밭에 띄엄띄엄 '수끼수수'를 심었다. **사례3, 4, 6** 지역에서는 감자밭 사이에 콩을 심었다.

사례7, 8, 9, 10 지역에서는 보리밭또는 밀밭 사이에 서숙을 심었다. 영동의 저지대에서는 보리 그루밭에 콩이나 서숙을 주로 심었지만, 산간지대인 **사례3, 4, 5, 6, 7, 8, 9, 10** 지역에서는 감자나 보리밭 사이에 콩이나 서숙을 심었다.

또한 영동의 저지대는 1년 2작의 지대이나, 고지대인 **사례 3, 4, 5, 6, 7, 8, 9, 10** 지역은 2년 3작의 지대였다. 1년 2작의 저지대보다 2년 3작의 고지대는 일조량이 적고 온도가 낮다.

1년 2작 지역과 2년 3작 지역의 농법, 농기구, 사회조직, 신앙 등의 대비 고찰은 우리들 앞에 놓여 있는 과제 중의 하나이겠다.

보리와 밀의 남과 북

보리와 밀은 겨울을 이겨내어야 난알을 맺는다. 한반도의 보리는 전통적으로 겉보리, 밀은 참밀과 청밀호밀이 전승되었다. 겉보리는 추위에 약했고, 참밀과 호밀은 추위에 강했다. 겉보리는 남쪽 나라에서 한반도와 그 부속도서 지역으로 올라왔고, 참밀과 호밀은 북쪽 나라에서 한반도로 내려왔다. 동해안 지역 사람들은 보리와 참밀, 호밀을 어떻게 재배하였을까.

보리는 거름을 주지 않으면 잘 자라지 않아서 보리밭에는 인분人糞거름을 주는 경우가 많았다. 동해안 지역에서는 인분거름과 함께 보리 씨앗의 분리 파종과 혼합 파종의 두 가지 파종법이 전승되었다.

울산광역시 울주군 두동면 삼정리 하삼정마을 김홍섭 씨는 음

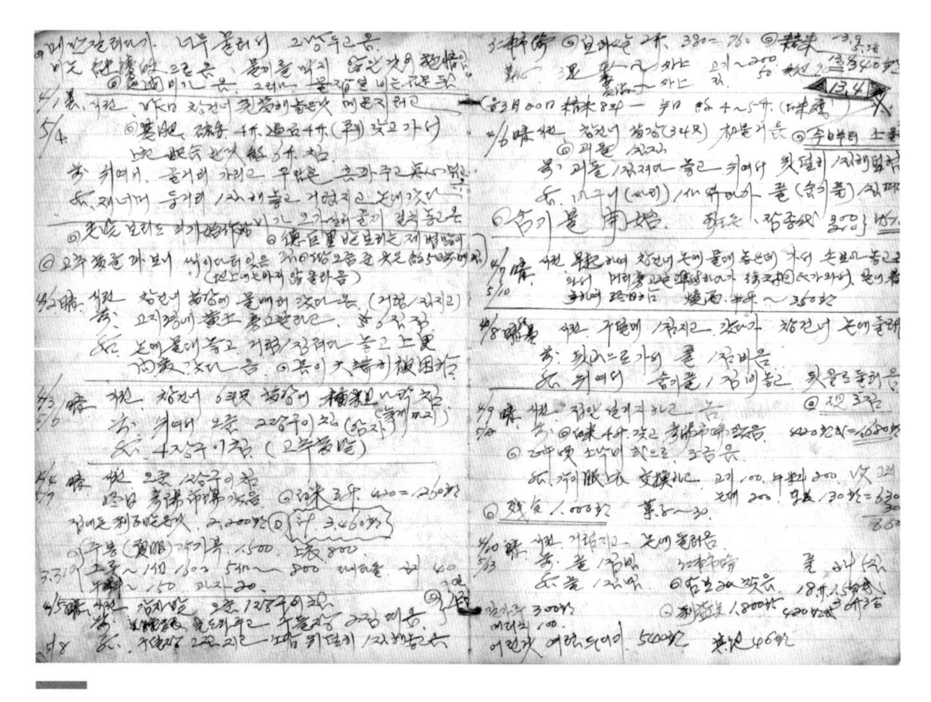

[도15] 김홍섭 씨의 일기(일부)

력 1962년 4월 1일 일기에서, 보리가 "땅오줌 준 곳은 약 5일전에 핌"이라고 기록하였다**(도15)**.

여기에서 '오줌'은 인분과 오줌을 섞은 거름이다. 일반적으로 오줌거름은 보리밭의 웃거름으로 주는데 '땅오줌'은 인분과 오줌을 섞은 거름을 보리 파종 1주일 전에 보리 씨앗을 뿌릴 고랑에 밑거름으로 주는 것이다. 그래야 땅오줌의 물기가 어느 정도 땅속으로 스며들었다. 그렇지 않고 땅오줌을 주고 보리 씨앗을 같이 뿌리면, 보리 씨앗은 썩을 수도 있었다. 이렇게 땅오줌을 준 보리밭은 일반적인 보리보다 약 5일 전에 보리 이삭이 패었다. 그런데 동해안 동북쪽 지역에서는 보리 씨앗, 인분, 재거름 따위를 섞어 파종하기도 했다. 인분거름과 보리 씨앗을 분리하여 파종하는 지역이 있는가 하면, 인분거름과 보리 씨앗을 혼합하여 파종하는 지역이 공존하였다. 다음 사례들을 살펴보자.

[사례1] 강원도 양양군 양양읍 화일리 김낭영 씨 1933년생, 남

이 마을은 해발 130~150m 사이에 걸쳐 있다. 이 마을 사람들은 양달 밭에는 보리, 음달 밭에는 참밀이나 호밀을 갈았다. 김 씨는 '뒷골'이라는 200평짜리 양달 밭에서 보리를 갈고, 500평짜리 '쟁골' 음달 밭에서 참밀과 호밀을 갈았다. 한로 양력 10월 8일경 무렵에 훌칭이로 골을 탔다. 보리 씨앗 또는 참밀 씨앗, 호밀 씨앗, 인분거름, 재거름을 섞었다. 이를 '버무린다'고 하였다. 고랑에 보리 씨앗 또는 참밀 씨앗, 호밀 씨앗과 거름을 섞은 것을 흩뿌려 넣고 쇠스랑으로 흙밥을 긁어내리며 묻었다.

참밀과 호밀을 물에 적셨다가 방아에서 찧고 까불려 밀쌀을 만들었다. 그리고 참밀기울은 밥을 지을 때 섞었고, 호밀기울은 누룩을 만들었다.

[사례2] 강원도 강릉시 왕산면 목계리 박종근 씨 1935년생, 남

이 마을은 해발 300~250m 사이에 걸쳐 있다. 추운 지역이라 보리 갈기가 불가능하였다. 대신 참밀과 호밀을 갈았다. 토양이 비

옥한 밭에는 참밀, 토양이 메마른 밭에는 호밀을 갈았다. 한로 무렵에 감자 그루밭에 참밀이나 호밀을 갈았다. 감자 그루밭은 흙이 부드러웠다. '홀치[쟁기]'로 골을 탔다. 골과 골의 간격은 45㎝ 정도였다. 참밀이나 호밀의 씨앗, 인분, 부드러운 거름을 마당에 깔고 발로 밟으며 섞었다. 이를 '배긴다'고 하였다. 우선 골에 거친 거름을 흩뿌렸다. 이를 '거름 허친다'고 하였다. 다음은 보리 씨앗 배긴 것을 흩뿌렸다. 이를 '보리씨 허친다'고 하였다. 쇠스랑 따위로 골과 골 사이의 흙밥을 긁어주며 거름과 보리 씨앗 배긴 것을 묻었다.

참밀과 호밀을 디딜방아에서 빻아 쌀을 만들었다. 이를 밀쌀이라고 했다. 더러 참밀이나 호밀로 가루를 만들었다. 이를 참밀가루 또는 호밀가루라고 하였다.

[사례3] 강원도 강릉시 구정면 구정리 윤기종 씨[1929년생, 남]

이 마을 사람들은 감자 그루밭에 보리[또는 참밀]를 많이 갈았다. 상강[양력 10월 24일경] 무렵에 보리를 갈았다. '극젱이'로 폭 30㎝ 안팎의 두둑을 만들다 보면, 그 사이에 저절로 고랑이 생겼다. 보리 씨앗과 인분거름을 분리(①)하거나 혼합(②)하였다. ①의 경우에는 인분거름을 고랑에 주고 나서 그 위에 보리 씨앗을 뿌렸고, ②의 경우에는 보리 씨앗, 인분거름, 재거름을 한데 섞어서 고랑에 뿌렸다. ②의 파종법을 '모린다'고 하였다. ①과 ②는 거름의 효과는 물론 보온 효과가 서로 달랐다. ①보다 ②의 경우가 속발[速發]하였다. 쇠스랑이나 '삽재기[나무로 쇠스랑처럼 만든 것]'로 흙밥을 긁어내리며 보리씨앗과 거름을 묻었다. 이때 고랑의 중심에서부터 좌우 두둑의 흙을 10㎝ 정도씩 부수며 보리 씨앗을 묻어주었다. 보리가 자라는 골을 '곡식골', 보리가 자라지 않는 골을 '민골' 또는 '헛골'이라고 하였다.

[사례4] 강원도 삼척시 근덕면 광태리 심재우 씨[1939년생, 남]

이 마을 사람들은 상강[양력 10월 23일경] 무렵에 보리를 갈았다. 훌칭이로 골을 캤다. 골과 골의 간격은 40㎝ 정도였다. 고랑에 보리 씨앗을 뿌렸다. 보리 씨앗 위에 퇴비를 덮었다. 곰배로 고랑 좌우 두둑의 흙밥을 밀어 넣으며 보리 씨앗과 거름을 묻었다.

[사례5] 경북 봉화군 법전면 어지2리 이순구 씨[1944년생, 남]

이 마을 사람들은 입동에 보리를 갈아서 '입동 보리'라는 말이 전승된다. 입동 무렵에 보리를 가는 순서는 다음과 같다. 훌칭이로 밭을 갈고 써레로 써리면서 흙덩이를 바수었다. 다시 훌칭이로 골을 탔다. 골과 골의 간격은 20㎝ 정도였다. 보리 씨앗, 인분, 거름, 재를 섞었다. 이를 '배긴다'고 하였다. 배긴 것을 고랑에 뿌렸다. 괭이나 발로 고랑을 묻어주었다. 밀 파종도 보리와 같았다.

[사례6] 경북 의성군 점곡면 사촌3리 김호승 씨[1931년생, 남]

이 마을 사람들은 입동 무렵에 보리를 갈았다. 훌칭이로 고랑을 냈다. 좌우로 똑같이 흙밥을 넘겼다. 고랑과 고랑의 간격은 70㎝

정도였다. 고랑과 고랑 사이를 '두둑'이라고 하였다. 고랑에 보리 씨앗을 뿌리고 그 위에 거름을 깔았다. 거름은 산초山草, 인분, 흙을 층층이 쌓아놓고 썩힌 것이었다. 괭이로 두둑의 흙밥을 고랑으로 긁어내리며 보리 씨앗과 거름을 묻었다. 보리를 파종한 고랑은 '보릿골'이 되고, 두둑은 '헛골'이 된다.

[사례7] 울산광역시 울주군 두동면 삼정리 김홍섭 씨1932년생, 남

김씨는 입동 지나자마자 밭보리와 논보리를 갈았다. 밭보리는 콩 그루밭에 갈았다. 더러 참밀과 청밀호밀도 갈았다. 보리, 참밀, 청밀호밀의 파종법은 크게 다르지 않았다. 우선, '훌칭이극젱이'로 생땅 없이 갈았다. 이를 '갈아 다덴다'고 하였다. 다시 15㎝ 간격으로 골을 냈다. 이를 '골 썬다'고 하였다. 골 안에 보리참밀 또는 호밀 씨앗을 흩뿌렸다. 이를 '허친다'고 하였다. 그 위에 거름을 주었다. 이를 '깐다'고 하였다. 발로 흙밥을 차면서 보리 씨앗과 거름을 묻었다.

논보리는 보리논에 갈았다. 김 씨 소유의 보리논은 '새논'이라는 세 마지기이 지역은 한 마지기가 100평 논이었다. 논보리 파종법은 '논골타기'와 '만골치기'로 두 가지가 전승되었다. 비교적 습기가 많지 않은 논배미에서는 논골타기로 논보리를 갈았다. 약 20㎝ 정도의 나락 그루 사이를 훌칭이로 갈았다. 이를 '논골 탄다'고 하였다. '괭이써레'로 써렸다. 괭이써레는 보리논에서 논보리를 갈 때 논바닥의 흙덩이를 바수는 사다리 모양의 써레다(**도16**). 이를 '문댄다'고 하였다. 다시 훌칭이로 논골을 탔다. 이를 '재불골 탄다'고 하였다.

[도16] 널써레
경북 의성 지역 사람들은 밭에 보리를 파종하고 나서 복토와 동시에 흙덩이를 바수는 써레를 '널써레'라고 하였다. 이것은 병방리(단촌면) 이원호 씨(1955년생, 남)가 쓰던 것이다. 앞쪽이 들린 소나무토막 두 개가 기둥 구실을 한다(가로 91.0㎝, 세로 5.0㎝, 높이 11.0㎝). 둥그런 소나무토막(직경 5.5㎝, 길이 105.0㎝) 5개를 기둥 구실을 하는 소나무토막 밑에 붙였다. 이것은 써레의 발[足] 구실을 하였다. 그리고 기둥 앞 들린 곳 양쪽에 나무토막(직경 3.5㎝, 길이 73.0㎝)을 댔다. 이것은 써레의 고리 구실을 하였다. 고리 양쪽에 줄을 묶어 소의 멍에에 매달고, 소가 밭의 전면을 끌고 다니면서 보리 씨앗을 묻었다.

골 안에 보리 씨앗을 흩뿌리고 거름을 깔고 괭이써레로 다시 문대었다.

습기가 많은 보리논에서는 만골치기로 논보리를 갈았다. 김 씨의 '새논' 중에서 '못강도가리' 80평 정도가 비교적 습기가 많아서 이곳 논배미에서 만골치기로 논보리를 갈았다. 훌칭이로 3~4회 오가면서 고랑을 만들었다. 이때 나오는 흙밥을 좌우로 올리면서 폭 1.2m 정도의 두둑을 만들었다. 이렇게 만든 두둑을 '만골'이라고 하였다. 만골의 흙덩이를 쇠스랑 따위로 바수면서 골랐다. 보리 씨앗을 흩뿌렸다. 이를 '허친다'고 하였다. 거름을 깔았다. 갈퀴나 쇠스랑 따위로 만골을 긁어주면서 보리 씨앗과 거름을 묻었다.

김 씨는 밭에서 생산한 밭보리와 논에서 생산한 논보리를 양식으로 삼았다. 밭에서 생산한 참밀은 가루를 만들었고 청밀호밀은 누룩을 만들었다. 그리고 '호밀대호밀의 줄기'는 깔개방석의 재료로 삼았다. 호밀대는 보릿대보다 길고 질겨서 깔개방석 만들기에 안성맞춤이었다.

동해안 지역의 보리와 밀 파종에서는 보리 또는 밀 씨앗과 인분거름의 분리와 혼합이 극명하게 드러나고 있었다. **사례1, 2** 지역에서는 보리또는 밀 씨앗과 인분거름의 혼합, **사례3** 지역에서는 보리또는 밀 씨앗과 인분거름의 분리 또는 혼합, **사례4, 6, 7** 지역에서는 보리 씨앗과 인분거름을 분리했다.

보리또는 밀 씨앗과 인분거름을 혼합하는 것에 대한 말도 서로 달랐다. **사례1** 지역에서는 '버무린다', **사례2, 5** 지역에서는 '배긴다', **사례3** 지역에서는 '모린다'라고 하였다.

남쪽 지역에서는 보리또는 밀 씨앗과 인분거름을 분리했고, 북쪽 지역에서는 보리또는 밀 씨앗과 인분거름을 혼합했다. 이로 미루어 볼 때 보리또는 밀와 거름의 혼합 배경은 보리또는 밀 씨앗의 보온 효과를 위한 것이었다.

사례1, 2 지역에서는 추위로 말미암아 보리를 재배하기가 어려웠다. 이들 지역에서는 밀을 재배하고 그것으로 밀쌀을 만들어 양식을 삼고 있었다. 그 이외 지역에서 보리는 양식을 삼고, 밀은 가루나 누룩을 만드는 재료로 활용하였다.

논거름의 1년

1932년 울산광역시 울주군 두동면 삼정리 아랫마을에서 태어난 김홍섭 씨는 다음의 두 논에서 논농사를 지어왔다.

- 고개만당 논: 원래 열일곱 '도가리배미'였고 모두 아홉 마지기이 지역 1 마지기는 200평였다. 고개만당 논은 대물림받은 논이었다. 서 마지기는 어느 조상 때 밭을 논으로 만든 것이다. 그래서 '신답新畓'이라고 하였다. 고개만당 논은 하늘만 바라보면서 물을 받아 논농사를 짓는 천봉답天奉畓이었다. 고개만당 논의 '구답舊畓'은 논농사만 짓는 1년 1작 지대, 고개만당 논의 신답은 벼농사와 보리농사를 짓는 1년 2작 지대였다. 이 마을 사람들은 1년 1작 지

대 논을 '민갈이논', 1년 2작 지대 논을 '보리논'이라고 하였다.

- 창건너 논: 네 '도가리'였고 모두 서 마지기였다. '창건너못'이라는 저수지 물로 논농사를 지었기에 '못답'이라고 하였다. 농부 23명 정도가 창건너못 저수지 물로 논농사를 지었는데, 이들은 하나의 영농 공동체를 만들어 창건너못을 공동으로 관리하였다.

김 씨는 1955년부터 지금까지 농사를 지어오면서, 그 내용을 일기로 남겼다. 김 씨의 일기 중에서 1962년 1년 동안의 논거름 내용을 뽑아서 정리하여 살펴보았다(**표2**).

〈**표2**〉 김홍섭 씨 농사 일기의 논거름 1년(1962)

월/일(음력)	내용	비고
1/25	*식전/고개만당 논에 '마닥거름' 1짐 지고 가서 놓았다	
1/29	*식전/고개만당 논에 콩깍지 1짐 지고 가서 놓았다	
2/1	*식전/창건너 논에 콩깍지 1짐 지고 가서 놓았다	
2/2	*식전/창건너 논에 콩깍지 조금 지고 가서 놓았다	
2/3	*식전/창건너 논에 보릿짚 1짐 지고 가서 놓았다	
2/9	*식전/고개만당 논에 거름 1짐 지고 가서 놓았다	
2/17	*식전/창건너 논에 거름 1짐 지고 가서 놓았다	
2/18	*식전/고개만당 논에 거름 1짐 지고 가서 놓았다	
	*오후/고개만당 논에 거름 1짐 지고 가서 놓았다	
2/19	*오후/고개만당 논에 거름 1짐 지고 가서 놓았다	
2/20	*식전/고개만당 논에 거름 1짐 지고 가서 놓았다	
3/2	*식전/창건너 논에 '마굿돔(마굿거름)' 1짐 지고 가서 놓았다	
3/7	*식전/고개만당 논에 마굿돔 1짐 지고 가서 놓았다	
3/12	*식전/창건너 논에 보릿짚 1짐 지고 가서 놓았다	

월/일(음력)	내용	비고
3/16	*식전/고개만당 논에 마굿돔 1짐 지고 가서 놓았다	
3/17	*식전/창건너 논에 마굿돔 1짐 지고 가서 놓았다	
3/18	*오전/'갱자리풀' 조금 캐 왔다	갱자리풀 뜯기 시작
3/20	*오전/고개만당 논에 마굿돔 1짐 지고 가서 놓았다	
3/22	*오후/재넘어에서 '갱자리풀' 1짐 캐 왔다	
3/23	*오후/갱자리풀 1짐 캐 왔다	
3/24	*오후/재넘어에서 갱자리풀 1짐 캐 왔다	
3/25	*식전/창건너 논에 마굿돔 2짐 지고 가서 놓았다	
3/26	◎큰아들이 갱자리풀 2짐 캐 왔다	
3/28	*오전/창건너논 못강에 마른 갱자리풀 3짐 지고 가서 놓았다	
	*오후/창건너논 못강에 마른 갱자리풀 1짐 지고 가서 놓았다	
4/6	*오후/숨기풀 1짐 뜯어왔다	숨기풀 뜯기 시작
4/8	*오전/뒷산에서 숨기풀 1짐 뜯어왔다	
	*오후/숨기풀 1짐 뜯어왔다	
4/10	*오전/숨기풀 1짐 뜯어왔다	
	*오후/숨기풀 1짐 뜯어왔다	
4/11	*오전/숨기풀 1짐 뜯어왔다	
4/12	*식전/마른 갱자리풀 1짐 지고 가서 놓았다	
	*오전/방농정비알에서 숨기풀 1짐 뜯어왔다	
	*오후/방농정비알에서 숨기풀 1짐 뜯어왔다	
4/13	*식전/숨기풀 1짐 반 뜯어왔다	
	*오후/숨기풀 1짐 뜯어왔다	
4/15	*오후/숨기풀 1짐 뜯어왔다	
4/16	*오전/숨기풀 1짐 뜯어왔다	
	*오후/숨기풀 1짐 뜯어왔다	숨기풀 합계 14짐
4/17	*오전/숨기풀 1짐 뜯어왔다	
	*오후/숨기풀 1짐 뜯어왔다	
4/18(소만)	*오전/숨기풀 1짐 뜯어왔다	
4/29	*오후/숨기풀 1짐 뜯어왔다	숨기풀 합계 18짐
5/2	*오후/숨기풀 1짐 뜯어왔다	
5/3	*오전/숨기풀 1짐 뜯어왔다	
	*오후/숨기풀 1짐 뜯어왔다	
5/15	*식전/뒷골에서 '무룩메' 반 짐 뜯어왔다	

김 씨는 일기에 "나락농사는 땅의 힘으로 짓고, 보리농사는 거름 힘으로 지어라!"라고 하였지만, 나락농사를 위한 논거름도 결코 만만하지 않았다. 논거름의 종류와 생산방법은 다음과 같이 다양했다.

마굿돔 마굿거름

마구간에서 걷어낸 거름을 '마굿돔'이라고 하였다. 집 안에서 소를 매어 기르는 곳을 두 가지로 구분하였는데 지붕이 있는 외양간을 '마구간', 지붕이 없는 외양간을 '마닥'이라고 하였다. 봄, 여름, 가을에 밤에는 마구간에 들여 매었고, 낮에는 마닥에 내 매었다. 그리고 비가 오거나 추운 겨울에는 밤낮 마구간에 매었다.

마닥거름

'마닥거름'은 마닥 바닥에서 쇠스랑 따위로 긁어내어 마당 구석에 쌓아두던 거름이다.

콩깍지

콩깍지는 세 가지콩대, 잔가지, 콩 껍질로 구분하여 쓰였다. 콩대는 땔감으로 삼았고 잔가지는 논의 밑거름으로 주었다. 콩 껍질은 소에게 여물로 주었다.

보릿짚

보리의 낟알을 떨어낸 뒤에 남은 짚이다. 정이월 달에 논에 보릿짚과 콩깍지를 깔아주었는데, 이는 거름의 효과와 함께 유다른 목적이 있었다. 고개만당 논에 있는 어느 논배미와 창건너 논의 못강 논배미에는 '갈[갈풀]'이 많이 자생했다. 2모작 논보다 1모작 논에 더욱 많았다. 갈은 볏과의 여러해살이풀로 번식률이 놀라웠다. 이 마을에서는 "갈은 하루 저녁에 고손자까지 본다."는 속담이 전승되었다.

갈은 땅속 깊이 뿌리를 내렸다. '훌칭이[극젱이]'로 논을 갈아도 뿌리 3분의 2 정도는 땅속에 남아 있을 정도로 깊숙이 들어가 있었다. 그러니 맨손으로 뽑아낼 수밖에 없었다. 논바닥 속으로 들어간 보릿짚과 콩깍지는 썩어들면서 가스가 발생해 논흙을 부드럽게 해주었다. 그러면 논바닥 속으로 팔을 밀어 넣고 갈 뿌리를 캐어내기 좋았다. 갈 뿌리를 손쉽게 뽑아낼 목적으로 논에 보릿짚과 콩깍지를 거름으로 주었던 것이다. 창건너 논의 못강 논배미의 갈 없애기 노력은 3년 만에 끝이 났다.

거름

지난해 가을에, 논밭 밑거름으로 주려고 산야에서 채취한 칡넝쿨 등 거름용 잡초다. 이러한 잡초를 '막거풀'이라고 했는데 마당 구석에 차곡차곡 쌓아두었다가 마구간에 깔아 주거나 논밭에 밑거름으로 주기도 했다. 김 씨는 아시갈이[첫 번째 논갈이] 때에 밑거름

19짐을 지게에 지고 가서 논바닥 여기저기 깔아주고 홀칭이로 마른 논을 갈았다.

갱자리풀

'갱자리풀'이란 '못강[못자리논]'에서 못자리 앉히기에 앞서 깔아주는 밑거름이다. 이 마을 사람들은 못자리 앉히는 논자리를 '못강', 물이 괴어 있도록 논의 가장자리를 흙으로 둘러막은 논두렁을 '논두름'이라고 하였다. 못강의 논두름은 논물이 새지 않게 두껍게 다져 놓았다. 겨울에 눈이 녹은 한 방울의 물이라도 못강에 대려고 애를 썼다. 논에 물을 대는 일을 '물 잡는다'고 하였다.

김 씨는 1962년 음력 3월 18일부터 3월 26일까지 산야에서 지게 5짐 정도의 갱자리풀을 뜯어왔다(**도17**). 음력 3월 26일에는 김 씨의 15세 큰아들이 갱자리풀 2짐을 뜯어왔다. 갱자리풀은 가시비단풀을 비롯하여 이른 봄밭에 나는 온갖 잡풀이었다. 갱자리풀은 마당에 널어 말려서 마당 한 귀퉁이에 저장하였다. 갱자리풀은 생풀 3짐을 말리면 1짐이 되었다. 음력 3월 28일에 마른 갱자리풀을 오전에 3짐, 오후에 1짐 지어다 놓고, 다음 날 3월 29일에 못자리에 깔아 넣었다.

숨기풀

'숨기풀'이란 볏모를 심을 논에 거름으로 주는 나뭇잎이나 풀이다. 이 마을 사람들은 벼 따위를 심는 일을 '숨다'라고 하였다. 숨

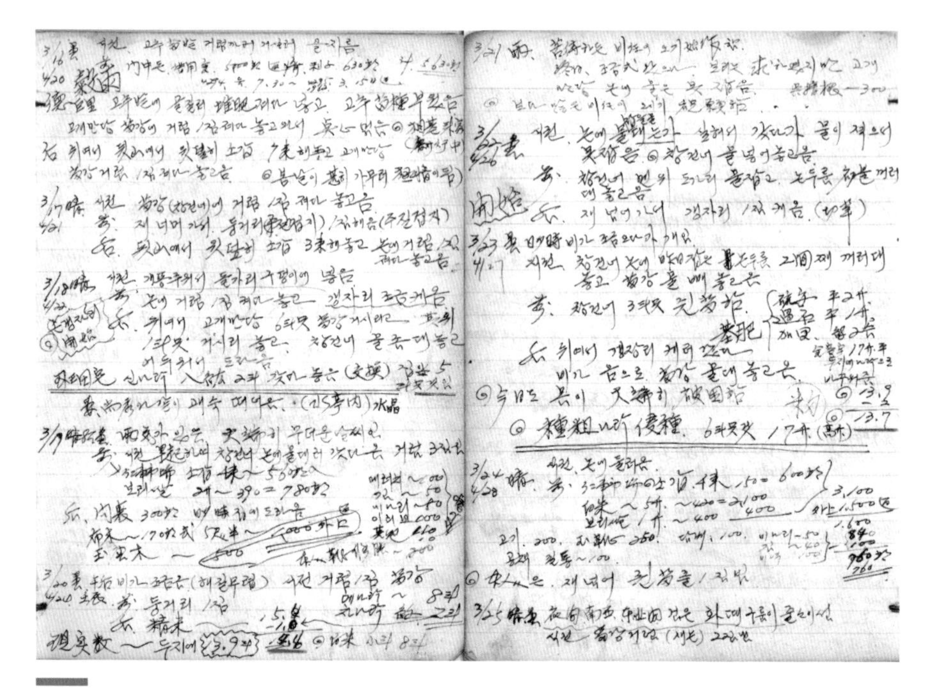

[도17] 김홍섭 씨의 일기(일부)

1962년 음력 3월 18일, 김 씨는 일기에 "손갱자리 개시(開始)"라고 기록하였다. 이날부터 '못강'의 밑거름인 '갱자리풀'을 산야에서 뜯기 시작하였다.

기풀이란 벼를 '숨을' 때 밑거름으로 주는 풀이라는 말이다. 이 마을 사람들의 논갈이 과정에서 숨기풀을 살펴보았다.

논바닥에 밑거름을 넣고 아시갈이를 하였다. 그다음 논에 물을 대어놓고 숨기풀을 깔고 두 번째 논갈이를 했다. 이때의 논갈이를 '풀물갈이'라고 했다. 풀물갈이 하고 나서 물이 넉넉하면 곧바로 모를 심었다(**도18**). 풀물갈이 한 후 물이 부족하여 모를 제때 심지 못하였을 경우, 모심기 바로 직전에 다시 논갈이를 하기도 했다.

이때는 숨기풀을 깔아주지 않고 논을 갈았는데, 이를 '재불갈이'라고 했다.

김 씨는 1962년 음력 4월 6일부터 5월 3일까지 산야에서 숨기풀을 20짐 정도 뜯어왔다.

숨기풀은 산야의 잡풀이지만, 그중에서도 '갈풀'이 많았다. 갈풀은 참나뭇과의 낙엽 교목의 새순과 잎사귀였다. 참나무를 잘라낸 밑동에서 해마다 생겨나는 움돋이를 '숨기풀' 또는 '갈풀'이라고 하였다. 김 씨는 개인 소유의 '갓임야'에서도 갈풀을 생산하였다. 이 지역에서는 갈풀을 생산하는 임야를 '분등산'이라고 불렀다. 김 씨의 분등산은 약 700평 정도였다.

1962년 음력 5월 15일에 '무룩메' 반 짐을 해왔는데, 무룩메는 음

[도18] 모심기(1940년 6월 21일, 평북 철산군 철산면 부영리) 촬영 타카하시 노보루(高橋昇)
남정네들이 논을 고르는 동안, 아낙네들은 모를 심고 있다.

지에서 자라는 1년생의 잡초로 '음달풀'이라고도 하였다. 숨기풀을 깔아준 위에 띄엄띄엄 무룩메를 깔아주었다. 무룩메는 음지에서 자란 풀이라서 비교적 잘 썩었고 숨기풀을 썩게 만드는 촉진제 구실을 하였다.

논거름은 다양한 재료와 방법으로 생산되었다. 밑거름은 아시갈이 이전에 논에 깔아주었다. 김 씨 일기에는 '마닥거름', '거름', '마굿돔'이 나오는데, 마닥에서는 마닥거름이, 마구간에서는 마굿돔[마굿거름]이 생산되었다. 콩깍지와 보릿짚은 밭에서 생산된 것이다. 그리고 '거름'은 가을에 산야에서 뜯어온 '막거풀'이다. 가을에 채취한 막거풀은 이듬해 논에 밑거름으로 주기 위해 마당 구석에 쌓아두었다.

'갱자리풀'은 '못강[못자리]'의 밑거름으로 초봄에 들이나 밭에서 뜯어온 것이다. '숨기풀'은 논에 풀물갈이 이전에 주는 밑거름이다. 숨기풀은 산야에서 뜯어온 참나무의 1년생 가지와 나뭇잎이 주종을 이루었다. 이를 '갈풀'이라고도 하였다.

원초경제사회 때 김 씨는 마닥거름과 마굿돔 등 마구간 부산물, 콩깍지와 보릿짚 등 밭의 부산물, 그리고 갱자리풀과 숨기풀로 논의 기운을 북돋우며 논농사를 지었다. 논거름 중의 막거풀, 갱자리풀, 숨기풀은 소위 '벌거숭이'라는 산야에서 생산되는 거름이었다.

밭거름의 1년

김홍섭 씨는 다음의 두 밭에서 밭농사를 지었다.

- 큰밭: '고개만당'에 있는 열 마지기 밭이다. 이 지역에서는 밭은 100평을 한 마지기라고 하였다.
- 덕거리밭: '덕거리'에 있는 서 마지기 밭이다.

김 씨는 1955년부터 지금까지 농사짓는 일을 일기로 남겼다. 김 씨의 농사 일기 중에서 1962년 1년의 밭거름 내용만을 뽑아내어 그 내용을 정리하고 상세히 살펴보았다(**표3**).

〈표3〉 김홍섭 씨 농사 일기의 밭거름 1년(1962)

월/일(음력)	내용	비고
1/18	*식전/보리밭에 똥오줌 1장군 쳤다	
	*오전/보리밭에 똥오줌 2장군 쳤다	
1/19	*식전/보리밭에 똥오줌 1장군 쳤다	
	*오전/보리밭에 똥오줌 1장군 쳤다	소계(小計) 5장군
1/20	*식전/보리밭에 똥오줌 1장군 쳤다	
	*오전/보리밭에 똥오줌 2장군, 마늘밭에 똥오줌 2장군 쳤다	
1/21	*오후/칙간 똥오줌구덩이에 물 4장군 부었다	
2/7	*식전/개똥 주었다	
2/10	*식전/덕거리 밭에 거름 1짐 지고 가서 놓았다	
2/12	*식전/보리밭에 똥오줌 1장군 쳤다	
2/13	*식전/보리밭에 똥오줌 1장군 쳤다	
	*오전/보리밭에 똥오줌 1장군 쳤다	
2/14	*식전/덕거리 밭에 거름 2짐 지고 가서 놓았다	
2/16	*오후/덕거리 밭에 거름 2짐 지고 가서 감자 심다	
2/17	*오전/덕거리 밭에 '윗돔' 2짐 지고 가서 주었다	
	*오후/덕거리 밭에 거름 1짐 지고 가서 놓았다	
2/25	*식전/보리밭에 똥오줌 1장군 쳤다	
	*오후/보리밭에 똥오줌 3장군 쳤다	
2/26	*식전/보리밭에 똥오줌 1장군 쳤다	
2/27	*오후/보리밭에 똥오줌 2장군 쳤다	
2/28	*식전/보리밭에 똥오줌 1장군 쳤다	
2/30	*오전/감자밭에 똥오줌 1장군 쳤다	
3/1	*식전/보리밭에 똥오줌 1장군 쳤다	
3/3	*식전/보리밭에 '윗돔' 1짐 지고 가서 주었다	
3/13	*식전/감자밭에 똥오줌 2장군 쳤다	감자 싹 나오기 시작
3/15	*식전/고추 모종 심을 밭에 거름 1짐 지고 가서 놓았다	
3/18	*식전/개똥 주어다 칙간 구덩이에 넣다	
4/3	*오전/감자밭에 똥오줌 2장군 쳤다	
	*오후/고추 모종밭에 똥오줌 4장군 쳤다	

월/일(음력)	내용	비고
4/4	*식전/감자밭에 똥오줌 1장군 쳤다	
4/5	*식전/감자밭에 똥오줌 1장군 쳤다	
4/11	*식전/밭에 '구들메(구들미)' 1짐 지고 가서 놓았다	
6/23	*식전/참깨 밭에 똥오줌 1장군 쳤다	
	*오전/ 덕거리 콩밭에 똥오줌 1장군 쳤다	
	*오후/ 참깨 밭에 똥오줌 1장군 쳤다	
6/24	*식전/참깨 밭에 똥오줌 1장군 쳤다	
6/25	*식전/참깨 밭에 똥오줌 1장군 쳤다	참깨밭 똥오줌 소계 5장군
6/27	*식전/덕거리 밭에 똥오줌 1장군 쳤다	
7/1	*식전/큰밭 들깨 밭에 똥오줌 1장군 쳤다	
7/13	*식전/무밭에 똥오줌 1장군 쳤다	
7/15	*식전/무밭에 똥오줌 1장군 쳤다	
7/17	*식전/무밭에 거름 3짐 지고 가서 놓았다	
7/23	◎2, 3일 전부터 더러 보리풀을 베는 모양이다	
7/26	*오후/막거풀 1짐 뜯어왔다	
7/27	*오후/노개골에서 보리풀 1짐 뜯어왔다	
7/28	*오후/삼박골에서 막거풀 1짐 뜯어왔다	풀 3짐
7/30	*종일/어머님 산소 발초(拔草)하고 보리풀 1짐 뜯어왔다	풀 4짐
8/1	*오전/부땅골에서 보리풀 1짐 뜯어왔다	
	*오후/범골에서 보리풀 1짐 뜯어왔다	
8/2	*오전/범골에서 보리풀 1짐 뜯어왔다	
	*오후/범골에서 보리풀 1짐 뜯어왔다	
8/3	*식전/'마닥거름'과 '마구짓'을 섞었다	
	*오후/담밭등에서 보리풀 1짐 뜯어왔다	보리풀 9짐
8/4	*오전/보리풀 1짐 뜯어왔다	보리풀 10짐
8/28	*종일/거름 뒤집었다	
9/3	*오후/무밭에 똥오줌 2장군 쳤다	
9/4	*식전/무밭에 똥오줌 2장군 쳤다	
9/7	*식전/무밭에 똥오줌 1장군 쳤다	
9/9	*식전/소똥을 주었다	
9/10	*식전/무밭에 똥오줌 2장군 쳤다	

월/일(음력)	내용	비고
9/17	*오전/큰밭에 거름 4바리 3짐 운반했다	보리밭거름 운반 시작
	*오후/큰밭에 거름 4바리 운반했다	오늘 8바리 7짐
9/18	*오전/큰밭에 거름 4바리 운반했다	오늘 7바리, 합계 15바리
9/19	*오전/큰밭에 거름 3바리 3짐 운반했다	
	*오후/큰밭에 거름 3바리 3짐 운반했다	오늘 6바리 6짐(합계 21바리)
10/22	*오전/덕거리 보리밭에 똥오줌 4장군 쳤다	
10/23	*오전/똥오줌 1장군 쳤다	
11/2	*식전/똥오줌 3장군 쳤다	
11/3	*식전/덕거리 보리밭에 똥오줌 3장군 쳤다	
11/4	*식전/똥오줌 2장군 쳤다	큰구덩이 끝 (덕거리 목화밭 외 모두 침)
11/7	*식전/똥오줌 2장군 쳤다	
11/10	*식전/똥오줌 1장군 쳤다	
11/28	*식전/똥오줌 1장군 쳤다	
11/29	*식전/똥오줌 1장군 쳤다	
11/30	*식전/고개만당 밭에 똥오줌 1장군 쳤다	
12/1	*식전/똥오줌 2 장군 쳤다	
	*오후/ 고개만당 밭에 똥오줌 2장군, 마늘밭에 1장군 쳤다	
12/2	*식전/똥오줌 2장군 쳤다	
12/4	*식전/칙간 똥오줌구덩이에 물 3장군 지어다가 부었다	
12/19	*식전/똥오줌 1장군 쳤다	
12/24	*식전/큰밭에 똥오줌 1장군 쳤다	

김 씨의 밭거름은 다양하였다. 이 마을에는 "보리농사는 거름 힘으로 지어야 한다."라고 하는 밭거름 소재의 속담이 전승되고 있다.

인분거름

이 마을 사람들은 뒷간을 '칙간'이라고 하고 칙간에서 인분을 저장해두는 곳을 '구덩이'라고 하였다. 구덩이는 칙간 구석에 가로, 세로, 깊이 각각 2m 정도의 크기였다. 구멍 좌우 쪽 판자에 발을 디디고 팔다리를 오그려 몸을 작게 옴츠리고 앉아 대소변을 보았다. 그리고 칙간 구덩이에 가끔 물을 부었다. 김 씨는 일기에서, 정월 21일 물 4장군, 섣달 초나흗날 3장군의 물을 냇가에서 지어다

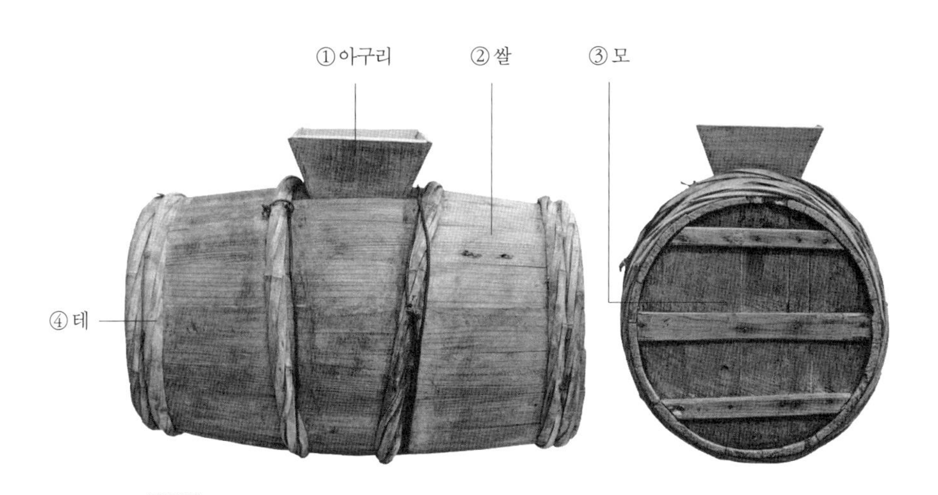

[도19] 장군

관동대학교 박물관에서 소장하고 있는 것이다(가로 58.5㎝, 세로 32.4㎝, 높이 33.0㎝). 장군의 분량은 보통 3말(1말은 약 18리터) 들이였다. 부분 명칭은 다음과 같았다.

① 아구리: 장군의 부리다.

② 쌀: 장군의 몸통을 이루는 여러 조각의 나무 조각이다. 음달에서 키운 소나무로 만들었다.

③ 모: 장군 좌우 양쪽에 붙이는 둥그런 나무 조각이다.

④ 테: 장군의 몸통을 조여 주는 왕대나무 오리다.

부었다. 장군은 똥오줌인분거름을 담아 지게로 지어 나르는 그릇이다(도19). 김 씨는 주로 밭작물 밭에 인분거름을 주었는데, 그 내용은 다음과 같다.

- 보리밭: 1962년 음력 10월 17일 보리를 갈았다. 보리이삭이 패기 이전의 생장 과정은 다음과 같이 크게 세 가지로 구분된다. 보리를 갈고 15일 정도 지나서 보리 싹이 돋아나는 것을 '촉 튼다'고 하였다. 보리 촉이 트기 이전에는 보리를 심은 보리고랑폭 15㎝ 정도에 인분거름을 준다. 이때의 인분거름은 보리밭의 밑거름이다. 이 무렵에는 보리밭에 인분거름을 마구 주어도 거름독-毒이 오를 염려가 없었다. 김 씨는 보리가 움트기 전 음력 10월 22일부터 음력 11월 10일까지 16장군의 인분거름을 보리고랑에 주었다.

  보리가 움튼 뒤에는 보리고랑에 인분거름을 주면 거름독이 오를 염려가 있기 때문에 보리가 없는 헛고랑폭 35㎝ 정도에 인분거름을 준다. 김 씨는 음력 11월 28일부터 음력 12월 24일까지 11장군의 인분거름을 보리 헛고랑에 주었다.

  이듬해 정이월에 보리가 6~7㎝ 정도 자랐을 때, 보리는 인분거름을 주어도 거름독이 타지 않는다. 보리고랑과 헛고랑을 가리지 않고 인분거름을 주었다(도20). 김 씨는 이듬해 정월 18일부터 3월 1일까지 21장군의 인분거름을 보리고랑과 헛고랑에 마구 주었다. 1962년에도 같은 시기에 21장군을 주었다.

• 마늘밭: 여름에 심은 마늘밭에 섣달 초하룻날 웃거름으로 인분거름 1장군, 정월 20일에 웃거름으로 인분거름 2장군을 주었다.
• 감자밭: 음력 2월 26일에 심은 감자밭에 음력 2월 30일부터 음력 4월 5일까지 7장군의 인분거름을 웃거름으로 주었다.
• 고추 모종밭: 음력 3월 16일에 심은 고추 모종밭에 음력 4월 3일, 4장군의 인분거름을 웃거름으로 주었다.
• 깨밭: 음력 5월 22일에 심은 참깨와 들깨 밭에, 음력 6월 23일부터 음력 7월 1일까지 웃거름으로 5장군의 인분거름을 주었다.
• 콩밭: 음력 5월 23일에 심은 콩밭에 음력 6월 23일 인분거름 1

[도20] 장군과 오줌바가지(1940년 11월 16일, 경남 거제시 거제면 서정리) 촬영 타카하시 노보루(高橋昇)
인분거름을 지어 나르는 목통을 '장군'이라고 한다. 위에는 부리가 나 있고, 몸통에는 쪼갠 대나무를 단단하게 동여 묶었다. 오줌바가지는 바가지에 소나무 자루를 붙여 만들었다.

장군을 주었다. 콩밭의 인분거름은 웃거름 목적이 아니었다. 잡식동물 고라니는 콩잎을 뜯어먹기 일쑤였다. 인분거름을 주어 악취를 풍기면 고라니가 콩밭에 범접을 못 하였다. 콩밭에 인분거름을 주는 것은 고리니 피해를 줄이기 위한 수단이었다.

- 무밭: 음력 7월 13일과 음력 7월 15일에 1장군씩, 무를 심을 밭에 인분거름을 밑거름으로 주고 나서 음력 7월 18일에 무를 심었다. 그리고 음력 9월 3일부터 9월 10일까지 7장군의 인분거름을 웃거름으로 주었다.

개똥

원초경제사회 때 사람들은 개똥을 소중하게 여겼다. 개똥을 줍는 도구까지 전승되었던 것도 이 때문이었다. 호미 날을 긴 자루에 끼워 만들었다. 이를 '개똥호미'라고 하였다. 어깨에 망태기를 메었다. 이를 '개똥망태'라고 하였다. 길가에 나뒹구는 개똥을 개똥호미로 뜨고 개똥망태에 주워 담았다. 개똥은 먼저 본 사람이 임자였으니, 이른 아침에 경쟁적으로 개똥을 주우려고 집을 나섰다. 노름꾼들 사이에서 다음과 같은 이야기가 전승된다. 노름꾼들은 밤을 새우면서 노름을 하곤 하는데, 돈을 딴 사람이 노름판을 깨려고 꾀를 부릴 때 쓰는 말로, "개똥망태가 얼쩡거리고 있으니 노름을 끝내자."고 한다. 즉 개똥을 아침 일찍 주우러 가야 하니 노름판을 끝내자는 것으로 그만큼 개똥 줍는 일이 중요했다는 것이다.

김 씨는 음력 2월 7일과 3월 18일 식전에 개똥을 주워다가 칙간에 넣었다. 인분거름을 조금이라도 더 늘리려고 개똥을 주워다가 칙간 구덩이에 넣었던 것이다.

보리풀 거름

보리풀이란 보리밭에 밑거름으로 줄 거름을 만들려고 산야에서 베어온 풀이다. 김 씨는 1962년 일기 중 음력 7월 23일, "2, 3일 전부터 더러 보리풀을 베는 모양이다."라고 기록하였다. 이 마을 사람들이 보리풀을 베기 시작하였다는 말이었다. 보리풀에는 '막거풀갈풀과 넝쿨 따위의 1년생 잡초'도 들어 있었다. 김 씨는 음력 7월 26일부터 음력 8월 4일까지 산야에서 막거풀과 보리풀 10짐을 베어다가 보리풀 거름을 만들었다. 막거풀과 보리풀을 작두로 썰어 마당 한쪽 구석에 쌓아놓고 그 위에 인분을 끼얹었다. 열이 생기면서 보리풀 거름으로 숙성되었다.

전답거름

이 마을 사람들은 따뜻한 날 마당 한 구석에 소를 매어두는 공간

[도21] 옹구로 거름 나르기(촬영 타카하시 노보루[高橋昇])
한 농부가 소 등에 올리는 길마에 옹구를 올려놓고 거름을 담아 나르고 있다.

을 '마닥'이라고 하였다. 마닥에서 걷어내는 거름을 '마닥거름', 마구간에서 넣어주는 건초를 '마구짓'이라고 하였다. 김 씨는 음력 8월 3일 '마닥거름'과 '마구짓'을 섞었다. 그리고 음력 8월 28일에는 마당에 거름을 깔아놓고 종일 뒤집었다. 이것을 거름창고인 잿간에 차곡차곡 쌓아두었다. 마닥거름과 마구짓을 섞어 만든 거름을 '전답거름'이라고 한다. 김 씨는 전답거름을 어디에 썼을까.

- 보리밭: 김 씨는 음력 9월 17일부터 음력 9월 19일까지 3일 동안 전답거름을 보리 갈 예정의 '큰밭'에 집중적으로 지어 날랐

다. 소는 옹구(**도21**), 사람은 지게로 거름을 지어 날랐다. 옹구 한 짐을 '바리', 지게 한 짐을 '짐'이라고 한다. 옹구 1바리는 지게 6짐의 분량이다. 모두 21바리의 거름을 소와 사람이 지어 날랐다. 그리고 음력 3월 3일에는 '윗돔' 거름 1짐을 보리밭에 웃거름으로 주었다. 윗돔은 거름더미 위쪽에 있어서 발효가 덜 된 거름이다.

- 감자밭: 음력 2월 14일부터 음력 17일까지 (전답)거름 5짐, 윗돔 거름 2짐을 지게에 지고 가서 부려놓았다. 김 씨는 음력 2월 26일 '덕거리' 밭에 감자를 심었다. 전답거름과 윗돔은 감자밭의 밑거름이었다.

'구들메' 거름

이 마을 사람들은 방구들에서 긁어내는 재거름을 '구들메구들미'라고 하고, '밀개고무래'로 구들메를 긁어내는 일을 '후벼낸다'고 하였다. 김 씨는 음력 4월 11일 '구들메' 1짐을 밭거름으로 주려고 삼밭에 지어다 놓고, 여기저기 구들메 거름을 주었다. 구들메 거름은 기운이 독하여 일반 밭작물의 거름으로 주기를 꺼렸지만, 삼은 비교적 거름독에 강한 농작물이었다.

김 씨의 밭거름은 다섯 가지로 분류된다. 칙간 구덩이에서 생산된 인분거름은 보리밭, 마늘밭, 감자밭, 고추 모종밭, 깨밭, 콩밭, 무밭의 웃거름으로 주었다. 다만 콩밭의 인분거름은 잡식동물 고라니 방어 목적이었다. 개똥은 인분거름의 분량을 불리기 위한 수단으로 작용하였다. 이를 위한 목적으로 개똥호미와 개똥망태가 전승되고 있다는 점이 돋보였다. 보리풀거름은 보리밭의 밑거름으로 주기 위해 산야의 잡초와 인분으로 만든 거름이다. 전답거름은 마닥거름과 마구짓을 섞어 발효시켜 만든 거름으로 보리밭과 감자밭의 밑거름으로 주었다. '구들메구들미' 거름은 삼밭의 웃거름으로 주었다.

금성산 이야기

금성산金城山, 531m과 비봉산飛鳳山, 671m은 경북 의성군 금성면, 가음면, 사곡면, 춘삼면에 걸쳐 있다(**도 22**). 금성산과 비봉산은 백악기에 화산이 폭발하면서 만들어진 산으로 백두대간에서 뚝 떨어져 평야지대에 우뚝 서 있다. 금성산의 정상은 평지다. 이곳은 최고의 명당자리라고 한다. 이곳에 묘를 쓰면 3년 이내에 큰 부자가 된다는 말이 전승된다. 한편 이곳에 묘를 쓰면 인근 30리 안에는 석 달 동안 비가 내리지 않고 수정사水淨寺의 샘물이 마른다는 전설도 전승되고 있다. 수정사는 금성산과 비봉산 골짜기에 있는 사찰이다.

경북 의성군 금성면 수정1리 이정식 씨1932년생, 남는 오랫동안 기계 방앗간을 경영하면서 그 과정을 꼼꼼하게 기록으로 남겼다. 그의

[도22] 금성산과 비봉산(2016. 11. 1.)
사진의 왼쪽은 금성산, 오른쪽은 비봉산이다. 그 사이 골짜기를 '수정골'이라고 한다.

비망록에는 "1973년 음력 7월 18일부터 음력 7월 26일까지 금성산金城山에 묘墓 소동"이 있었다는 기록이 있다**(도23)**. 1973년 금성산 묘 소동의 발단을 찾아보았다.

이곳 사람들은 하지양력 6월 21일경 때 볏모를 심었다. 하지 때 비가 오지 않아 볏모를 못 심게 되면, 금성산에 묘를 썼기 때문이라는 웅성거림이 일기 시작했다. 1973년에는 초복양력 7월 17일까지 비가 오지 않았다. 초복 때까지 볏모를 심지 못하면, 논에 조[粟]를 심는 경우도 더러 있었다. 초복 다음 날인 18일부터 묘 소동이 일어났다. 1973년 금성산 묘 소동은 대서양력 7월 24일를 지나 7월 26일까지 이어졌다. 보통 대서 때는 첫 논매기가 끝날 때였다. 그러나 이때까지도 볏모를 심지 못한 사람들이 있었던 것이다.

[도23] 비망록(備忘錄)[일부]
경북 의성군 금성면 수정1리 이정식 씨(1932년생, 남)의 비망록이다. 1973년(癸丑年)에 빨간 볼펜으로 "金城山 墓 소동 7. 18~7. 26"이라고 기록하였다.

금성산과 비봉산 주변 사람들은 이 모든 것이 어느 누군가 금성산 꼭대기에 묘를 썼기 때문이라고 굳게 믿었다. 금성산 묘 소동이 일어나면, 금성산과 비봉산 주위에 있는 4개 면금성면, 가음면, 사곡면, 춘산면 사람들은 1가호마다 한 사람씩 괭이와 바가지에 인분人糞을 담아 가지고 나와 출역出役하였다. 괭이는 묘를 팔 도구였고, 인분은 묏자리에 뿌릴 응징의 물체였다.

왜 하필 1973년 7월 18일부터 묘 소동이 일어났던 것이었을까. 이를 살펴보기 위해 같은 동해안 지역에 있는 울산광역시 울주군 두동면 삼정리 하삼정마을에서 농사를 지으며 오랫동안 일기를 써온 김홍섭 씨1932년생, 남의 기록을 들여다보았다.

1973년 7월 17일, 이날은 초복이었다. 김 씨는 일기에 "날이 가물었다."고 기록하였다. 1973년 7월 18일에는, "'빌리'라는 이름의 태풍 소식과 함께 바람이 불고 비가 올 것 같았는데, 비는 오지 않았다."라고 기록하였다. 태풍 빌리는 어떻게 된 것이었을까. 태풍영향센터의 자료를 들추어보았다.

태풍 빌리는 1973년 7월 13일에 발생한 제3호 태풍으로 7월 17일 새벽까지도 중심기압 930hpa의 매우 강력한 세력을 유지하였다. 태풍 빌리는 한반도를 관통할 것이라고 전망되었으나 진로가 당초 예상보다 크게 서쪽으로 틀어지면서 1973년 7월 18일부터 19일 사이 한반도 서해상으로 북상하며 한반도를 비껴가버렸다. 더불어 강력했던 세력 또한 17일 오후 빠르게 약화되었기 때문에 태풍의 영향력은 제주도와 전남 지역에 국한되었다. 1973년 7월 18일~19일 총강수량은 고흥 206.0㎜, 장흥 184.5㎜, 해남 163.5㎜, 제주 162.2㎜, 산청 84.0㎜였지만, 백두대간 동쪽에는 한 방울의 비도 내리지 않았다.

금성산 묘 소동이 일어난 1973년 7월 18일은 태풍 빌리가 한반도를 비껴간 바로 그날이었다. 이때 태풍 빌리가 한반도를 관통하여 금성산과 비봉산 주변 지역에 많은 비가 내렸다면 묘 소동은 일어나지 않았을 것이다.

그리고 금성산 묘 소동은 왜 1973년 7월 26일에 끝났을까. 김 씨는 일기에 1973년 7월 26일에는 "고대하던 비는 오지 않았고 나락이 시들어간다. 비는 언제 오려나!"라고 기록하였고, 1973년 7월 27일에는 "비가 와서 '마당물'이 내려갔다."고 기록하였다. 마당물이란 집 마당에 흘러내려가는 빗물이다. 드디어 동해안 울주 지역은 해갈이 되고, 이때 의성 지역에도 비가 많이 내렸던 것이다. 1973년 7월 18일부터 7월 26일까지 이어졌던 금성산과 비봉산 주변 마을 사람들의 묘 소동은, 드디어 7월 27일에 종지부를 찍게 되었다.

금성산과 비봉산 자락 마을에는 지금으로부터 200년 전의 묘 소동 일화가 전설처럼 전승되고 있다. 금성산 꼭대기의 묘 쓰는 방법은 평토장平土葬이었다. 묘 소동꾼들은 평토장에서 인골을 끄집어내어 여기저기 팽개쳤고, 그 후손들이 인골을 주워 모아 다른 곳에 이장移葬하였다고 한다. 그런데 왜 이와 같이 금성산에 묘 소동 이야기가 전승되고 있을까. 금성산과 비봉산 자락에 살고 계시는 두 분께 이곳의 논농사에 대해 알아보았다.

[사례1] 경북 의성군 금성면 운곡리 김원호 씨1952년생, 남

금성산과 비봉산 북서쪽에 '운곡골'이 있다. 운곡골 빗물은 '운곡지雲谷池'로 흘러들었고 운곡지의 물은 '운곡들'에 있는 논들을 적셔주었다. 운곡들은 '못들'이었다. 모두 500마지기였다. 400마지기는 벼와 보리 재배가 가능한 1년 2작의 '보리논'이었고, 100마지기는 벼만 가능한 1년 1작의 무논이었다. 보리논에는 마늘 재배가 가능하였지만, 무논에는 마늘 재배가 불가능하였다. 운곡들은

이 마을 사람들의 양식糧食을 생산하는 논들이었다. 이 논들에 생명을 불어넣는 물은 금성산과 비봉산에서 흘러내렸다. 김 씨는 이곳 운곡들에 있는 5.5마지기이 지역 1마지기는 200평 논에서 논농사를 지었다.

[사례2] 경북 의성군 금성면 수정1리 이정식 씨1932년생, 남

이 마을은 금성산과 비봉산 남서쪽 '수정골'에 있다. 금성산과 비봉산의 빗물은 수정골을 타고 흘러내렸다. 그 골짜기에 '용문지龍門池'라는 저수지가 있다(**도24**).

그 아래쪽에 용문지의 물을 받아 벼를 키우는 700마지기이 지역 한 마지기는 200평 논들을 '옥야들'이라고 하였다. 옥야들 답주畓主들은 '옥

[도24] 용문지(龍門池)(2016. 11. 1.)
용문지의 물은 '옥야들'이라는 논들로 흘러든다.

야들계'라고 하는 하나의 공동체를 만들어 힘을 모아 용문지를 만들었다. 옥야들 계원은 120명 정도였다. 옥야들 계契에는 '못도감[-都監]' 1명, 분수도감分水都監 2~3명, '못강구[-監考]' 1명, 소임所任 1명이 있었다.

계원들은 일정한 날에 모임을 가지고 으뜸을 선임하였다. 으뜸을 '못도감'이라고 하였는데 못도감은 무보수 명예직이었다. 못도감은 옥야들 계의 으뜸임과 동시에 못[龍門池] 역사役事를 진두지휘하는 큰 어른이었다. 못도감은 분수도감 2~3인을 거느렸다. 분수도감은 여러 논에 용문지의 물을 나누어주는 사람이었고 계원들이 하루씩 임무를 교대했다. 못강구는 못 역사役事 때 계원들의 점심식사와 참을 담당하였다. 계원들은 '계답契畓' 한 마지기를 공동으로 소유하고 있었는데, 못강구에게 계답의 소작권을 보수로 주었다. 소임은 못 역사 때 옥야들 계원들에게 연락을 취하는 일 등 여러 가지 심부름을 담당하는 사람이었다. 그 값으로 가을 추수가 끝나면 계원들에게 각각 나락 1되를 받았다. 이때의 나락을 '수곡收穀'이라고 하였다.

용문지 물은 금성산과 비봉산이 내려주는 생명수과 같은 것이었다. 이 생명수는 용문지에 흘러들었고, 용문지는 옥야들을 적셔주었다.

사례1 '운곡들'과 **사례2**의 '옥야들'의 논들은 오로지 금성산과 비봉산에서 흘러내리는 물로 논농사를 짓고 있었다. 금성산과 비봉산

자락에 있는 행정상 4개 면금성, 가음, 사곡, 춘삼 사람들에게 금성산과 비봉산의 물은 생명수와 같은 것이었다. 금성산과 비봉산이 비구름을 잡아 준 은덕恩德이었고 이곳 사람들은 금성산과 비봉산의 은덕으로 논농사를 지으며 살아가는 공생공존共生共存의 공동 운명체였다. 금성산 꼭대기 평지에 혼자만 부자가 될 욕심으로 묘를 평장平葬으로 쓴다는 것은 공생공존의 공동 운명체에서 이탈하는 행위였다. 묘 소동은 공생공존 공동 운명체 이탈자에 대한 응징이었다.

일정한 지역에 묘를 쓰면 그 자손은 발복發福할지 모르겠지만, 그 주변 지역에는 석 달 동안 비가 오지 않게 된다는 것이다. 묘를 파내겠다는 소동은 치술령鵄述領, 765m에서도 전승되고 있다. 치술령은 울산광역시 울주군 두동면 만화리와 경북 경주시 외동읍에 걸쳐 있다. 울산광역시 울주군 두동면 사람들은 가뭄의 원인을 치술령에 어느 누구가 묘를 썼기 때문이라고 믿었다. 가뭄 때 이 지역 사람들은 묘를 파러 치술령으로 오르는 소동이 왕왕 벌어졌다. 언젠가 여유가 생기면 치술령과 그 주변 마을을 찾아가 그 속내도 들여다보아야겠다.

고개만당의 운명

천봉답天奉畓은 빗물에 의하여서만 벼를 생산할 수 있는 논이다. 울산광역시 울주군 두동면 삼정리에 살고 있는 김홍섭 씨1932년생, 남는 천봉답에서 논농사를 지어 오면서 그 과정을 일기로 남겼다. 김 씨의 일기를 바탕으로 김 씨의 가르침을 받으며 하나하나 검증하면서 이 글을 엮었다.

김 씨는 해마다 정월과 2월에 올해의 강수降水 확률이 어떠할까를 미리 헤아려보았다.

정월 14일 저녁, 50㎝ 정도의 수수목대를 세로로 자른다. 한쪽의 수수목대에 12개의 구멍을 내고 구멍에 콩을 한 개씩 넣었다. 수수목대 반쪽을 뚜껑으로 덮고 실로 묶는다. 이것을 옹기그릇 밑바닥에 놓고 돌로 누르고 물을 가득 부어 놓았다가 정월 보름날 아침에 꺼내본다. 콩이 물을 먹은 모양을 보고 1년 열두 달 강수 확률을 예측하였다. 물을 먹은 콩알이 들어 있는 달에는 비가 많을 것으로, 물을 먹지 못한 콩알이 들어 있는 달에는 비가 적을 것으로 가늠하였다.

정월 20일 저녁에는 하늘을 보았다. 그날의 일기가 1년의 일기를 대변한다고 믿었다. “정월 스무날 구름만 끼어도 대국 사람들 잘 먹고 산다!”는 말이 전승되었다. 정월 20일 저녁에 구름만 끼어도 그해에는 심한 가뭄이 들지 않을 징조였다. 그러니 대국大國의 수많은 백성들도 잘 먹고 살 징조였다. 그러면 한반도 백성들도 잘 먹고 살 것임은 물론이었다.

음력 2월 20일 밤에 하늘을 보았다. 별무리와 달이 멀리 떨어져 있으면 비가 많을 징조였고, 가까이 있으면 비가 적을 징조였다. 정월과 음력 2월에 어떠한 강수 확률 예측 결과가 나왔건 천봉답의 논농사는 포기 대상이 될 수 없었다.

천봉답, ‘고개만당 논’의 구조

김 씨의 천봉답, 고개만당 논은 조상 대대로 물려받았다. 고개만당 논은 크게 위아래로 구분하였다. 위쪽 논을 ‘윗서마지기’라고 하였는데 위쪽에 있는 서 마지기이 지역 한 마지기는 200평 논이라는 말이다. 윗서마지기는 다시 ①‘윗머릿도가리’와 ②‘외도가리’로 나누었다. ①은 한 마지기, ②는 두 마지기였다. 아래쪽 논은 '아래서마지기'라고 하였다. 아래서마지기는 ③'아래머릿도가리', ④'못강', ⑤'못강밑도가리', ⑥'맨밑도가리'로 나누었다. ③은 한 마지기, ④⑤⑥은 일곱 되지기였다. ①~⑥의 높이 차는 1m 정도였다.

②와 ③은 '물 받는 논', '저수답貯水畓'이었다. ②와 ③의 물이 물코를 지나 '못강'으로 흘러들었다. '못강'은 못자리를 앉히는 논이다. 물 받는 논은 특별하게 다루었다. 고개만당 논이하 '고개만당'이라고 함은 아주 고운 진흙이어서 기와를 만들 재료로 활용이 가능할 정도였다. 이런 진흙을 '참질'이라고 하였다. 참질 천봉답의 논물은 땅속으로 스며들지는 않았지만, 논두렁으로 빠져나갈 가능성은 높았다. 참질 흙의 땅은 배수가 어려워서 밭은 만들 수 없다. 고개만당은 숙명적으로 천봉답이 될 수밖에 없었다. 그러나 고개만당은 하루 종일 그늘이 생기지 않아 일조日照의 조건이 좋아서 물만 잘 받아놓으면 기름진 쌀 생산은 따 놓은 당상이었다.

논두렁 단속은 다음과 같았다. 고개만당의 논두렁 폭은 40㎝ 정도였다. 1962년 정월 26일과 28일 사이에 첫 논갈이를 했는데, 이때의 논갈이를 '아시갈이'라고 했다. 아시갈이 때 '홀칭이극젱이'로 논을 갈면서 논두렁을 20㎝ 정도를 떼어내는 것을 '논두렁 띤다'고 했다. 논에 물을 받고 홀칭이로 논두렁을 12번 정도 오가면서 논흙을 풀었다. 이를 '논두렁 흘긴다'고 했다. 논두렁 흘긴 논흙을 삽으로 뜨면서 차곡차곡 논두렁에 붙였다. 이런 일을 '끌어 댄다'고 했다. 정이월에 맨발로 논물 속으로 들어가 끌어 댔다. '장단지종아리'

가 다리에서 떨어져나가는 것처럼 논물은 차가웠다. 어떻게든 음력 2월 보름 전까지 물 받는 논에 물을 잡아놓아야 그해 천봉답의 논농사를 안정적으로 할 수 있었다.

1962년에는 봄 가뭄이 예사롭지 않았다. 김 씨는 정월 26일부터 29일 동안에 첫 논갈이를 생땅 없이 전경全耕했다. 정월 29일, 김 씨는 일기에 고개만당의 '춘경春耕을 완료完了'했다고 기록하였다. 1962년 봄 가뭄으로 고개만당의 물 받는 논은 말라버렸다. 음력 3월 4일, 기다리는 비가 왔으나 고개만당의 물 받기는 역부족이었다. 김 씨는 그날의 일기에서 다음과 같이 기록하였다.

> '개홈'에 물이 내려오기에 논에 물을 잡으려고 갔지만, 물이 소량(少量)이므로 잡지 못하고 왔더니, '큰밭' 뒷도구물은 저녁때까지 내려오는 것을 볼 때 물만 잡았으면 충분히 '두마지기 도가리'는 물을 잡을 뻔했음.

빗물을 잡아야겠다는 간절함이 넘친다. '개홈'은 이 마을 앞산에서 발원發源한 실개천 이름이다. 비가 80㎜ 이상 내릴 때만 빗물이 흘렀다. 이 정도의 물로는 고개만당에 물을 잡지 못했다. 고개만당이 개홈의 물을 잡으려면 최소한 100㎜ 이상 빗물이 내려야 했다. '두마지기 도가리'는 고개만당 윗서마지기 중에서 '외도가리'의 물을 받는 논이다. 조금만 더 비가 내렸더라면 윗서마지기 물 받는 논은 물을 받을 수 있었다는 것이다.

고개만당에 물을 받지 못한 채 곡우음력 3월 16일, 양력 4월 20일경를 넘겼다. 곡우 전후 3일에 앉혀야 하는 못자리 시기가 지났다. 두 번째 논갈이를 '거시린다'고 했는데 보통은 논밭에 물을 받아놓고 거시리지만 1962년 음력 3월 18일, 김 씨는 물을 받아놓지 않고 고개만당을 거시렸다. 논에 거름으로 깔아놓은 '숨기풀'을 묻고, 논흙 일광욕도 시켰다. 논의 흙밥을 부드럽게 만들 목적이었다. 1962년 음력 3월 21일과 22일의 일기에서 비를 기다리는 마음은 간절하였다.

> 고대(苦待)하던 비 님(任)이 오기 시작하였다. 종일 조금씩 왔으나, 보리는 구(求)하였지만 고개만당 논에 물을 못 잡았음. 보다 많은 비님이 오기를 축원(祝願)함.
> 논에 잡을 물 대는가 싶어서 갔다가 물이 적어서 못 잡음.

못자리 앉히기

1962년 음력 4월 3일 일기에, "'창건너'에 고개만당 논에 심을 씨나락을 늦게까지 쳤음"이라고 하였다. 못자리 앉히는 적기適期인 곡우가 지나서 16일째 되는 날이었다. 고개만당에는 물을 받지 못했으니 고개만당에 심을 볏모를 생산하는 못자리를 '창건너' 논에 앉혔다. 1961년에 못물로 논농사가 가능한 창건너 논을 사두었던 것이 천만다행이었다.

못자리 앉히기'쥔모한다'고 함를 하는 못자리배미를 '못강'이라고 했다. 못강의 쥔모 과정은 다음과 같다. 훌칭이로 못강을 거시리고 써레로 골라서 줄을 놓았다. 모판을 '만골', 골을 '도랑'이라고 했다. 만골의 폭은 4자, 도랑의 폭은 1자 정도였다. 삽으로 도랑의 흙밥을 만골로 올려놓았다. 이런 일을 '만골친다'고 하였다. 만골을 고르고 물을 빼고 말렸다. 씨나락볍씨이 만골 깊이 들어가면 모찌기가 힘들기 때문이다. 다시 물을 대고 씨나락을 흩뿌렸다. 이를 '허친다'고 했다. 씨나락을 허치는 분량은 논에 따라 달랐다. 1모작 논 못강에는 한 마지기당 3되, 2모작 논 못강에는 2.5되를 쳤다. 1모작 논의 벼 뿌리는 거름이 덜 되어 새끼를 넉넉하게 치지 못했고, 2모작 논의 보리 뿌리는 거름이 잘 되어 새끼를 넉넉하게 칠 수 있었기 때문이었다. 창건너 논은 1모작 논이니, 고개만당 여섯 마지기 논에 심을 씨나락 18되를 쳤다.

모심기

하지양력 6월 21일경가 지났지만 물 부족으로 고개만당에 모를 심지 못했다. 1962년 음력 6월 4일, 지난밤에 가는 비[細雨]가 내렸다. 혹시나 싶어 고개만당에 물 잡으러 갔으나 허탕치고 말았다. 구암댁九岩宅과 양동댁兩東宅 논에 벼를 심어주었다. 구암댁 논은 너 마지기

봇논이고 양동댁 논은 열 마지기 못논이다. 오늘의 비로는 고개만당의 모심기는 역부족이었다.

1962년 음력 6월 9일, 점심때부터 비바람이 불며 비가 줄기줄기 거세게 내리기 시작하였다. 다음 날 음력 6월 10일 고개만당에 물을 잡았다. 1962년 음력 6월 11일, 6월 9일부터 내린 비 덕택에 모심기를 끝냈다. 하지 후 20일, 소서 후 6일, 초복 전 10일이었다. 초복에 모를 못 심으면 그해 논농사를 포기할 판이었다. 다행히 초복 10일 전에 모심기를 끝냈다.

제초·관리

김 씨는 1962년 음력 6월 21일 일기에, 고개만당에 "도사리 '지심[김]'을 매었다."고 했다. 도사리 지심은 '방동사리[방동사니], 피, 다부살이' 등의 잡초였다. 도사리 지심을 맬 때는 잡초의 씨앗이 논바닥에 떨어지지 않게 논에 남겨두지 않고 논 바깥으로 내보냈다. 그리고 고개만당 "나락이 제법 사람을 했음"이라고 기록했는데 벼가 왕성하게 살아났다는 의미다.

김 씨는 1962년 음력 6월 22일 일기에, "오늘 나다리 먹는 날이므로 당수나무로 갔다."고 했다. 나다리 먹는 날은 대서[양력 7월 23일] 날이다. 이 마을 사람들은 해마다 이날 '당수나무[당산나무]' 아래에서 나다리를 먹고 나서 두레를 결성하였다. '나다리'는 나[出]고 듦[入]의 의미를 갖는 말이다. 나다리를 먹고 나서 두레를 결성하는 일은 이 마을 농청農廳에서 주관하였다. 농청에서는 올해 농사를 경영하는 동안의 여러 가지 규약을 의논하였다. 예를 들어, 일소가 남의 논의 벼를 먹었을 때 벼 몇 포기당 얼마를 변상해야 한다는 내용도 들어 있었다. 그리고 두레 조직을 결성하였다. 이 마을 18세 남성은 두레꾼이 될 수 있었다. 두레꾼들은 초불 논매기 다음부터 두불 논매기와 세불 논매기를 했다. 그래서 이 마을 사람들은 두불 논매기와 세불 논매기를 '두레 논매기'라고도 했다. 김 씨는 고개만당에 초불 논매기도 아직 못한 상태여서 두레 가입을 하지 않았다.

음력 7월 5일부터 김 씨네 가족들은 띄엄띄엄 고개만당의 논매기를 했다. 논밭의 김을 맨손으로 매고 논바닥으로 욱여넣는 것이었다. 음력 7월 23일, 김 씨는 일기에 "금일 오전으로 논매기 완료함"이라고 했다.

1962년 음력 8월 8일, 김 씨는 일기에서 고개만당에 "섶 가지 쪄다가 나락 위김"이라고 기록하였다. 벼가 익어갈 즈음, 벼 이삭은 고개를 숙였다. 길가로 내민 벼 이삭을 안쪽으로 밀어 넣는 일을, 이 마을 사람들은 '위긴다'고 했다. 나락을 위기는 방법은 두 가지가 전승되었다. 나뭇가지를 꽂아 밀어 넣기와 새끼줄을 쳐서 묶어 넣기였다. 김 씨는 밤나무 등의 섶 가지를 꽂아 벼 이삭을 안쪽으로 밀어 넣었다.

1962년 음력 9월 9일, 김 씨는 일기에 고개만당에 '도구쳤다'고 했는데 도구 친다는 것은 벼를 거두어들이기에 앞서 논에 물을 빼도랑을 치는 일이다. 고개만당은 참질의 땅이니 물 빠짐이 쉽지 않아서 도구를 더욱 잘 쳐야 했다. 도구를 칠 자리의 벼를 90㎝ 정도 베어냈다. 벼 세 포기의 간격이었다. 이때의 벼를 '도구나락'이라고 하는데 베어낸 도구나락은 논둑에 널었다. 도구나락 자리를 훌칭이로 갈고 삽으로 논흙을 떠냈다.

1962년 음력 9월 10일, 김 씨는 일기에 '도구나락으로 찐쌀 고봉高峰 1되를 생산'했다고 기록하였다. 큰솥에 떡을 찔 때 사용하는 '떡채반'을 앉히고 그 위에 도구나락을 올려놓고 물을 넣고 쪄서 뜸들였다(**도25**). 멍석에 널어 하루 정도 말려서 디딜방아에서 빻았

[도25] 떡채반(직경 45.0㎝, 높이 8.0㎝)
송편이나 떡을 찔 때 솥에 넣어 받치는 채반이다. 경북 의성군 옥산면 실업1리 최태순(1949년생, 여) 씨가 쓰던 것이다. 싸릿개비로 결어 만든 것이다. 다리도 붙어있다.

다. 찐쌀 밥은 구수하였다. 그 이후에도 도구나락으로 찐쌀은 제법 생산되었다.

1962년 음력 9월 25일부터 3일 동안 고개만당의 벼를 베어냈다. 1962년 음력 9월 28일, 김 씨는 일기에 '동가리 쳤다'고 했다. 동가리를 쌓는 것을 '친다'고 하였다. 동가리를 친다는 것은 단으로 묶은 벼를 쌓아 무더기를 만드는 것이다. 고개만당의 동가리는 모두 12개였다. 동가리 하나에 250단, 1마지기당 2동가리가 생산되었다. 그리고 동가리 하나에 한 섬의 벼가 생산되었다. 그러니 고개만당에서 나락 12섬이 생산된 것이다.

[도26] 뒤주(대구광역시 동구 신기동, 1940년 11월 24일) 촬영 타카하시 노보루(高橋昇)
나무 뒤주에 대비하여 '짚 뒤주'라고도 했다.

1962년 음력 10월 20일, 김 씨는 '나락을 두지[뒤주]에 넣었다'고 하였다. 여기에서 두지는 바닥에 '소깝[솔가지]'을 깔고, 옆에 '영개[이엉]'를 두르고, 위에 영개를 덮고, 다시 그 위에 '웃주지'를 덮어 만든 것을 말한다(**도26**).

천봉답은 질땅인 경우가 많았다. 질땅은 배수가 원활하지 못하였으니, 밭이 될 수도 없었다. 고개만당은 질땅이었고 자신이 처한 운명대로 천봉답이 될 수밖에 없었다. 천봉답을 물려받은 동해안 지역의 농부들은 하늘만 바라보며 논농사를 지어왔다. 동해안 지역의 수많은 천봉답은 수많은 생활사를 간직하고 있을 것이다.

봇논의 조직

산야에 내린 빗물이 흘러내리면서 수많은 실개천을 만들었고, 수많은 실개천이 모여 강을 만들었다. 실개천과 강에 보洑를 막아 봇물을 대어 농사를 짓는 논을 '봇논'이라고 한다. 한반도의 농부들은 실개천과 강에 개별적으로 또는 여럿이 힘을 모아 봇논을 만들어 논농사를 지으며 생계를 꾸려왔다. 동해안 지역에서 봇논의 생활사는 어떠하였을까.

[사례1] 경북 봉화군 법전면 어지2리 이순구 씨1944년생, 남

이 씨는 다음과 같이 3개의 논배미를 소유하고 있었다.

①'맛질'에 있는 서 마지기이 지역 한 마지기는 150평 논

②'맛질'에 있는 너 마지기의 무논물이 괴어 있는 논

③'얼음막골'에 있는 한 마지기기의 보리논

①과 ②는 도랑물을 막아 자기네 전용으로 보의 물을 논에 대었다. 이렇게 단독으로 도랑물을 막아 만든 보를 '독보'라 한다. 이곳 논에서는 1년 1작으로 벼농사만 했다. ③은 도랑물을 세 사람이 막아 만든 봇물을 논에 대었고, 벼와 보리를 심는 1년 2작의 논이었다.

보 만드는 일을 '보 막는다'고 하는데 과정은 다음과 같다. '소깝솔가지'을 도랑에 깔고 고랑 양쪽에 돌을 쌓아올린다. 돌에 질흙을 발라 '둑'을 만든다. 둑 안쪽에 물이 고인다. 이를 '보'라 했다. 보와 논 사이에 나무로 만든 '홈홈통'을 걸쳐놓고 봇물을 논으로 끌어들였다.

[사례2] 경북 문경시 마성면 남호2리 이정한 씨1930년생, 남

충북 괴산군 연풍면과 경북 문경시 문경읍 경계선상에 자리 잡은 조령산鳥嶺山, 1,017m과 경북 문경시 문경읍 북쪽에 위치한 주흘산主屹山, 1,106m 사이를 '새잣'이라고 하고, 새잣에서 발원하여 문경시 마성면을 지나는 하천을 '조령천鳥嶺川'이라고 한다. 마성면 소재지로 들어오는 조령천을 봇물로 이용하는 봇들이 있었다. 이 봇들을 '새잣들'이라고 했다.

새잣들은 1천 마지기이 지역 한 마지기는 150평의 논들이었다. 답주는 200명 정도였고, 답주들은 '보계洑契'라고 하는 조직을 만들었다. 보계 조직에서는 으뜸으로 '봇도감洑都監'을 계원들이 선임했고, 봇도감

밑에 보를 관리하는 '보주洑主' 한 사람을 두었다. 봇도감은 무급無給이고, 보주는 유급有給이었다. 새잣들 계원들은 공동의 '보산洑山'으로 산야 1정보와 '보주답'으로 논 두 마지기를 소유했다. 그리고 답주들이 해마다 쌀을 모아 공동 자금을 마련하였다.

보산은 보를 막을 자재資材인 나무, 돌, 흙 등을 마련하는 산이었다. 음력 2월에 첫 번째 보막이 공사를 했는데, 이때의 보막이 공사를 '첫보'라고 했다. 보주는 새잣들 계원들에게 출역의 날짜를 알렸다. 논 소유 정도와는 상관없이 새잣들 계원들은 모두 출역하여 봇도감의 지시에 따라 일사불란하게 '보역사洑役事'를 했다. 보역사는 장마철 등 보가 터졌을 때와 같은 비상시에도 출역했다.

하지양력 6월 21일경 무렵에 각각 볏모를 심었다. 이때부터 물 관리에 들어갔다. 논들은 위아래로 구분하였다. 위쪽의 논들을 '상들', 아래쪽의 논들을 '하들'이라고 하였다. 이 씨는 하들의 너 마지기 논을 소유하였다.

계원들은 망종양력 6월 6일경부터 하지 사이에 모심기를 했다. 상들과 하들에 물 관리자 1명씩을 선임했는데 이를 '패쟁이'라고 했다. 패쟁이는 계원들이 하루씩 윤번輪番하였다. 패쟁이가 각각의 논에 물을 대는 일을 '편물'한다고 했다.

[사례3] 경북 의성군 점곡면 사촌3리 김장수 씨1935년생, 남

'마들'은 미천眉川을 봇물로 이용하는 봇들이었다. 미천은 경북 의성군 옥산면 금봉리 칡밭골의 남동계곡에서 발원하여 의성의 점

[도27] 마평보방천시(馬坪洑防川時)
마평보방천시(馬坪洑防川時)는 '마평[마들]의 보(洑)를 막을 때'라는 말이다. 1923년(大正 12) 3월에, 도감(都監) 박한철(朴漢哲)을 비롯하여 여러 임원의 이름을 적어놓았다.

곡면과 단촌면을 지나 낙동강으로 흘러들었다. 마들 계원들은 1923년 3월에 마들 보를 막고 미천 암벽에 글자를 새겨놓기도 했다(도27).

마들은 600마지기이 지역 한 마지기는 200평였고 답주는 130명 정도였다. 답주들은 '보계'를 만들었다. 으뜸을 '도감', 답주를 '역군役軍'이라고 하였다. 공동 자금도 마련하였다. 자금 액수는 마지기당 일정한 금액을 정하였다.

김 씨는 1961년도에 1천3백 평짜리 마들에 있는 논을 사면서 마들 보계에 입적入籍했다. 이를 '명걸이名一'라고 하였다. 명걸이는 두

가지가 있었다. 신참인 경우와 상속을 받은 경우였다. 어느 경우나 답주들에게 예禮를 갖추었다. 신참자의 예를 '들예[入禮]', 상속자의 예를 '반들예[半入禮]'라고 하였다. 예를 들어 신참자의 답주가 막걸리 두 말을 제공했다면, 상속자 답주는 막걸리 한 말이었다.

한발旱魃이 심할 때는 마들에 논물 관리자 '물패꾼' 두 사람을 정했다. 물패꾼은 24시간 동안 논물을 관리하고 아침에 임무를 교대했다.

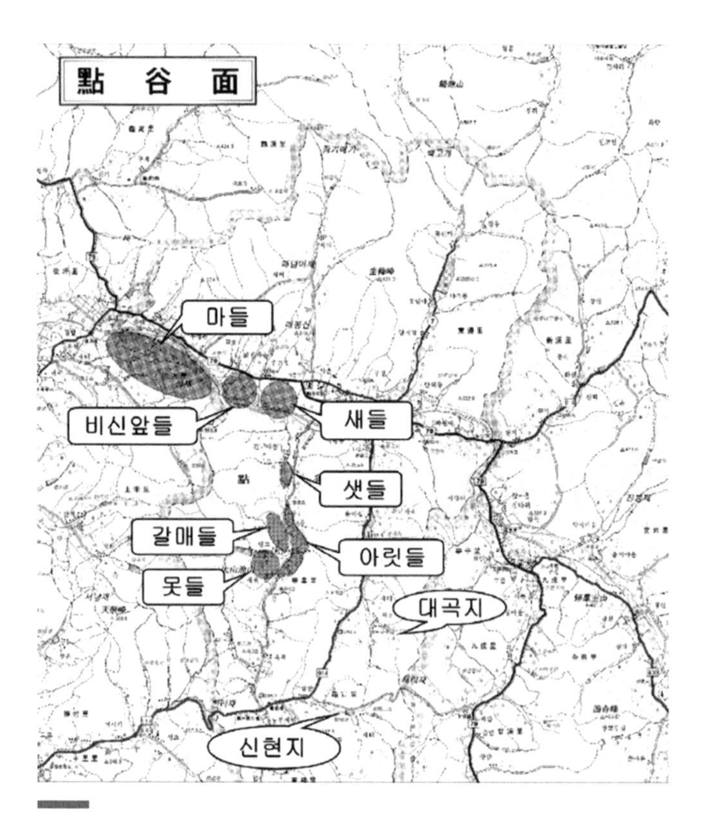

[도28] 마들과 새들

[사례4] 경북 의성군 점곡면 사촌2리 홍수석 씨[1931년생, 남]

'새들'은 미천을 봇물로 이용하는 봇들이었다. 새들은 마을 아래쪽에 있었다**(도28)**. 모두 200마지기[이 지역은 한 마지기가 200평]였다. 답주는 30명 정도였다. 새들의 답주를 '보꾼'이라고 하였다. 보를 막거나 봇도랑을 치는 일꾼이라는 말이다. 보꾼들은 하나의 조직을 만들었다. 한 사람의 으뜸인 '봇도감'을 두었다. 미천에 보를 막고, 봇도랑을 치고 새들에 물을 대는 일은 청명[양력 4월 5일경] 무렵에 주로 가래로 했다.

가래는 날과 자루로 이루어졌다. 가래의 자루를 '자리'라고 하였는데 참나무나 느티나무로 만들었다. 날의 좌우 양쪽에 각각 세 개의 새끼줄을 걸어 묶었다. 이를 가랫줄이라고 하였다. 자리를 잡고 흙밥을 뜨는 사람을 '자리꾼'이라고 하였다. 가랫줄에 각각 1명씩, 모두 6명이 가랫줄을 잡아당기면서 일정한 곳에 흙을 던졌다. 이 사람들을 '가래꾼'이라고 하였다. 하나의 가래에 모두 7명이 힘을 모아 가래질을 하였다**(도29)**. 물을 관리하는 '물도감' 2명이 있었고 보꾼 중에서 윤번

[도29] 이삽굴구(以鍤堀溝) [그림 김준근]
"가래로 봇도랑을 치고 있는 모습"의 그림이라는 말이다.

되었다.

홍 씨는 새들에 있는 1,200평짜리 논에서 논농사를 지으며 생계를 꾸렸다. 새들은 물이 귀한 논들이어서 새들 사람들은 건모를 키워낸 볏모를 심는 경우가 많았다. 새들의 논에 심을 볏모는 다른 논들에서 키우지 못하였다. 그러면 "타들의 못자리 들어왔다!"고 하여 보계에서 퇴출시키려는 사태까지 벌어졌다. 그러니 새들에 심을 볏모는 새들의 논에서 건모를 키워내어야 했다. 새들의 논농사 운명을 같이해야 한다는 다짐이었다.

새들에서 건못자리 앉히기는 다음과 같았다. 논 한쪽에 홀칭이로 건못자리를 일구었다. 소 멍에에 '고인써레'를 메웠다. 고인써레는 소나무 가지를 엮어 만들었고, 그 위에 돌멩이를 올려놓은 것이다. 건못자리 전면全面을 끌어주면서 흙덩이를 바수었다. 홀칭이로 다시 건못자리를 갈았다. 고인써레로 다시 건못자리를 골랐다. 갈퀴로 벼의 아랫동가리를 걷어냈다. 괭이로 고랑을 냈다. 고랑에 볍씨를 뿌렸다. 그리고 다시 12㎝ 정도 간격을 두고 괭이로 고랑을 냈다. 이때 일어나는 흙밥으로 볍씨를 묻었다. 괭이로 고랑 내고 고랑에 볍씨 뿌리고, 다시 고랑을 낼 때마다 일어나는 흙밥으로 볍씨 묻어가기를 이어나갔다.

하지에 볏모를 심었다. 생땅이 없이 홀칭이로 논을 한 차례 10㎝ 간격으로 전경全耕하였다. 이와 같은 논갈이를 '생갈이'라고 하였다. 논에 물을 댔다. 하루 동안 놓아두었다. 써레로 두 차례 써렸다. 첫 번째는 두둑의 방향을 따라 써렸다. 이를 '장써레'라고 하였다. 두 번째는 두둑의 방향을 가로지르며 써렸다. 이를 '가로써레'라고 하였다. 써레로 논을 써리는 사람을 '써레꾼'이라고 하였다. 써레로 논을 써리고 나서 볏모를 심었다. 모심기는 여자들의 몫이었다. 여자 한 사람이 하루에 한 마지기[200평] 논에 볏모를 심었다.

새들에서 물 부족으로 벼를 심지 못하는 경우가 있었다. 이 일대는 사질토였기 때문이었다. "이 일대 처녀들은 쌀 서 말 먹어보지 못하고 시집간다."라는 말이 전승된 것은 사질토 때문이었고, 마을 이름을 '사촌[沙村]'이라고 한 것도 사질토 때문이었다. 그러니 봇들이지만 물 부족으로 볏모를 못 심는 경우가 많았다. 벼 대신 서숙이나 메밀을 심는 경우가 다반사였다. 소서[양력 7월 7일경] 때까지 벼를 심지 못하면 그 자리에 서숙[조]을 심었다. 홍 씨는 10년 중에 7년 정도는 벼 대신 서숙과 메밀을 심었다.

서숙 심기는 다음과 같았다. 논은 밭보다 토양이 딴딴하였다. 이런 모양을 '야물다'고 하였다. 야문 논바닥은 잘 풀어주어야 한다. 훌칭이로 논을 갈고 고인써레를 끌어주며 흙덩이를 바수었다. 훌칭이로 갈고 고인써레로 끌어주며 흙덩이 바수기를 3회 정도 반복했다. 이렇게 논흙을 잘 풀어놓고 나서 서숙을 심었다. 훌칭이나 괭이로 고랑을 냈다. 고랑과 고랑의 간격은 약 45㎝ 정도였다. 서숙 씨앗을 고랑에 뿌렸다. 고인써레로 두둑의 방향을 따라 장써레로 써리면서 서숙 씨앗을 묻었다.

서숙을 파종하고 나서 큰비가 오는 경우도 더러 있었다. 그러면 서숙은 죽어버렸다. 이런 모양을 '서숙 녹았다'고 하였다. 서숙이 안 되면 그 자리에 메밀을 파종하였다. 메밀 씨앗을 논의 전면에 흩뿌렸다. 홀칭이로 20~30㎝ 간격으로 고랑을 그으며 메밀 씨앗을 묻어주었다. 그리고 고인써레로 끌어주면서 흙덩이도 바수고 논바닥도 골랐다.

[사례5] 울산광역시 울주군 두동면 삼정리 김홍섭 씨[1932년생, 남]

이 마을에서 고지평마을 가까운 곳에 봇논이 있었다. 보통 '고지평봇논'이라고 하였다. 대곡천의 봇물로 만든 논들이었다. 이곳의 보洑를 '고지평보'라고 하였다. 고지평보는 천석꾼 경주 최씨 집안 소유의 '독보'였다. 독보의 봇논은 50마지기[이 지역은 한 마지기가 200평]였다. 벼와 보리를 재배하는 1년 2작의 봇논이었다.

동해안 지역의 농부들은 실개천과 강에 개별적으로 또는 여럿이 힘을 모아 봇논을 만들어 논농사를 지었다. 개별적으로 논에 물을 대는 논을 '독보'라고 하였다. **사례1**과 같이 서너 마지기[이 지역 한 마지기는 150평]의 독보도 있었지만, **사례5**와 같이 50마지기[이 지역 한 마지기는 200평]인 경우도 있었다.

답주가 수십 명에서 수백 명에 이르는 봇들도 있었다. **사례2**의 봇들 답주는 200명, **사례3**의 봇들 답주는 130명, **사례4**의 봇들 답주는 30명 정도였다. 이렇게 공동으로 하나의 보를 소유하고 있는 답주들은 하나의 영농 공동체를 결성하여, 도감과 '보주'를 두는가

하면, 보를 축조하기 위한 물자를 생산하는 '보산'과 보주에게 노고의 값으로 소작으로 주는 '보주답'까지 공동으로 소유하고 있는 경우도 있었다. 그리고 사질토 지대인 경북 의성군 점곡면의 **사례4**와 **사례5**의 봇들에서는 벼 대신 서숙과 메밀 등의 밭작물을 경작했다는 점도 돋보였다.

두레와 질

동해안 지역 사람들은 논농사를 지으려고 일정한 마을 단위로 공동 조직을 만드는 경우가 있었다. 논농사 공동 조직의 이름은 지역에 따라 달랐다. 남쪽 지역 사람들은 '두레', 북쪽 지역 사람들은 '질'이라고 했다. 동해안 지역의 두레와 질은 어떻게 전승되었을까. 먼저 몇 사례를 들고 나서, 두레와 질의 속내를 들여다보고자 한다.

[사례1] 강원도 양양군 양양읍 화일리 김낭영 씨 1933년생, 남

이 마을은 3개의 마을 응달말, 버덕말, 아랫말 로 구성되었다. 김 씨는 아랫말에 거주했는데 1970년 무렵, 아랫말에는 20가호가 모여 살았다. 김 씨는 '버덕말'에 있는 1천5백 평 논에서 논농사를 지었다. 이 마

을 사람들은 각자 논갈이를 끝내고 모심기 때 공동체를 만들었는데 이를 '질 짠다'고 했다. 질의 으뜸을 '질대장'이라고 하고 써레질꾼을 '선군', 일반 구성원을 '질꾼'이라고 하였다. 선군과 일소가 하나의 조가 되어 논을 써렸다. 질꾼들은 볏모를 심었다. 모심기를 끝낸 뒤 품 계산을 했고, 질대장, 선군, 질꾼, 일소의 품삯은 같았다.

논매기 때는 다시 질을 짰다. 첫 번째 논매기를 '아이맴', 두 번째 논매기를 '두불맴', 세 번째 논매기를 '세불맴'이라고 했다. 이때는 선군과 일소가 필요 없었다. 구성원 모두 맨손으로 논을 매었다. 논매기를 끝내고 품을 계산했고, 농사일을 끝내고 하는 뒤풀이를 '질 먹기'라고 하였다. 이 마을에서 '질 먹기'는 전승되지 않았다.

[사례2] 강원도 양양군 현북면 장리 놀골마을 서양원 씨 1946년생, 남

이 마을은 1970년대까지 20가호가 모여 살았다. 서 씨는 배터마을 쪽에 여덟 마지기 이 지역은 한 마지기가 150평 논에서 논농사를 지었다. 이 마을 사람들의 논은 여기저기 흩어져 있었다. 각자 논갈이를 끝내고 모심기 때 공동체를 만들었는데 이를 '질 짠다'고 했다. 으뜸을 '좌상座上', 써레꾼을 '선군', 구성원을 '질꾼'이라고 하였다. 하루에 닷 마지기당 선군 한 사람과 일소 한 마리가 투입되어 논을 써렸다. 그리고 하루에 한 마지기당 질꾼 한 사람을 투입시켜 볏모를 심었다. 질 구성원들은 모심기를 끝내고 품 계산을 했는데, 좌상, 선군, 질꾼, 일소의 품삯은 같았다. 그리고 논매기는 각각 개별적 또는 품앗이로 했다. 질 먹기는 전승되지 않았다.

[사례3] 강원도 강릉시 사천면 사기막리 권영록 씨[1933년생, 남]

권 씨는 이 마을 '외뚜들'에 있는 열네 마지기[이 지역은 한 마지기가 200평] 논에서 논농사를 지었다. 외뚜들은 봇들이었고 답주畓主는 10명 정도였다. 외뚜들 답주들은 하지[양력 6월 21일경] 이후에 모를 심었다. 이때 공동체를 구성하였고 이를 '질 짠다'고 했다. 질의 으뜸을 '좌상', 써레로 논을 써리는 사람을 '선군', 질의 구성원을 '질꾼'이라고 했다. 그리고 써레를 끌 일소 한 마리도 있었다. 선군은 논을 써리고 질꾼들은 모를 심었다(도30).

좌상, 선군, 질꾼, 일소의 품삯은 같았다. 모심기가 끝나고 품삯을 계산하였다. 논매기 때도 질을 짰다. 이때는 논을 써리는 선군과 일소는 필요하지 않았다. 좌상과 질꾼들은 맨손으로 논을 맸고 품삯은 같았다.

[도30] 모심기
일제강점기 때 나온 우편엽서 사진이다. 갓을 쓰고 있는 사람들이 징과 꽹과리를 치고 있다.

음력 7월 하순, 일정한 날을 정하여 이 마을 '탑거리'에서 논농사 피로연을 열었다. 십시일반 음식을 마련하여 하루를 즐겁게 놀았다. 이때 농악도 울렸다. 이를 '질 먹는다'고 하였다.

[사례4] 울산광역시 울주군 두동면 삼정리 하삼정마을 김홍섭 씨 1932년생, 남

1962년 음력 6월 22일 양력 7월 23일, 김 씨는 일기에 다음과 같이 기록했다**(도31)**.

> 식전, 나다리 먹는 날이므로 당수나무 周圍(주위) 淸掃(청소)하러 나갔음
>
> 后, 나다리 먹고 休息(휴식)함

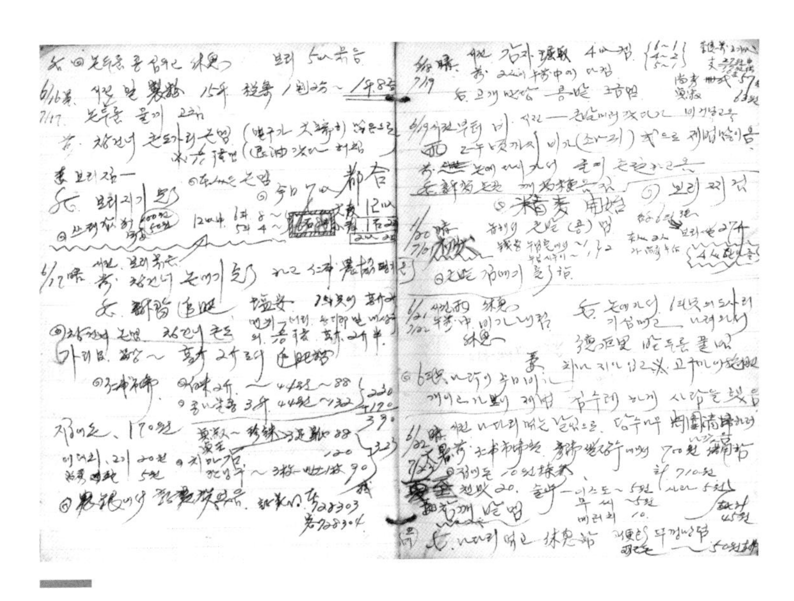

[도31] 김홍섭 씨의 일기(일부)
김 씨의 일기에서 '하지(夏至)'라고 기록한 것은 음력 6월 22일을 양력으로 알고 오기(誤記)한 것이다.

이날은 대서大暑였다. 왜 하필 대서 날이었을까. 이 마을 사람들은 하지 무렵 논에 모를 심었다. 모를 심고 나서 1개월쯤 지난 대서 무렵은, 논밭 '아시매기애벌매기'가 끝날 즈음이었다. 이때 이 마을에서는 농청農廳을 결성하였다. 1970년대까지 삼정리두동면 하삼정마을과 고지평마을 45가호는 하나의 영농 공동체를 결성했었다. 농청의 사전적 해설은 "마을 사람이 모여 농사일을 의논하거나 놀기 위하여 지은 집"이라고 하고 있지만, 과연 한반도에 농사일을 의논하거나 놀기 위하여 지은 집이 있었을까. 농청은 마을 농경지를 합리적으로 관리하기 위한 자발적 영농 공동체 조직이었다. 하삼정마을과 고지평마을 사람들이 농청을 결성하는 장소는 이 마을 성황당이었다. 성황당의 신목神木을 '당수나무'라고 했고 당수나무는 서어나무였다. 당수나무 밑은 그늘이 좋았고 커다랗고 편편한 바윗돌이 하나 놓여 있었는데 '닥돌'이라고 불렀다. 닥돌은 탁자와 식탁 구실을 해주었다. 김 씨는 이날 식전에 "당수나무 周圍주위 淸掃청소하러 나갔음"이라고 했는데 성황당 당수나무 밑은 바로 농청을 결성하는 장소였기 때문이다. 이날 이곳에서 농청, 곧 이 마을 영농 공동체가 결성되었다.

김 씨 일기에는 '나다리 먹는 날'이라고 했는데, '나다리'는 나[出]고 듦[入], 곧 농청 조직 재편성의 의미를 갖는 말이었다. 농청의 으뜸을 '황수'라고 했는데 이 마을은 이장이 황수를 겸임하여 농청 모임을 이끌었다.

이 마을 이장은 농청 모임에 참여한 마을 사람들의 의견을 모아 규정을 정했다. 예를 들어 소가 밭에 들어가 농작물을 헤쳤을 경우, 벼 포기당 벌금 또는 배상의 정도를 정하는 것이었다. 이를 '방목放牧 매긴다'고 했는데 방목은 소를 '이까리고삐'에 매지 않았기 때문에 일어난 것이었다. 방목으로 인하여 농작물을 헤친 벌칙으로 받는 곡식을 '수곡收穀'이라고 했다.

하삼정마을과 고지평마을은 모두 4개 반班으로 구성되었다. 1개 반마다 '방목강구[放牧監考] 2~3명을 선임하였다. 김 씨는 1959년 무렵에 방목강구를 역임하였다. 방목강구는 농사 피해 현장을 확인하고 방목 규정에 따라 수곡을 받아내는 사람이었다. 예를 들어 이웃 마을의 소가 이 마을 농경지로 와서 농작물을 헤쳤을 경우, 이 마을 방목강구들은 이웃 마을로 가서 농경지 가해加害 쪽 마을의 방목강구를 만나 농작물 피해의 정도를 전하고, 농경지 규정에 따라 수곡을 받아왔다. 수곡은 피해 농가에 주었다.

이 마을로 이주해 와서 농사를 짓는 사람은 농청에 새로 입적入籍하는 예를 갖추었다. 이를 '들예-禮'라고 했는데, 들예로 막걸리 등 어느 정도 음식을 대접하였다. 그리고 이 마을 공동 소유의 밭 100평을 소작하는 사람은 소작료로 떡을 마련하였다. 농청에 모인 마을 사람들은 여러 가지 음식을 서로 나누어 먹었다. 이것이 '나다리 먹는 것'이었다.

그리고 두레를 조직하였다. 두레 조직의 으뜸을 '수총각首總角'이라고 하였다. 유사有司 한 사람을 두었고 유사는 두레 품삯을 받았다. 두레 구성원을 '두레꾼'이라고 하였다. 두레는 개인의 의사에 따라 참여 여부는 자유였다. 김 씨는 해마다 농청 나다리에는 참여하였지만, 두레꾼에는 참여하지 않았다.

두레꾼의 자격은 17세부터 60세까지 이 마을의 남정네들이었다. 이 마을에서 머슴살이를 하는 남정네들도 참여했다. 이 마을에서는 3번의 논매기를 했다. 첫 번째 논매기를 '아시매기', 두 번째 논매기를 '두불매기', 세 번째 논매기를 '만시논매기'라고 했다. 두레꾼들은 두불매기와 만시논매기 때 논을 매었다. 이를 '두레논 맨다'고 했고, 유사는 두레꾼들을 대표하여 논마다 일정한 품삯을 받았다.

두레꾼들은 일정한 장소에 모여서 기수를 앞세우고 모든 악기를 울리며 위탁받은 논으로 김매러 갔다. 논을 매는 동안, 선소리꾼이 북을 치면서 논매기노래를 선창하면, 두레꾼들은 뒷소리를 받았다. 두레논매기를 끝내고 품삯을 계산했다.

두레꾼들이 음력 7월 하순에 일정한 날을 택하여 하는 뒤풀이를 '장원례壯元禮'라고 했다. 농청에서 비교적 부잣집이면서 농사가 잘된 집을 정하면 그 집 머슴이 이 마을 농사짓기 장원壯元이 되었고 그 집에서는 주안상酒案床을 제공했다. 장원 머슴을 소에 태우고 농악에 맞추어 마을 한 바퀴를 돌았다. 그 이후에 그해 두레는 해산되었다.

사례1 마을에서는 마을 단위로 질을 짜고 모심기와 논매기를 했고, 뒤풀이인 질 먹기는 전승되지 않았다. **사례2** 마을에서는 마을 단위로 질을 짜서 모심기를 했다. **사례3** 마을에서는 논들 단위로 질을 짜서 모심기와 논매기를 했고, 마을 전체 사람들이 모여서 '질 먹는다'라고 하는 뒤풀이 풍습이 있었다.

사례4 마을의 농청은 사전적 의미의 "마을 사람이 모여 농사일을 의논하거나 놀기 위하여 지은 집"이 아니라, 마을 단위의 자연 발생적인 영농 관리 조직체였다. 농청은 마을 행정 수반인 이장과 별도의 조직으로 황수[鄕首]가 주도적으로 이끌었지만, **사례4**와 같이 소규모의 마을인 경우에는 이장이 농청의 황수를 겸임하였다. 농청에서는 으뜸황수 또는 이장 밑에 여러 명의 '방목강구'를 두었다. 방목강구는 농경지 가해 농가특히, 방목으로 인한와 피해 농가의 분쟁을 조정하고 해결하는 사람이었다. 농청의 조직에 참여하는 사람은 일정한 예를 갖추기도 했는데, 이를 '들예'라고 하였다. 그리고 농청 산하에는 두 번째 논매기와 세 번째 논매기를 공동으로 이루어내기 위한 두레 조직이 있었는데, 그 으뜸을 '수총각首總角'이라고 했다. 두레는 개인의 의사에 따라 참여가 자유였다. 두레꾼들은 두레가 끝난 뒤에 서로 품삯을 계산하였다. 그리고 음력 7월 하순에 일정한 날을 택하여 뒤풀이를 하였는데, 이를 '장원례壯元禮'라고 하였다. 그해 농사 장원은 농청에서 결정했는데 장원한 농가에서는 장원례의 술잔치를 제공했다.

영동 지역에는 농경지 공동 관리 조직체인 농청은 전승되지 않지만, 논일 공동체 '질'이 전승되고 있었다. 영동 지역의 논일 공동체의 질과 제주도 무속사회의 '군병질軍兵-'의 '질'은 '무리'를 의미하는 말이다[강정식, 2015, 《제주굿 이해의 길잡이》, 민속원, 208쪽]. 그러니 '질 짠다'는 것을 '무리를 짠다'는 말이다.

동해안 지역 중에서 남부 지역에는 농경지 공동 관리 조직의 농청과 논일 공동체의 두레가 전승되고 있었지만, 북부 지역에서는 논일 공동체인 '질 짜기'와 '질 먹기'만 전승되었다. 왜 북부 지역에는 농경지 공동 관리 조직의 농청이 없었는가에 대해서는 앞으로의 과제로 남겨둔다.

3장

마을의 생활사

뒤티마을의 마을 살림

2011년 7월 31일, 필자는 경북 안동 지역에서 914호 지방도를 따라 경북 의성 지역으로 가고 있었다. 안동시 길안면과 의성군 옥산면의 경계지점에 있는 성황고개를 넘어갈 즈음, 북쪽 깊숙한 골짜기에 자그마한 마을 하나가 눈에 들어왔다. 그 마을로 핸들을 돌렸다. 그 마을은 서북쪽의 까까봉450m과 동북쪽의 매봉산450m이 만들어놓은 골짜기에 자리 잡고 있었다. 이 골짜기를 '뒤티골'이라고 하였다. '뒤티마을'이 있는 골짜기였다. 뒤티마을은 이웃 '새덤금곡이라고도 함', '못거리지곡이라고도 함', '팽목'과 함께 현하2리길안면에 속해 있었다.

뒤티마을에서 가장 오래 살아온 권중구 씨1918년생, 남에게 인사를 올렸다. 권 씨는 나에게, "이 마을 유사有司를 만나보는 것이 좋겠다."고 일러주었다. 이 마을 유사는 이종숙 씨1932년생, 남였다. 유사 이 씨는 마을문서도 간직하고 있었다. 마을문서를 카메라에 담았다. "언젠가 이 문서를 공부하고 싶습니다."라는 나의 말에, 이 씨의 대답은 너무나 따뜻하게 들려왔다.

"이 주변에는 마땅한 숙소가 없으니, 누추하지만 우리 집에 며칠 거처居處해도 좋다."

필자는 발길을 돌려 뒤티마을을 빠져나왔다. 2016년 10월 31일, 필자는 이 마을을 다시 찾았다. 권중구 씨는 이 세상을 하직하시고 안 계셨다. 이종숙 씨는 15년 무보수 유사 직책을 이웃 김탁진 씨1943년생, 남에게 마을문서와 함께 넘겨준 상태였다.

뒤티마을 자산資産

이 마을 사람들은 공동으로 동산洞山과 동전洞田을 소유하고 있었는데, 그 내용은 다음과 같다.

- 텃골: 이 마을 남쪽에 있는 땔나무 밭이다. 넓이는 10정보1정보는 약 9,917.4㎡ 정도였다. 텃골 안에는 200평 정도의 밭도 있었다. 마을문서에서는 이 밭을 '기곡전基谷田'이라고 했다. '텃골基谷'에 있는 밭이라는 말이다.
- 응구박골: 이 마을 서쪽에 있는 땔나무 밭이다. 넓이는 5정보 정

도였다.

- 닥밭골: 이 마을 북쪽에 있는 땔나무 밭이다. 넓이는 5정보 정도였다. 닥밭골 안에 500평 정도의 밭도 있었다. 마을문서에서는 이 밭을 '저전楮田'이라고 하였다. '닥밭楮田'에 있는 밭이라는 말이다.
- 바지골: 이 마을 동쪽에 있는 땔나무 밭이다. 넓이는 5정보 정도였다. 바지골 안에는 커다란 밤나무 3그루가 있었다.
- 솔마당: 지방도에서 이 마을로 100m 정도 들어간 뒤티골 한쪽에 50여 평 정도의 마당이 있었다. 그 마당 남쪽으로 엄나무, 소나무, 참나무, 버드나무 등이 한 줄로 서 있었다. 제법 거목이었다. 이곳 나무를 마을 사람들은 '가리수'라고 하였다. "보이거나 통하지 못하도록 한다."는 의미를 지닌 '가리다'의 '가

[도32] 뒤티마을의 신목(神木)[2016년 10월 31일]

리'와 수樹로 이루어진 말이었다. 가리수는 이 마을로 불어오는 남풍을 막아주는 방풍림防風林이었다. 방풍림의 소나무 한 그루는 성황신城隍神의 신목神木이었다(**도32**). 해마다 정월 14일 밤에 이곳에서 '동고사洞告祀'를 지냈다. 그리고 단옷날에는 방풍림에 그넷줄을 걸어놓고 그네도 탔었다. 솔마당은 방풍수가 있는 곳, 성황신이 거주하는 곳, 그리고 이 마을 사람들의 놀이마당이었다.

수입과 지출

1953년癸巳 정월 15일 마을문서의 수입 내용은 크게 두 가지, 소작료와 이주 부담금移住負擔金이었다(**도33**). 이 마을 공동으로 소유하고 있는 밭과 밤나무 3그루의 소작료는 다음과 같았다. 이 마을 사람들은 소작료를 '곡수穀收'라고 하였다. 이 마을 동전洞田의 밭농사는 2모작이 가능하였다.

○基谷田　粟一斗五升価 五百四拾円

○楮田　收籾 二斗内一斗 祭需上一斗価 參百六拾円

○楮田　籾壹斗五升 金龍述担任 未收

○栗木三株　一年代金 拾五円 權重九

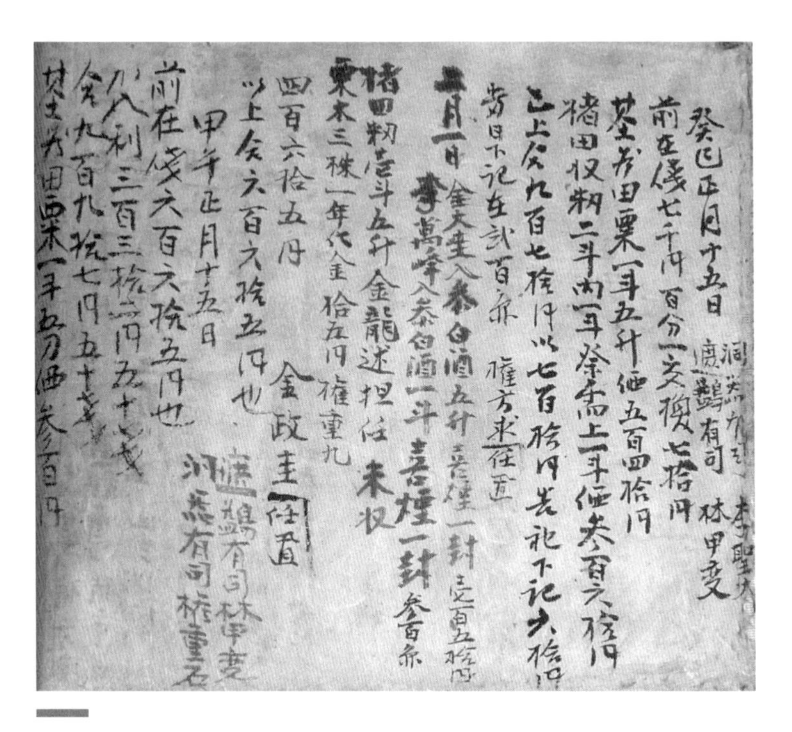

[도33] 뒤티마을 문서 〈계사 정월 십오일(癸巳 正月 十五日)〉
1951년도 동회(洞會) 내용이다. 마을 공동 소유의 동기(洞器)와 차일(遮日)을 관리하는 유사의 이름도 적혀 있다.

기곡전基谷田은 텃골에 있는 200평짜리 밭이었다. 소작료는 조[粟] 한 말 5되였고 현금으로는 540원이었다. 저전楮田은 닥밭골에 있는 500평짜리 밭이었다. 소작료는 벼[籾] 두 말이었고 현금으로는 720원이었다. 벼 반 말은 해마다 동고사 비용으로 썼고, 나머지 한 말 반은 마을 사람 김용술金龍述 씨에게 장리곡으로 주었다. 밤나무 3그루는 바지골에 있었다. 1952년에는 권중구 씨가 소작했고, 소작료는 15원이었다. 그리고 이 마을 이주 부담금의 내용은 다음과 같다. 1953년 정월 15일 마을문서에서 '2월 1일二月 一日'은 1952년 2월 1일인 것 같다. 그날 받은 입주 부담금을 1953년 동고사洞告祀를 지내고 나서 마을회의 때 기록한 것으로 보인다.

○金大圭入參 白酒五升 喜煙一封 壹百五拾円

○李萬峰入參 白酒一斗 喜煙一封 參百円

이 마을로 삶터를 옮겨 같이 살기로 한 입참인入參人은 어느 정도의 예물禮物과 부담금負擔金을 냈다. 이 마을 출신이 타향살이를 마치고 옛 고향을 찾아오거나 분가分家하여 입참할 때 내는 예물과 부담금을 '반들예', 그리고 이 마을과 무연고자가 입참할 때 내는 예물과 부담금을 '들예'라고 하였다. '들어오는 예禮'라는 말이다. 김대규 씨는 반들예로 막걸리[白酒] 5되, 담배[喜煙] 1봉, 금액 150원을 냈고, 이만봉 씨는 들예로 막걸리 한 말, 담배 1봉, 금액 300원을 냈다.

뒤티마을의 지출은 동고사에 쏠렸다. 이 마을의 동고사는 어떻게 이루어졌을까. 뒤티마을은 전통적으로 하나의 조직을 이루었다. 뒤티마을의 으뜸은 유사有司였다. 유사를 비롯한 이 마을 유지들은 해마다 정월 12일 동고사의 제관祭官 2명을 선임하였다. 그리고 이날 뒤티마을 소유 동전洞田의 소작료를 수입하였다. 이를 '공사公事한다'고 하였다. 제관 2명은 유사에게 받은 일정한 동고사 비용을 가지고 제물을 사러 시장으로 갔다. 이를 '고사장告祀場 보러 간다'

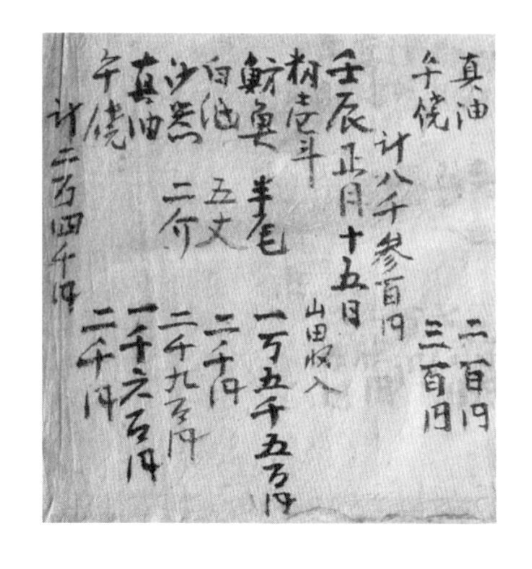

真油 二百円
午饒 三百円
計八千參百円
壬辰正月十五日
籾壹斗 山田收入
魴魚半尾 一万五千五百円
白紙五丈 二千円
沙器二介 二千九百円
真油 一千六百円
午饒 二千円
計二万四千円

[도34] 뒤티마을 문서 〈임진 정월 십오일(壬辰 正月 十五日)〉
1952년 '동고사(洞告祀)'를 위한 물목(物目) 내용이다.

고 하였다.

1952년壬辰 정월 15일에 작성한 마을 문서 내용은 다음과 같았다**(도34)**.

① 籾 壹斗	山田 收入
② 魴魚 半尾	一万五千五百円
③ 白紙 五丈	二千円
④ 沙器 二介	二千九百円
⑤ 眞油	一千六百円
⑥ 午饒	二千円
計	二万四千円

①인籾은 벼다. 닥밭골에 있는 500평짜리 산전山田에서 소작료로 벼 한 말[壹斗]을 받은 것이다. 디딜방아에서 벼를 찧어낸 것으로 '백편백설기'이라는 떡과 메밥을 지어 동고사 제상에 올렸다.

②방어魴魚 반 마리를 15,500원에 샀다. 생것을 사다가 배를 따고 도랑물에서 씻어 꾸들꾸들하게 말려서 구운 것을 당고사 제상에 올렸다. 이 마을 성황신에게는 네발짐승의 고기는 올리지 않았다. 이 마을 성황신은 여신女神이었다.

③백지白紙 5장을 2,000원에 샀다. 금줄에 백지로 조각을 만들어 간간이 꽂았고, 성황신에게 바람을 아뢰는 의미로 소지燒紙를 올렸다.

④사기沙器 그릇 2개를 2,900원을 주고 샀다. 제기로 썼다가 제관이 각각 하나씩 차지하였다.

⑤참기름[眞油]을 1,600원을 주고 샀다. 접시에 기름을 담고 심지를 세워 접싯불을 제단에 올렸다. 차후에는 접싯불 대신 촛불로 대신하였다.

⑥오요午饒로 2,000원을 썼다. 고사장을 보러 갔을 때 점심값이었다. '오요午饒'는 오료午料, 곧 점심값의 오기誤記다.

제관 2명은 뒤티골 냇가에서 목욕沐浴하고 재계齋戒하였다. 한 사람의 제관 집에 제청祭廳을 정하였다. 제청 사립문과 솔마당 신목神木에 금줄을 쳤다. 제청과 솔마당에 황토를 깔았다. 디딜방아에서 벼를 찧고 '백편백설기'을 만들었다. 메도 지었다. 정월 14일 밤에 동고사를 지냈다.

뒤티마을의 조직

이튿날 동회洞會를 열었다. 이날 '동기유사洞器有司'와 '차일유사[遮鴿有司]'를 각각 한 사람씩 뽑았다. 임진壬辰, 1951년 정월 15일 회의에서,

동기유사 권방구 씨와 차일유사 권중석 씨를 뽑았다. 그리고 계사癸巳, 1951년 정월 15일 회의에서, 동기유사 이성대 씨, 차일유사 임갑섭 씨를 뽑았다. 그 당시 동기유사와 차일유사 임기는 1년이었다.

동기유사는 이 마을 공동 소유 그릇인 동기洞器의 관리자였다. 이 마을 사람들은 힘을 모아 동기를 마련하였다. 마을에서 큰일을 치를 사람들은 동기를 빌려다가 사용한 후에 동기유사에게 반납하였다.

차일유사는 이 마을 공동 소유 차일遮日의 관리자였다. 이 마을 사람들은 큰일 때 치는 차일을 '차익[遮鷁]'이라고 하였다. 이 마을 사람들은 힘을 모아 차일을 마련하였고 큰일을 치르는 마을 사람들은 차일을 빌려다가 사용한 후에 동기유사에게 반납하였다. 이 마을의 유사, 제관, 동기유사, 차일유사는 무보수였다.

뒤티마을은 1970년대 초까지만 하더라도 37가호가 모여 살았으나, 2016년 현재 11가호만 남았다. 지금은 제관, 동기유사, 차일유사를 따로 둘 수 없다. 오직 유사 한 사람이 이 마을의 모든 일을 해내고 있다. 2016년 정월에도 이 마을 김 씨 유사 혼자서 동고사洞告祀를 지냈다. 이 마을이 부디 오래오래 남아 있기를 빌면서 마을을 떠나왔다.

가곡천柯谷川과 한기마을

강원도 삼척시 삿갓봉에서 발원한 가곡천은 용소골을 지나 동해로 흘러든다. 416호 2차선 지방도는 가곡천을 따라 강원도의 태백시와 경북의 봉화군까지 이어져있다. 가곡천 상류 쪽에는 삼척시 가곡면, 하류 쪽에는 삼척시 원덕읍의 마을들이 모여 있다. 삼척시 원덕읍 노경리에 이른 가곡천은 크게 굽이치면서 제법 드넓은 '한기들'이라는 400마지기이 지역은 1마지기가 150평의 논들을 적셔주었다. 한기들은 가곡천의 곡창지대였다.

한기마을은 한기들 한가운데 위치한다. 2016년 현재 한기마을에는 23가호가 모여 살고 있다. 한기마을은 이웃 가부촌, 새토리, 음지촌, 양지촌과 함께 노경리삼척시 원덕읍에 속한다.

한기마을 김명준 씨[1934년생, 남]의 13대 조상은 지금의 경북 울진군 매화면 덕신리에서 한기마을로 삶터를 옮겨 살았다. 김 씨는 삼척 공업고등학교를 졸업하였다. 그 당시 삼척 지역에 있는 유일무이한 고등교육기관이었다. 김 씨는 한기마을에서 조상 대대로의 터전을 일구며 살아왔다. 김 씨의 생활을 중심으로 한기마을에 전승되어온 원초경제사회의 생활사를 살펴보고자 한다.

땔나무와 숨기풀의 산림

416호 2차선 지방도와 한기마을로 들어오는 마을길이 마주치는 곳의 산야는 급경사를 이루고 있다. 시금산[1,081.5m]은 경사가 급한 바위산이었다. 이곳 '홈수골'이라는 곳은 김 씨의 땔나무 밭이었다. 그곳에는 소나무와 참나무가 자라고 있었었다**(도35)**.

김 씨는 해마다 가을걷이를 끝내두고 홈수골 땔나무 밭으로 올라갔다. 소나무와 참나무 가지를 쳐서 단으로 묶었다. 땔나무 단을 위쪽에서 아래쪽으로 굴러 내렸다. 땔나무 2단을 지게에 올려놓고 집까지 지고 왔다. 이렇게 땔나무를 여러 날 채취하였다. 땔나무로 나뭇가리를 만들어 월동[越冬]을 대비하였다.

소나무 밑에 떨어진 솔잎과 참나무 밑에 떨어진 나뭇잎을 갈퀴로 긁어모았다. 이를 '깔비'라고 하였다. 다발로 묶었다. 깔비 다발을 '둥치'라고 하였다. 깔비 둥치를 홈수골 위쪽에서 아래쪽으로

[도35] 바위산(2016년 10월 26일)
홈수골이 있는 바위산에 나무가 붙어 자라고 있다. 예나 지금이나 바위산은 나무가 붙어 자라는 '목산(木山)'이었다.

굴러 내렸다. 깔비 둥치 하나를 지게에 올려놓고 집까지 지어 날랐다. 이렇게 깔비를 여러 날 채취하였다. 깔비로 '깔빗가리'를 만들어 월동을 대비하였다.

한기마을 앞에 있는 나지막한 산야를 '앞산'이라고 하였다. 앞산은 한기마을에 거주하는 김 씨를 비롯한 김해 김씨 8가호 공동 소유의 산이었다. 산의 넓이는 5정보[1정보는 9917.4㎡]였다. 해마다 참나무 밑동에서 1년생 잔가지를 채취하였다. 이것을 '숨기풀'이라고 하였다. 숨기풀은 벼를 '숨기[심기]'에 앞서 논에 거름으로 까는 풀이라는 말이다.

소만[양력 5월 21일경]은 앞산에서 거름풀을 채취하는 날이었다. 이 마을 김해 김씨 8가호는 앞산을 구획하였다. 각자 점심밥을 싸고 앞산으로 갔다. 묵직한 낫으로 정해진 구역의 숨기풀을 베어내고, 그 자리에서 3~4일 동안 말렸다. 말린 숨기풀을 지게로 집까지 지어 나르고 작두로 썰어두었다.

초불갈이가 끝난 논에 숨기풀을 깔아놓고 물을 댔다. 논을 '훌칭이극젱이'로 갈았다. 이를 '물갈이'라고 하였다. 써레로 써렸다. 숨기풀은 논의 거름이 되어주었다. 한기마을의 앞산은 숨기풀 거름을 생산하는 밭이었다.

'한기들'의 봇농사

한기들은 한기마을 앞에 있는 논들의 이름이다. 가곡천을 가로질러 둑을 쌓아 물을 막은 보洑의 물을 한기들로 끌어들여 논농사를 지었다. 이런 논들을 '봇들'이라고 하였다**(도36)**.

한기들은 봇물로 농사를 짓는 400마지기 논들이었고 답주畓主 56가호가 하나의 논들 공동체인 '답회畓會'를 만들었다. 답회의 으뜸을 '봇강구'라고 하였는데, 보洑와 '강구'로 이루어진 말이다. '강구'는 조선시대에 국가에서 특수 용도로 관리하던 산림, 내, 못의 감독인의 뜻을 지닌 '감고監考'에서 온 말이다. 김 씨는 오랫동안 봇강구를 역임하였다. 봇강구는 한 사람의 유사有司를 거느렸다. 유사는 여러 가지 잡무를 보았다.

한기들의 답주를 '보주洑主'라고 하였다. 보洑의 주인이라는 말이다. 한기들 보주들은 공동으로 산야를 소유하였다. 이를 '봇갓산'이라고 하였다. 봇갓산의 넓이는 4정보였다. 봇갓산은 보의 둑을 만들거나 보수할 때 필요한 나무, 흙, 돌 따위를 마련하는 산야였다. 봇갓산은 이 마을 남동쪽 고적마을원덕읍 산양1리에 있었다. 봇간산에는 옹기를 만드는 질흙이 있었다. 옹기 만드는 질흙을 '참질'이라고 하였는데, 참질은 보를 만들 때는 물론, 논과 논도랑의 보토용補土用으로도 제 몫을 했다.

해마다 음력 4월에는 보의 둑을 만들었다. 이를 '보역사洑役事'라고 하였다. 곡우양력 4월 20일경 이전에 보역사를 하였다. 곡우 못자리 이전에 가곡천의 냇물을 한기들로 끌어들이기 위해서였다. 답회

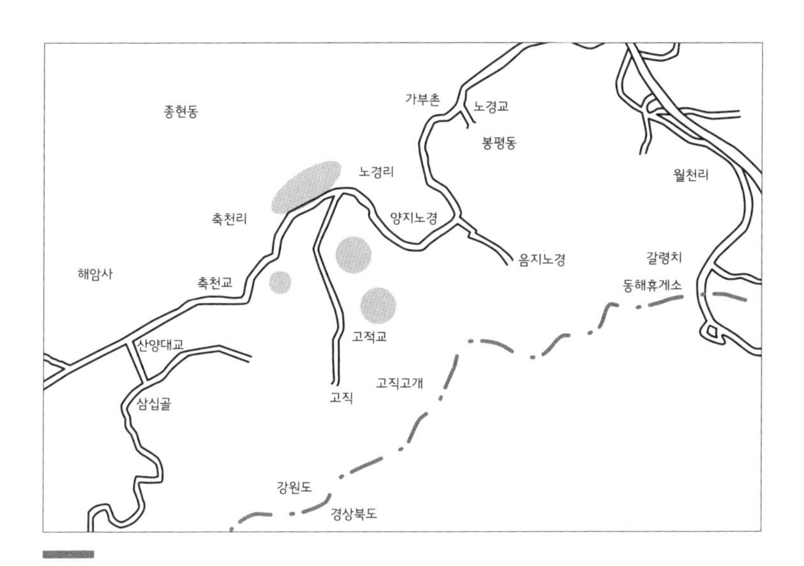

[도36] 한기들과 그 주변
●은 한기들(봇들)이다.

의 유사는 보주들을 동원했다. 봇강구의 권위는 하늘을 찔렀다. 봇강구의 진두지휘에 따라 보역사를 일사불란하게 이루어냈다. 가뭄으로 한기들에 물이 부족할 때는, 서로 물을 아껴 차례차례 물을 대었다. 이때의 물을 '차례물'이라고 하였다. 봇강구는 비상 체계를 세웠다. 한기들 물 부족 비상시에 물을 대는 사람을 '물감관'이라고 하였다. 물의 감관監官이라는 말이다. 물감관은 낮에는 1명, 밤에는 2명이 차례물을 한기들 들논에 골고루 대었다. 답회에서는 봇강구에게 1년 수고의 값으로 정월에는 세찬歲饌으로 소고기 서너 근, 여름에는 삿갓 하나를 마련해 주었다. 한기들은 벼와 논보리의 농사를 지어온 1년 2작의 논들로 가곡천의 곡창지대였다.

가곡천의 고기잡이

가곡천은 황어, 송어, 연어, 은어들의 고향이었다. 가곡천의 물고기는 정해진 계절을 잊지 않고 찾아왔다.

황어

황어는 동해안 두만강에서 남해안 섬진강까지 분포하였다. 4~5월에 가곡천으로 올라와 가곡천의 물웅덩이에 산란하였다. 이 무렵 가곡천 주변 산야山野에는 찔레꽃이 만발하였다. 이때 한기마을 사람들은 그물로 황어를 잡았다. 이때의 그물을 '도당그물'이라고 하였다. '도당'은 무리의 뜻을 가진 한자어 '도당徒黨'이라는 말인 것 같다. 도당그물을 설치하는 일을 '도당그물 짓는다'고 하였다. 가곡천 물웅덩이에 여기저기 도당그물을 쳤다. 그물 자리는 먼저 차지한 사람이 임자였다.

도당그물은 상류 쪽과 하류 쪽에 각각 하나씩 쳤다. 상류 쪽 그물을 '윗그물', 하류 쪽 그물을 '밑그물'이라고 하였다. 윗그물과 밑그물의 구조는 같다. 그물코의 길이는 4㎝ 정도였다. 윗줄에 부표浮標를 매달았다. 아랫줄에 그물추를 매달았다. 도당그물 폭은 1m, 길이는 30m 정도였다. 말목을 2~3m 간격으로 하나씩 박았다. 말목에 그물을 걸었다. 윗그물 아랫줄에는 돌멩이를 잔뜩 올려놓았다. 황어가 도당그물 밑으로 내빼는 것을 막기 위해서였다. 윗그물에서 10m 정도 거리를 두고 밑그물을 쳤다. 밑그물 아랫줄에는 돌멩이를 올려놓지 않았다. 밑그물은 황어가 밑그물 아래를 지나 윗그물로 오게 유인하는 것이었다.

황어는 해가 질 무렵에 가곡천을 거슬러 오른다. 황어는 밑그물 밑을 기듯이 통과하지만 윗그물과 밑그물 사이에 갇힌다. 황어는 해가 뜰 무렵에는 뒷걸음질하려는 습성이 있다. 그러나 밑그물이 뒷걸음질을 막는다. 도당그물 주인은 윗그물과 밑그물 사이에 갇힌 황어를 뜰채 따위로 손쉽게 잡아냈다.

송어

송어는 동해안 두만강에서 낙동강까지 분포하였다. 5월에 산란하러 가곡천으로 올라와서 가곡천 물웅덩이에서 산란하였다. 이때 송어 잡이 방법은 3가지가 전승되었다.

- 걸치기: 낚싯대에 낚싯줄을 매달고 낚싯줄에 세 갈래 갈고리 모양의 낚시를 매었다. 송어가 지나는 길목에 낚시를 드리웠다가 잡아채면서 송어를 낚아 올렸다. 이러한 어법漁法을 '걸치기'라고 하였다. 걸치기 어장은 가곡천의 물웅덩이였다.
- 뭇: 뭇은 끝이 세 갈래로 갈라진 창이다**(도37)**. 뭇으로 송어를 잡는 어장은 비교적 물이 얕으면서 바닥이 자갈돌로 이루어진 곳이다.
- 오리: 오리는 삼지창의 가운데 끝을 갈고리 모양으로 꼬부려 만들었다**(도38)**. 오리를 기다란 줄에 묶어 가곡천 물웅덩이에 드리웠다가 지나가는 송어를 낚아채며 잡았다. 오리로 송어를 잡는 어장은 물웅덩이였다.

연어

연어는 추분양력 9월 23일경에서 상강양력 10월 23일경 사이에 산란을 위하여 가곡천을 따라 거슬러 올랐다. 가곡천 하구를 '개목'이라고 하였는데, 개목은 모래로 막

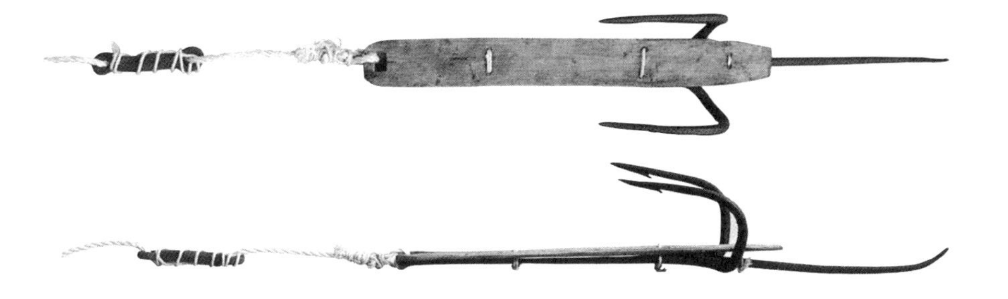

[도37] 뭇(좌) **[도38]** 오리(위)
'뭇'은 송어와 연어를 잡는 작살이다. 세 가닥의 날을 박달나무 자루에 꽂았다. 그리고 단단한 줄로 날과 자루를 동여매었다(무게 1,500g). '오리'는 송어와 연어를 잡는 낚시의 하나다. 삼지창의 가운데 끝을 갈고리 모양으로 꼬부려 만들었다. 오리 위에 오동나무 조각을 붙였다. 강바닥에 놓여도 옆으로 자빠지거나 거꾸로 박히지 않게 중심을 잡아준다. 송어와 연어가 오리 위를 지날 때 힘차게 줄(12m)을 잡아당기면 갈고리에 걸려 잡힌다.

혀 있기 일쑤였다. 가을비가 내리면 가곡천의 냇물이 동해로 흘러들면서 개목의 모래톱이 뚫렸다. 연어들이 가곡천으로 들어오는 길목이 열린 것이다. 연어의 어장과 어법은 송어와 같았다. 송어보다 무리를 지어 거슬러 오르는 숫자가 많기 때문에 2~3명이 힘을 모아 연어를 잡았다. 한 사람이 걸치기, 뭇, 오리로 연어를 잡는 동안에 1, 2명은 어장에서 이탈하는 연어를 막대기 따위로 차단시켰다. 이렇게 잡은 연어를 똑같이 분배하였다.

은어

은어는 청명양력 4월 5일경 무렵에 가곡천을 따라 거슬러 올라왔다. 작년 가을에 가곡천에서 산란된 은어들이 먼바다에 있다가 돌아온 것이었다. 여름에 가곡천 은어들은 더욱 성장하여 암수가 짝짓기를 하였다. 가곡천 사람들은 성장기와 짝짓기 때에 은어를 잡았다.

성장기의 은어는 수컷과 암컷이 한 가정을 이루었다. 밤에는 물 깊은 곳에서 쉬고 낮에는 물 얕은 곳에서 왕성하게 먹이활동을 펼쳤다. 낮에 얕은 물에 있는 은어를 낚시로 낚았다. 낚싯대에 낚싯줄을 매고 낚싯줄 맨 끝에 낚시 하나를 매었다. 그 낚시에 살아 있는 은어 한 마리를 끼웠다. 그 위쪽 낚싯줄에 간격을 두고 보채줄 10㎝ 정도을 매고 보채줄 끝에 빈 낚시를 매었다. 낚시를 드리워 은어 한 마리를 물속에 집어넣으면, 은어 가정의 가장家長 수컷은 침입자를 막아내려고 요동쳤다. 그러다가 빈 낚시에 걸려들었다.

가곡천의 은어는 추분에서 상강 사이에 가곡천 여울에서 밤에 산란하였다. 낮에는 물웅덩이에 있다가 밤에만 여울로 와서 산란하였다. 가곡천 사람들은 낮 동안 물웅덩이에 모여 있는 은어를 투망投網으로 잡았다.

강물고기 가공법

황어는 등을 칼로 베어내고 등뼈를 따라 두 쪽으로 쪼갰다. 뱃속의 창자를 꺼내고 소금을 쳐서 며칠 절여두었다가 민물에 씻어 햇볕에 말렸다. 황어 말린 것을 솥에서 쪄서 다시 햇볕에 널어 말렸다. 이렇게 가공한 황어는 모내기 때 모꾼들에게 반찬으로 대접하는 경우가 많았다.

송어와 연어는 등을 칼로 베어내어 등뼈를 따라 두 쪽으로 쪼갰다. 토막을 내어 소금에 절였다. 소금에 절인 송어와 연어에 댓잎과 제피나무를 올려놓고 볏짚으로 싸서 계란꾸러미처럼 묶었다. 기둥 높은 곳에 걸어두면서 삭혔다. 제사나 시제 때 꺼내어 민물에 소금기를 씻어서 어느 정도 햇볕에 말렸다가 숯불에 구워 제사상에 올렸다.

그리고 성장기 은어는 숯불에 굽거나 회로 먹었고, 산란기 은어는 구워 먹었다.

가곡천 한기마을 김명준 씨의 가르침에 따라 가곡천 한기마을의 생활사를 들여다보았다. 가곡천 한기마을 사람들은 가파른 바위산에는 나무를 심어 땔나무를 생산하였고, 완만한 흙산에서는 풀을 키워 논의 거름을 생산하였다. 이와 같이 가곡천 한기마을 사람들은 나무를 가꾸는 산과 거름용 풀을 생산하는 산을 용도에 따라 구분하여 산림을 관리해 왔다. 나무가 없는 산을 민둥산 또는 벌거숭이 산이라고 부른다. 이 말은 나무가 없는 산에 대한 부정적이 표현이다. 그러나 거름풀을 생산하기 위한 목적의 산에 나무는 필요 없다. 한기마을의 앞산은 민둥산이 아니라 나무를 생산하는 산과는 별도로 숨기풀 거름을 생산하기 위한 밭이었다.

한기마을 사람들은 가곡천의 냇물을 이용하여 논농사를 지었다. 이곳을 '한기들'이라고 하였다. 한기들 사람들은 스스로 답회를 결성하고 한기들에서 안정적으로 논농사를 지으면서 양식을 생산하였다.

가곡천은 황어, 송어, 연어, 은어들의 고장이었다. 가곡천 사람들은 황어, 송어, 연어, 은어들의 어기漁期에 따라 일정한 어법으로 강물고기들을 잡았다. 강물고기의 가공법은 바닷물고기의 가공법보다 간단하지 않다. 언제 기회가 주어진다면, 또 다른 한기마을의 내천 곳곳에 있는 생활사를 들여다보고 싶다.

우포늪의 비밀

우포늪은 1997년에 생태계보존지역으로 지정되었다. 1998년에는 국제보호습지 람사르 협약에 등록되어 보호받고 있다(도39). 어떤 이는 우포늪을 '비밀의 정원'이라고 하지만, 우포늪은 이곳 사람들의 생활사 터전이었다. 우포늪의 생활사는 어떻게 전개되어 왔을까.

2001년 6월 4일, 필자는 어구 수집을 위하여 우포늪으로 갔다. 우포늪 가까운 마을에 살고 있는 어느 노인은 나에게 다음과 같은 이야기를 들려주었다.

"소목마을 사람들은 소벌과 나무벌을 무대로 오랫동안 물고기를 잡으면서 생계를 꾸려왔다."

소목마을은 행정상, 경남 창녕군 이방면 장재리에 속한 자연마

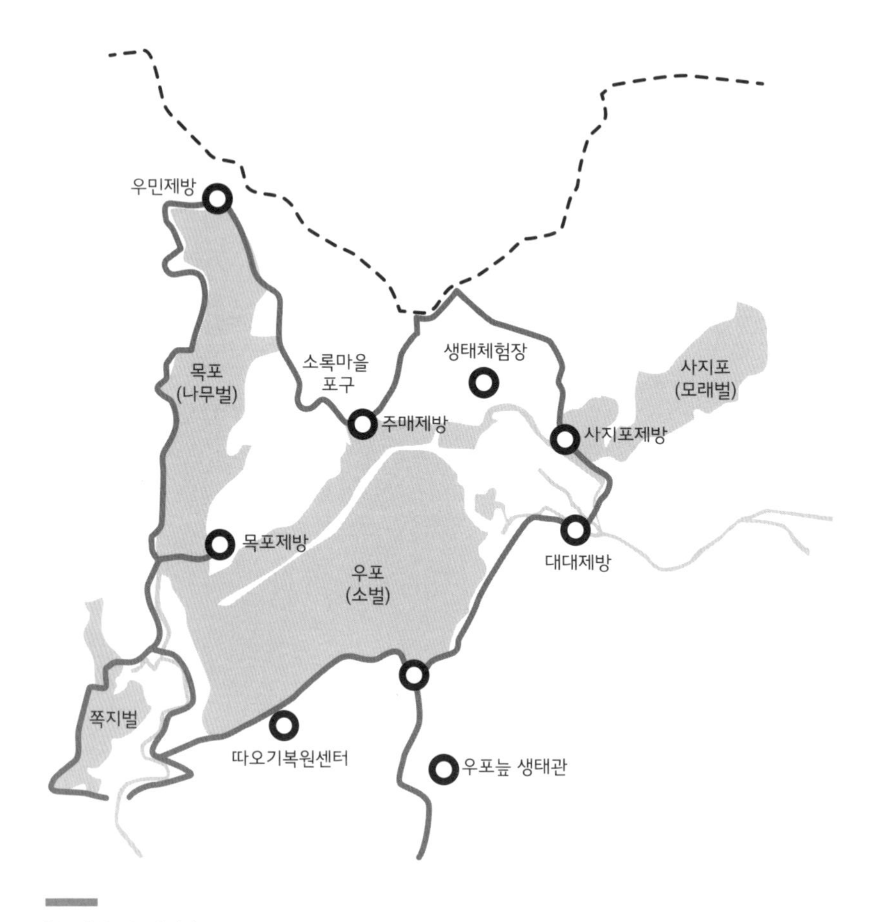

[도39] 우포늪 생명길

을이다. 필자는 그날, 소목마을에 가서 '가래'라는 어구와 '다래끼'라는 바구니를 수집하였다. 2016년 11월 4일, 15년 만에 다시 소목마을을 찾아갔다. 이 마을 노기열 씨 1942년생, 남의 가르침에 따라, 우포늪의 생활사를 들여다보았다.

우포늪은 땔나무 밭이었다

우포늪에는 겨울에 땔나무가 가능한 마른 풀들이 많았다. 이런 땔나무를 '수초나무'라고 하였다. 마디풀과의 한해살이풀인 고마리를 '여꾸'라고 하였고, 마른 여꾸를 '여꿋대'라고 하였다. 그리고 볏과의 한해살이풀인 바랭이를 '바래기'라고 하였고, 마른 바래기를 '바래깃대'라고 하였다.

삼동三冬, 동짓달, 섣달, 정월에 우포늪은 얼었다. 이 마을 사람들은 얼음장 위를 걸어 다니면서 낫으로 수초나무를 베어내고 '까꾸리갈퀴'로 걷어 모았다. 수초나무 다발을 '짝'이라고 하였다. 이것을 지게로 지어다가 땔나무로 삼았다.

우포늪은 논거름 밭이었다

노 씨는 창녕군 대합면 주매리에 있는 '임불들'의 들논 여덟 마지기이 지역은 한 마지기가 200평에서 논농사를 지어왔다. 너 마지기는 1년 2작의 보리논, 너 마지기는 '굼논수렁배미'이었다. 보리논의 보리그루는 논농사 때 논거름이 되어 주었다. 보리논에는 특별히 논거름을 주지 않았지만, 굼논에는 반드시 논거름을 주었다. 굼논의 논거름은 다름 아닌 우포늪에서 채취한 수초水草였다. 굼논의 논농사 과정은 다음과 같았다.

이 마을 사람들은 "하지양력 6월 21일경 이전에 볏모를 심으면 병이 생긴다."고 하였다. 하지 이전에 굼논을 '홀칭이극젱이'로 갈았다. 우포늪에서 '다부래기매자기', '너패노랑어리연꽃', '잘피' 등을 채취하였다. 이를 '수초'라고 하였다. 새끼줄로 수초 둘레를 빙 에둘러놓았다. 수초의 영역 이탈 방어막이었다. 그 안쪽으로 걸어 들어갔다. 허리까지 물속에 들어가는 경우도 있었다. 낫을 휘둘러 수초를 베어냈다. 이를 '낫질'이라고 하였다. 낫은 예사롭지 않았다. 날의 가로길이 1.5m, 날의 폭은 6㎝, 그리고 자루의 길이는 3m 정도였다. 베어낸 수초는 물 위에 둥둥 떴다. 수초가 바람결에 물이 깊은 쪽으로 이동하였다. 새끼줄로 수초를 묶어서 물가까지 잡아당기고 쇠스랑으로 육지로 끌어 올렸다. 소에 싣고 논으로 가서 내려놓고 말렸다. 수초 말린 것을 굼논에 깔았다. 물을 대고 다시 홀칭이로 논을 갈면서 논거름 수초를 묻었다. 써레로 써리고 벼를 심었다. 벼가 자라는 동안 우포늪의 수초는 거름이 되어 주었다.

우포늪은 방목지放牧地였다

이 마을 사람들은 입추양력 8월 8일경부터 이듬해 입하양력 5월 5일경까지는 일소를 마구간에 매어 길렀고, 그 이외 동안에는 낮에는 우포늪, 밤에는 마구간에서 매어 길렀다. 그러니 입하에서부터 입추까지 낮 동안, 우포늪은 그 주변 일소들의 방목지였다.

아침에 일소 주인은 자기네 일소를 우포늪으로 몰아넣었다. 일소들은 낮 동안 자유롭게 우포늪에서 풀을 뜯어먹었다. 우포늪에는 쇠파리와 '가분다리[진드기]'도 없었다. 잠자리가 모두 잡아 먹어버렸기 때문이었다. 우포늪은 일소들의 지상낙원이었다. 해가 질 무렵에는 우포늪 일소들이 저절로 걸어서 자기 마구간으로 들어갔다.

우포늪은 민물의 바다 밭이었다

우포늪은 바다의 생태와 닮았다. 우포늪은 민물의 바다 밭이었다.

[도40] 목선(木船)

식용 수초水草 채취

• 말: 말은 가랫과의 여러해살이 식용 수초였다. 어기漁期는 동짓달부터 이듬해 음력 3월까지였다. 앞에서 소개한 논거름 수초를 채취하는 낫으로 말을 걸어 잡아당겼다. 목선木船을 타고 다니면서 채취하는 경우도 있었다**(도40)**. 화물트럭에 싣고 나가 팔기도 하였다.

• 잘피: 어기는 여름이었다. 논거름 수초를 채취하는 낫으로 베어내어 낫의 날에 걸어 끌어당겼다. 말렸다가 시장에 내다 팔기도 하였다. 주로 삶아서 국을 끓여 먹었다. 잘피로 끓인 국을 '잘피국'이라고 하였다.

• 보풀: 어기는 봄이었다. 주로 칼로 채취하였다. 데쳐서 무쳐 먹었다.

조개 채취

이 마을 사람들은 우포늪에서 한여름에 늪 바닥을 맨손으로 더듬으며 '대칭이'와 '불퉁이'를 많이 잡았다. 대칭이와 불퉁이는 담수패 중에서 가장 큰 것이다(길이 12.8㎝, 높이 6.8㎝, 폭 4.5㎝ 정도). 대칭이는 수컷, 불퉁이는 암컷이다. 대칭이와 불퉁이는 삶아서 먹었다.

물고기 잡기

물고기 잡기는 함정어법과 그물어법이 전승되었다.

• 가래질: 이 마을 사람들은 '가래'라는 어구漁具로 물고기를 덮쳐 잡는 것을 '가래질'이라고 하였다. 어기는 삼동三冬이었고, 어획 대상 물고기는 가물치, 붕어, 잉어였다. 가물치, 붕어, 잉어는 봄, 여름, 가을에는 동작이 민첩하였지만 겨울에는 동작이 둔할 뿐만 아니라 머리를 늪 바닥 속에 박는 습성이 있었다. 그러니 가래로 덮쳐서 잡기가 안성맞춤이었다. 어장은 소벌우포과 모래벌사지포이었다. 나무벌목포은 수심이 깊어서 가래질을 할 수 없었다.
가래는 물고기를 덮치고 가두어 위쪽으로 손을 집어넣고 잡을 수 있게 고안考案되었다**(도41)**. 가래는 둥그렇게 만든 플라스틱 파이프에 의지하여 왕대나무 대오리로 아래쪽은 벌어지고 위쪽은 좁아들게 원기둥을 만들었다. 아래쪽 아가리 안쪽에는 둥그런 철사를 댔다. 위쪽과 아래쪽을 나일론 줄로 엮었다. 위쪽에 난 구멍을 '가래구멍'이라고 하였다.
아침에 목선을 타고 어장으로 갔다. 물고기들은 머리는 늪 바닥에 박고 꼬리만 흔들거리기 일쑤였다. 가래로 덮쳐서 가래 속에 갇힌 물고기를 가래구멍으로 손을 넣어 잡아냈다. 이렇게 잡아낸 물고기는 '다래끼' 안에 담았다**(도42)**.
• 명지그물: 목선을 타고 다니면서 한 사람이 그물로 물고기를 잡는 것을 '명지그물'이라고 하였다. 어획 대상의 민물고기는 붕어와 잉어였고, 어기는 가을이었다. 어장은 소벌우포, 나무벌목포, 모래벌사지포이었다. 그물 길이는 40~50m 정도였다. 그물의

[도41] 가래

(밑면 폭 65.7㎝, 윗면 폭 24.7㎝, 높이 72.0㎝)

이 마을 박한덕(1952년생, 남) 씨가 만들어 쓰던 것이다. 가래는 대나무가지로 엮어 아래쪽은 벌어지고 위쪽은 좁게 원기둥 모양으로 만들었다. 이것으로 물고기를 덮쳐 가두고 위쪽으로 손을 집어넣어 잡았다. 이렇게 물고기를 잡는 일을 '가래질'이라고 하였다.

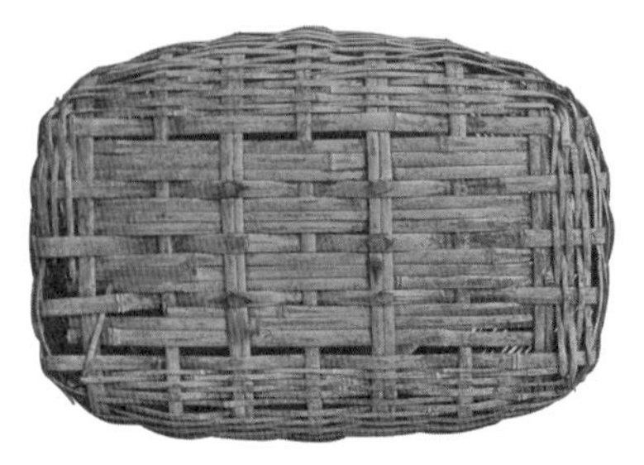

[도42] 다래끼

(가로 38.5㎝, 세로 20.3㎝, 높이 25.7㎝, 아가리 직경 32.0㎝)

왕대나무오리로만 결어 만든 고기 바구니다. 고기가 함부로 뛰쳐나가지 못하게 아가리를 좁게 만들었다.

폭은 일정하지 않았는데, 어장의 수심이 일정하지 않았기 때문인 것 같다. 그물의 윗줄에 부표를 묶었다. 이를 '투시'라고 하였다. 그물 아랫줄에 돌을 매달았다. 이를 '톱발'이라고 하였다. 저녁 무렵에 목선을 타고 어장으로 가서 그물을 드리웠다가 아침에 걷어 올리면서 민물고기를 잡았다.

- 고배: 후릿그물과 같은 어구와 어법으로 민물고기를 잡는 일을 '고배'라고 하였다. 어획 대상의 민물고기는 붕어, 잉어, 가물치 등이었고, 어기는 가을이었다. 고배로 잡는 그물을 '반두그물'이라고 하였다. 반두그물의 길이는 100m 정도였다. 그물의 윗줄에 묶는 부표를 '투시'라고 하였다. 그물 아랫줄에 묶는 돌을 '톱발'이라고 하였다. 목선에 그물을 싣고 나가 민물고기를 에워싸며 드리웠다. 반두그물 양쪽에는 줄을 묶었고 한쪽에 각각 4~5명이 서서 이 줄을 당겨서 그물을 끌었다. 이렇게 잡은 민물고기는 남지, 영산, 창녕 등지의 오일장으로 가서 팔았다. 목선과 반두그물의 자본주를 '선주船主', 그 이외의 어부들을 '선원船員'이라고 하였다. 잡은 민물고기는 선주와 선원이 각각 절반씩 나누고 선원들은 다시 똑같이 나누었다.

국제보호습지로 알려진 우포늪의 정체를 생활사적인 면으로 살펴보았다. 우포늪을 무대로 살아온 사람들에게 우포늪은 단순한 습지가 아니라 땔나무 밭, 논거름 밭, 방목지, 그리고 민물 바다 밭이었다.

삼척 갯마을의 남정네와 아낙네

강원도 삼척시 원덕읍 갈남리에서 근덕면 초곡리까지의 해안선은 가파른 절벽 모양을 하고 있다. 삼척 갯마을의 농경지는 산비탈에 붙어 있어서 보잘것없다. 이곳 갯마을 사람들이 생산한 양식으로 자급자족하는 비율은 30퍼센트 정도였다. 남편은 바다로 나가 물고기를 잡아오고, 부인은 남편이 잡은 물고기를 머리에 이고 산마을로 도부到付 가서 양식과 바꿔왔다.

삼척시 원덕읍 갈남1리 이삼옥 씨1947년생, 남에게 이 마을 갯밭 구조의 가르침을 받았다. 이 마을 갯밭의 수중암초는 울퉁불퉁한 곳이 많다. 이곳 사람들은 수중암초를 '짬'이라고 하였다. 이 마을의 짬은 포구에서 500m 정도 나간 지점에 '우럭내기', 2.5㎞ 정도 나간 지점에 '돛대내기', 3~4㎞에 거리에 '가래건네기'가 있다. 가래건네기는 '세치[임연수어]' 산란장이었으나 수중암초의 모양새가 험악하여 그물 드리우기가 겁날 정도였다. 그리고 10㎞ 정도 나간 지점에 '부래뜬내기'가 있다. 부래뜬내기 바깥은 수중바위가 없는 벌판이었다. 이런 모양의 어장을 '해불'이라고 하였다. 해불은 바다[海]의 벌판[불]이라는 말이다. 갯마을은 육지의 밭은 척박하였지만 갯밭은 비옥하였다. 삼척시의 갈남리와 초곡리 사람들의 갯밭 생활사를 들여다보았다.

[도43] 돌김 따기와 '김수세미'(2001년 6월 12일, 강원도 삼척시 원덕읍 갈남2리)
이 마을 어느 어머니가 '김수세미'라는 쇠솔을 들고 돌김 따는 모습을 보여주고 있다.

돌김 따기

돌김의 어기漁期는 동짓달부터 이듬해 음력 2월까지였다.

[사례1] 강원도 삼척시 원덕읍 갈남2리 김기일 씨1908년생, 남

이 마을 사람들은 자유롭게 김을 땄다. 김을 따는 도구는 전복껍데기, 숟가락, '수세미쇠솔' 등이었다**(도43)**. 민물에 씻고 발에 널어 잘 말렸다. 김 10장을 '첩', 100장을 '톳'이라고 하였다.

명태 잡이

음력 10월부터 다음 해 정월까지 명태는 이곳 갯밭에 산란하러 왔다.

[도44] 명태그물과 그에 따른 용구(《한국수산지》에서)

① 꼽쟁이: 명태그물을 들어 올리기에 앞서 명태그물에 묶인 떼와 줄을 건져 올리는 갈퀴다.
② 닻: 그물이 한곳에 멈추어 있게 하기 위하여 줄에 매어 물 밑바닥에 가라앉히는, 갈고리 달린 기구다. 나무와 돌로 만들었다.
③ 떼: 그물이 뜨도록 그물 위 가장자리에 다는 물건. 참나무껍질 여러 장을 묶어 만들었다. 댓잎 다발을 꼭대기에 세웠다.
④ 산태: 그물에서 떨어져나간 고기를 건져 올리는 그물망이다.
⑤ 앞치마: 섬유질이 많은 잡초로 만들었다.
⑥ 신: 섬유질이 많은 잡초로 만들었다.
⑦ 각반(脚絆): 섬유질이 많은 잡초로 만들었다. 발목에서 무릎 아래까지 신었다.

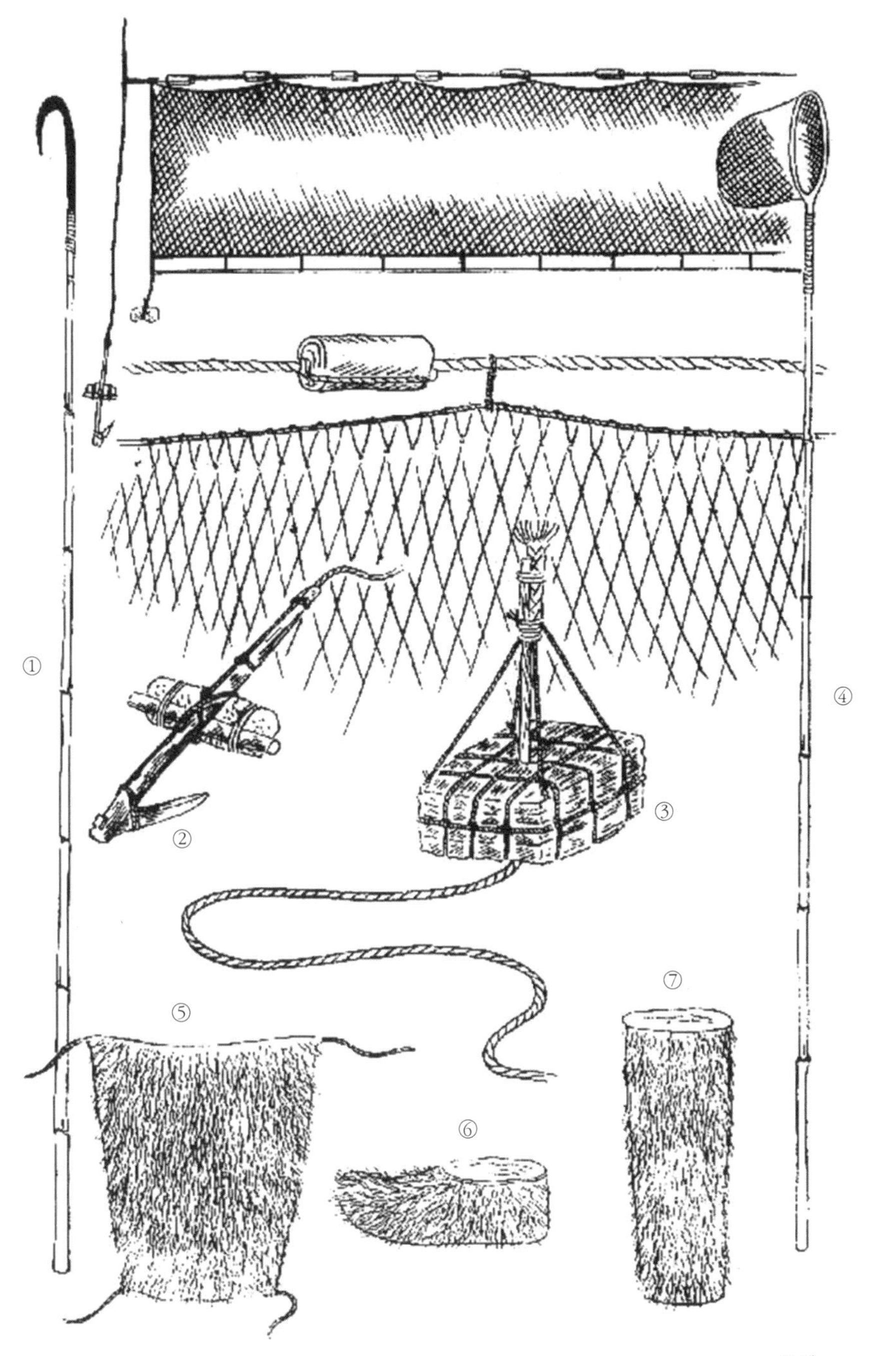
①
②
③
④
⑤
⑥
⑦

[사례2] 강원도 삼척시 근덕면 초곡1리 안용식 씨[1941년생, 남]

명태 산란장은 '짬'이었다. 짬에 그물을 드리우면 찢어지기 일쑤였다. 그러니 명태그물을 드리우는 곳은 짬 가까운 모래밭이었다. 이 마을 사람들은 명태 어장 모래밭을 '해불'이라고 하였다.

명태그물 배를 '목선'이라고 하였다. 25자[1자는 약 30.3cm] 정도였다. '놀[櫓]'은 5개였다. 사공과 선원 모두 놀을 저어 명태 어장으로 갔다. 마을 포구에서 어장까지 약 40㎞ 정도 떨어져 있었다.

사공은 3폭, 나머지 선원[선주 포함]은 2폭씩 명태그물을 준비하였다. 명태그물의 윗줄을 '웃구세', 아랫줄을 '밑발'이라고 하였다. 웃구세 줄에 2m 간격으로 부표를 매달았다. 부표는 떡갈나무 껍질을 양잿물에 삶아 만든 것으로 '틉'이라고 하였다. 밑발에 6m 간격으로 돌을 매달았다. 이를 '돌'이라고 하였다. 명태그물의 폭은 7m, 길이는 70m 정도였다. 그물 하나를 '폭'이라고 하였다**(도44)**.

바람이 거세지 않은 날 아침에 목선을 타고 어장으로 가서 명태그물 11폭을 이어 붙였다. 명태그물을 이어 붙이는 순서는 시계바늘 돌듯이 윤번되었다. 공정을 기하기 위함이었다. 사공의 진두지휘에 따라 선원들은 명태그물을 드리우고 나서 어제 아침에 드리웠던 그물을 들어올렸다. 자기 소유 명태그물에 든 명태는 자기가 차지하였다. 명태는 20마리를 한 '두름'이라고 하였다. 선주에게 뱃삯으로 한 두름에 8마리를 주었다. 사공과 선원의 집집마다 덕장이 있었다. 잡아 온 명태는 덕장에 걸어 말렸다.

세치 잡이

이곳 갯마을 사람들은 임연수어를 '세치'라고 하였다. 세치는 하지양력 6월 21일경를 중심으로 한 달 동안 갈남마을 갯밭 어장으로 짝짓기 하러 왔다. 이 마을 사람들은 이를 '가리쟁이 하러 온다'고 하였다. '가리'는 가랑이의 이곳 말이었다. 세치의 짝짓기는 암컷이 낳은 알에 수컷 정자가 붙어서 수정하는 소위 체외수정體外受精이다. 이때 세치는 곤쟁이를 먹으려 갯가 가까이까지 몰려오기도 하였다. 이때의 세치를 '봄세치'라고 하였다. 그리고 입동양력 11월 8일경을 중심으로 한 달 동안 세치는 이 마을 갯밭으로 산란하러 몰려왔다. 이때는 김장철이었고 세치는 김장의 양념으로 인기가 높았다. 이때의 세치를 '가을세치'라고 하였다. 봄세치보다 가을세치가 굵었다. 이 마을에서는 "세치 껍데기에 기와집이 날아간다."라는 말이 전승되고 있다. 세치 껍데기는 독특한 맛이 있어, 그 맛에 중독되면 기와집을 팔 지경에 이를 수도 있다는 것이었다.

[도45] 잔체

기다란 줄 밑에 돌을 매달았다. 이를 '칫돌(300g)'이라고 하였다. 줄 줄이 댓가지(16.0㎝ 정도)를 묶었다. 댓가지 끝에 줄(9.0㎝)을 묶었다. 줄 끝에 낚시를 맸다. 미끼는 미꾸라지였다.

[사례3] 강원도 삼척시 원덕읍 갈남2리 김기일 씨[1908년생, 남]

봄세치는 배를 타고 어장으로 가서 자유롭게 낚았다. 세치 어장은 '가래건네기'였다. 낚시어구는 '잔체'라고 하였다. 2001년 6월 12일, 필자는 갈남2리 신남마을을 찾아갔다. 김기일 씨[1908년생, 남]에게 부탁하여 잔체 어구를 복원하였다. 자잘한 나무로 만든 낚시라서 '잔체'라고 하였을까. 기다란 줄 끝에 '칫돌[300g]'을 묶었다. 그 위에 줄줄이 나뭇가지를 묶고 그 끝에 낚시를 매달았다. 1950년대까지만 하더라도 멸치나 미꾸라지를 미끼로 하여 봄세치, 열기, 우럭 따위를 낚았다(**도45**).

[사례4] 강원도 삼척시 원덕읍 갈남1리 갈산마을 이삼옥 씨[1947년생, 남]

가을세치는 여러 사람이 힘을 모아 그물로 잡았다. 세치 어장은 '가래건네기'였다. 이 마을 사람들은 세치를 그물로 많이 잡았다. 세치그물의 윗줄을 '웃구세', 아랫줄을 '밑발'이라고 하였다. 웃구세 줄에 1m 간격으로 '틉'을 매달았다. 밑발에 1.5m 간격으로 '돌'을 달아맸다. 세치그물은 폭은 4m, 길이는 40m 정도였다. 그물 하나를 '폭'이라고 하였다. 사공은 3폭, 나머지 선원[선주 포함]은 2폭씩 준비하였다. 어장은 '가래건네기'였다. 저녁 무렵에 어장으로 가서 세치그물을 이어 붙였다. 세치그물을 이어붙이는 순서는 시계바늘 돌듯이 윤번되었다. 공정을 기하기 위함이다. 사공의 진두지휘에 따라 선원들은 세치그물을 드리웠다. 아침에 어장으로 가서 세치그물을 들어올렸다. 자기 소유 세치그물에 든 세치는 자기가 차지하였다. 사공과 선원 모두 자기 소유 그물에 든 세치 5분의 1 정도를 선주에게 뱃삯으로 주었다.

문어 잡이

문어는 겨울에 갯밭 가까운 곳에서 먹이활동을 벌이는 습성이 있다. '문어지갈이'라는 어구로 문어를 잡았다.

[사례5] 강원도 삼척시 원덕읍 갈남2리 이용진 씨1921년생, 남

어기는 정월과 음력 2월이었다. 원줄에 20㎝ 간격으로 보채줄길이 15㎝ 정도을 묶었다. 그 끝에 미늘이 없는 빈 낚시를 매었다. 하나의 원줄에 300개 정도의 낚시를 매달았다. 풍선 1척에 1~2명의 어부가 타고 바다로 나갔다. 갯밭 가까운 곳을 따라 문어지갈이를 드리웠다가 아침에 들어올렸다. 문어지갈이에는 대구와 가오리도 걸렸다.

가자미 잡이

가자미는 이 일대 갯밭에 연중 정착하였지만, 산란기인 삼동三冬에 더욱 많이 잡았다. 가자미는 낚시로 낚았다.

[사례6] 강원도 삼척시 원덕읍 갈남1리 갈산마을 이삼옥 씨 1947년생, 남

가자미는 연중 이 마을 갯밭 짬 가까운 곳에 많았다. 작은 어선에 어부 1~2명이 타고 나가 손 줄낚시로 낚았다. 낚싯줄 한쪽 끝에 철사직경 0.3㎝, 길이 69.0㎝를 묶었다. 이를 '활'이라고 하였다. 활 한가운데 낚싯봉을 매달았다. 활 양쪽에 보채줄을 묶고 그 끝에 낚시를 맸다. 미끼는 지렁이였다.

열기 잡이

이 일대 갯마을 사람들은 불볼락을 '열기'라고 하였다.

[사례7] 강원도 삼척시 원덕읍 갈남1리 갈산마을 이삼옥 씨 1947년생, 남

이 마을 사람들은 불볼락을 '열기'라고 하였다. 산란하러 이 마을 갯밭으로 몰려오는 양력 4~5월이 어기였다. 열기 살을 베어낸 것을 미끼로 하여 잔체라는 낚시로 낚았다.

도붓장사

문바위마을근덕면 초곡2리의 김진자 씨 1931년생, 여에게 도붓장사에 대한 가르침을 받았다. 물고기를 머리에 이고 산마을로 가서 양식과 바

꿔왔다. 명태, 세치, 문어, 가자미, 열기 따위 물고기 스무 마리를 새끼줄 따위에 묶었다. 이를 한 '두름'이라고 하였다. 물고기를 담는 그릇을 '방팅이'라고 하였다. 김홍도 풍속화 속의 것처럼 통나무의 속을 파서 큰 바가지 같이 만든 그릇이었다**(도46)**. 머리 위에 '따발이[따리]'를 얹고 물고기를 가득 담은 방팅이를 이었다. 물고기 위에 보자기나 참나무 잎사귀를 덮었다. 이 마을에서 근덕면 매원리까지는 10리, 구마리까지는 30리였다. 아침 일찍 나서면 정오 가까운 시간에 구마리에 도착했다.

"고기 사시오, 고기 사시오!"

물고기와 쌀을 바꿨다. 자루에 쌀을 담았다. 물고기를 모두 팔고 나면 쌀자루를 방팅이에 담아 이고 집으로 발길을 돌렸다. 해가 서산에 기울어 한참이 되었다. 바다에 고기 잡으러 갔던 남편은 마중을 나왔다.

[도46] 김홍도(1745~?)의 풍속화

강원도 삼척시 원덕읍 갈남리에서 근덕면 초곡리까지의 마을은 산비탈에 붙어 있었고, 양식 자급자족 비율은 30% 정도였다. 그러니 이 마을 사람들은 남자는 물고기를 잡고, 여자는 도붓장사를 해야 했다. 한반도의 도서 지역이 아닌 곳에서 양식 자급자족이 이렇게 열악한 곳은 찾기 어렵다. 그만큼 이곳 사람들은 물고기 잡이에 진력할 수밖에 없었다. 이 일대 물고기 잡이와 도붓장사 생활사에 대한 심층적인 조사 연구가 더욱 요망되는 곳이기도 하다.

여러 가지 동산洞山

원초경제사회 때의 산야와 바다, 그리고 산과 바다를 이어주는 강하江河, 그 사이에 있는 논과 밭은 생산과 생업의 공간이었다. 원초경제사회를 살았던 사람들은 산야에서 초목, 논과 밭에서 양식糧食, 바다에서 해산물을 생산하며 생계를 꾸렸다. 한반도 동해안 지역 사람들은 일정한 산야를 마을 사람들이 공동으로 소유하는 경우가 있었는데, 그러한 산야를 '동산洞山'이라고 하였다. 동산의 소유 목적은 여러 가지였다.

[사례1] 경북 울진군 매화면 오산2리 박선동 씨1935년생, 남

이 마을은 갯마을이었다. 1970년 무렵에는 130가호가 모여 살았다. 마을 뒷산에는 성황당이 있어서 이 마을 사람들은 마을 뒷

산을 '성황당산'이라고 불렀다. 성황당 주변 1정보에는 소나무가 울창하였다. 이곳을 '동산洞山'이라고 하였다. 동산에는 고사목도 많았지만, 어느 누구도 손을 대지 않았다. 동산의 고사목은 성황당 제사 때 제물 마련을 위한 땔나무나 성황당 제사 때 화톳불의 땔감으로만 쓸 수 있었다.

[사례2] 경북 의성군 옥산면 신계리 상신마을 이장우 씨1932년생, 남

이 마을 30가호 사람들은 수리봉 동서쪽에 있는 78정보의 동산을 공동으로 소유하였다. 동산에서는 숯, 땔나무, 곡식을 생산하였다. 이 마을 사람들은 동짓달과 섣달에 동산에서 정해진 수량의 나무 동가리를 채취하여 숯을 구웠다. 가호마다 톱으로 소나무, 참나무의 동가리를 냈다. 동가리의 길이는 50~60㎝ 정도였다. 마을에서 가호마다 동가리 채취 수량을 정하였다. 곡괭이로 숯 구덩이를 파서 동가리를 세우고 마른 흙을 덮었다. 흙을 덮고 나무방망이 따위로 다져서 '숯가마'를 만들었다. 숯가마 하단 여기저기에 구멍을 뚫었다. 그리고 꼭대기에 통풍구로 하나의 구멍을 뚫었다. 12시간 정도 불을 붙여 탄화시켰다. 새끼줄 따위로 싸리나무 가지를 엮었다. 직경 60㎝, 길이 75㎝ 정도로 둥근 통을 만들어서 그 안에 숯을 가득 담았다. 이를 '포'라고 하였다. 숯 한 포의 무게는 6관1관은 10근 정도였다. 숯 6포를 지게에 지고 나무전으로 가서 팔았다.

이 마을 사람들은 해마다 음력 2월에 동산을 나누고 가호마다 정해진 수량의 땔나무를 채취하였다. 땔나무는 솔가지와 잡목이

었다. 채취한 땔나무는 단을 묶었다. 석 단은 한 짐, 100단을 '접'이라고 하였다.

이 마을 사람들은 동산의 일정한 구역을 일구어 농사를 지었다. 동산에 있는 밭을 '산전山田'이라고 하였다. 산전에서는 1년 1작으로 2년 정도 경작한 후 10년 정도 묵혔다. 산전에서 농사를 지은 이는 마을에 소작료를 냈다. 산전의 농작農作은 다음과 같다.

봄에 산전에 난 잡초와 잡목을 낫이나 도끼 따위로 베어냈다. 이를 '푸자리 빈다'고 하였다. 음력 오월 장마 이후, 음력 6월 초순에 산전에 불을 붙였다. 푸자리 위쪽과 옆쪽에 방화선防火線을 쳤다. 방화선의 폭은 3m 정도였다. 방화선 안에 있는 낙엽이나 검불 따위를 '까꾸리갈퀴'로 빤빤하게 긁었다**(도47)**. 이렇게 방화선을 치는 일을 '불돌림'이라고 하였다. 맨 위쪽에서부터 아래쪽으로 차차 불을 붙이고 나서 개간하여 2년 정도 농사를 지었다.

[도47] 까꾸리(폭 33.0㎝, 길이 125.0㎝)
나뭇잎, 검불 따위를 긁어모으는 도구다. 경북 의성군 송내리(점곡면) 안시자 씨(1939년생, 여) 집에 있는 것이다. 6개의 대쪽 끝을 갈고랑이처럼 휘어 부챗살 모양으로 일매지게 폈다. 그 중간 두 곳에 나뭇조각을 가로 붙이고 칡넝쿨로 얽어매었다. 이것을 자루에 대고 철사로 묶었다.

[도48] 산전에서 팥 파종(강원도 삼척시 가곡면 오목리, 2001년 6월 13일)
산전에서 한 아낙네가 팥 씨앗을 뿌리고 있고, 두 남정네는 괭이로 팥 씨앗을 묻고 있다.

소서양력 7월 7일경 무렵에 산전 전면에 '서숙조' 씨앗을 뿌렸다. 1년차 농사였다. 산전 아래쪽에서부터 위쪽까지 괭이로 땅거죽을 파 젖히면서 일어나는 흙밥으로 서숙 씨앗을 묻었다. 한 차례 정도 제초하였다. 낫으로 움돋이를 베어내는 정도였다. 추석에는 마을 사람들이 모두 산전으로 가서 작황의 정도를 결정하였다. 이를 '곡수穀數 매긴다'고 하였다. 곡수의 정도는 예상 생산량의 3분의 1 정도였다. 상강양력 10월 23일경 무렵에 거두어들였다. 마을 사람들이 매긴 곡수를 마을에 내었다.

조 그루에 팥을 갈았다. 2년차 농사였다. 전면에 팥 씨앗을 흩뿌렸다. 괭이로 땅거죽을 파 젖히면서 일어나는 흙밥으로 팥 씨앗을 묻었다(도48). 한 차례 정도 제초하였다. 추석 날 마을 사람들은 산전으로 가서 곡수를 매겼다. 상강 무렵에 거두어들였다. 수확량의 3분의 1 정도의 곡수를 마을에 내었다.

[사례3] 경북 의성군 점곡면 사촌2리 홍수석 씨[1931년생, 남]

이 마을 50가호 중 35가호가 겉보리 5되씩 모아 산전을 샀다. 산전은 '뒷산[산 35번지의 1]'과 '앞산[산 53번지의 1]'이었다. 뒷산은 약 41정보, 앞산은 약 21정보였다. 이 마을 사람들은 이 산전을 '동산'이라고 하였다. 뒷산은 매봉산[319.7m], 앞산은 건마산[395.8m]에 있었다(도49). 뒷산은 토산[土山]으로 농사가 가능한 산전[山田]이었고, 앞산은 석산[石山]으로 땔나무 밭이었다.

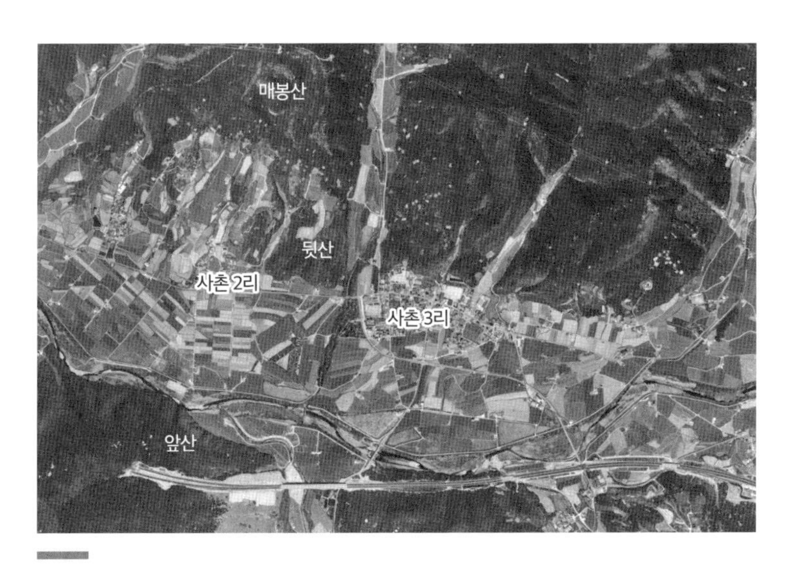

[도49] 뒷산과 앞산

동산의 으뜸을 '계장契長'이라고 하였다. 계장은 한 사람이었다. 사무를 맡아보는 사람을 '유사有司'라고 하였다. 뒷산과 앞산에 각각 유사 1명을 두었다. 그리고 산지기를 '산간수山看守'라고 하였다. 뒷산과 앞산에 각각 산간수 1명을 배치했다. 산간수는 계원들이 1년 주기로 윤번輪番되었다. 계원들은 자유 채취와 공동 채취로 땔나무를 마련하였다.

자유 채취 대상의 땔나무는 '갈비솔가리', '속새억새', '잡목', '알차리[枯木]' 등이었다. 계원들은 갈퀴, 낫, 새끼줄 따위를 들고 지게를 지고 동산으로 갔다. 갈비는 갈퀴로 긁어모으고 알차리는 낫으로 쳤다. 새끼줄 따위로 나뭇단을 묶었다. 나뭇단 4~5단이 지게로 한 짐이었다.

공동 채취 대상의 땔나무는 '소깝솔가지'이었다. 설 뒤에 앞산과 뒷산을 1년씩 번갈아가면서 솔가지를 쳤다. 이를 '솔치기'라고 하였다. 소나무의 생가지를 쳐서 단을 묶었다. 이를 '소깝단'이라고 하였다. 채취한 소깝단은 계원들이 똑같이 나누었다.

홍 씨는 20세 때에 뒷산매봉산 '큰골'에서 800평 정도를 개간했다. 괭이로 쪼고 나서 '훌칭이극젱이'로 일구었다. 개간한 첫해는 개간자가 수확물을 전부 차지하였다. 개간의 대가代價였다. 다음 해부터는 수확량의 3분의 1 곡수穀收를 송계에 납부하였다. 곡수를 거두어들이는 일은 유사의 몫이었다.

산전은 토질의 정도에 따라 1등급에서 3등급까지 등급을 매겼다. 등급별로 1마지기이 지역은 200평당 소작료의 금액을 정했다. 이를

'곡수 매긴다'고 하였다. 홍 씨의 가르침에 따르면, 산전 800평 중에서 600평은 2등급, 200평은 3등급이었다.

[사례4] 경북 경주시 감포읍 오류4리 조성근 씨1937년생, 남

이 마을 90가호 사람들은 마을 뒤쪽 '아리골'을 중심으로 좌우 쪽에 모두 100정보의 동산을 공동으로 소유하였다. 동산은 땔나무밭이었다. 이 마을 사람들은 설 이전에는 '갈비솔가리'를 자유롭게 채취하였고, 설 이후 음력 2~3월 중에 공동으로 '소깝솔가지'을 채취하였다. 그 자리에서 말려서 단으로 묶어 서로 나누었다.

[사례5] 울산광역시 울주군 두동면 삼정리 하삼정마을 김홍섭 씨1932년생, 남

이 마을 사람들은 공동으로 동산을 소유하였다. 동산은 '기박듬'과 '제홈', 두 군데에 있었다. 기박듬은 이 마을 뒤쪽에 있는 바위산이다. 옛날 이 마을은 화마火魔에 시달리는 경우가 잦았다. 그 까닭은 기박듬 바위산 때문이라고 믿었다. 이 마을 사람들은 기박듬 주변에 1.5정보의 동산을 공동으로 마련하고 참나무를 키웠다. 참나무는 울창하게 자라면서 기박듬의 바위산을 가려 막았다. 그 뒤로 이 마을은 화마에 시달리지 않게 되었다.

제홈은 이 마을 앞산에 있는 골짜기다. 제홈에는 샘물이 솟았다. 제홈의 골짜기, 그리고 마르지 않는 샘물은 여자의 성기를 빼닮은 형국形局이었다. 그래서였을까, 이 마을에는 여자아이만 태어나는 것이었다. 이 마을 사람들은 제홈 주변에 200평 정도를 공동으로

마련하고 참나무를 심었다. 참나무는 울창하게 자라면서 제홈의 골짜기와 마르지 않는 샘물을 가려주었다. 그 후로 이 마을에는 사내아이와 여자아이가 골고루 태어나게 되었다.

[사례6] 울산광역시 울주군 두서면 천전리 대연마을 이동우 씨[1944년생, 남]

이 마을 70여 가호 사람들은 공동으로 동산을 소유하였다. 동산은 여러 군데 나누어져 있었다. 그중에는 벼를 심을 논에 거름으로 줄 풀을 마련하는 동산도 있었다. 이때의 풀을 '갈풀'이라고 하였다. 갈풀은 참나뭇과 낙엽 교목의 새순이었다. 갈풀을 생산하는 산야를 '분등산[分等山]'이라고 하였다. 이 마을 분등산은 4정보[1정보는 약 9,917.4㎡] 정도였다. 해마다 참나무 밑동에서 갈풀이 올라왔다. 이 마을 사람들은 일정한 날을 골라 갈풀을 베어냈다. 일정한 날에 거두는 갈풀을 '영풀[令-]'이라고도 하였다. 영풀은 '명령이 떨어져야 베어내는 풀'이었다. 입하[양력 5월 5일경] 무렵, 이 마을 사람들은 갈풀을 베려고 분등산으로 올라갔다. 낫으로 갈풀을 베어냈다. 며칠 동안 그 자리에서 말리고 나서 단[束]으로 묶고 서로 나누었다. 소만[양력 5월 21일경] 무렵, 갈풀을 논밭의 밑거름으로 주었다.

사례1의 동산은 성황당 보호와 성황당 제사 때 땔나무를 안정적으로 확보하기 위한 것이었다. **사례2**의 동산은 숲, 땔나무와 농작, **사례3**의 동산은 땔나무, 농작을 위한 목적으로 조성된 것이었다. **사례4**의 동산은 마을 사람들이 안정적으로 땔나무를 확보하기 위해 조성된 것이었다. **사례5**의 동산은 숲의 산으로 방사防邪를 위한 목적으로 조성된 것이었다. **사례6**의 동산은 마을 사람들이 공동으로 논밭의 밑거름인 '갈풀'을 생산하기 위한 목적으로 조성된 것으로 이런 목적의 동산을 '분등산'이라고 하였다. 이와 같이 한반도 동해안 지역에서 전승되는 동산 소유의 목적은 다양하였다.

동서남북의 동답洞畓

한반도의 마을 사람들은 일정한 지역에 살면서 생업 공동체, 생활 공동체, 그리고 신앙 공동체를 이루었다. 마을 사람들은 공동체적 삶을 영위하기 위하여 경작지를 공동으로 소유하기도 했다. 동해안 지역 사람들은 마을 공동 소유 논과 밭을 '동답洞畓', '동밭', '성황답城隍畓'이라고 하였다. 여기서는 이 모든 것을 아울러 '동답'이라 하고자 한다. 동해안 지역 사람들은 동답을 어떻게 소유, 관리, 운용하여 왔을까.

[사례1] 강원도 삼척시 원덕읍 노경3리 김명준 씨1934년생, 남

이 마을 사람들은 두 마지기이 지역은 한 마지기가 150평 1모작 논을 공동으로 소유하고 있었다. 이 논을 '성황답城隍畓'이라고 하였다. 성황

[도50] 성황당[강원도 삼척시 원덕읍 노경3리, 2016년 10월 26일]
이 마을 성황당은 '한기들'이라는 논들 한가운데 있다. 신목(神木)은 소나무와 향나무다.

답은 '한기들'이라는 논들 한가운데 있었다. 성황답은 성황당을 빙 둘러 있었다**(도50)**. 이 마을 사람들은 해마다 성황당에서 정월 대보름날 '대보름제사'와 오월 단옷날 '단오제사'를 올렸다. 대보름제사 때는 1년 동안 마을의 안녕, 그리고 단오제사 때는 풍농豐農을 빌었다. 이 마을 사람들의 성황답 관리는 예사롭지 않았다. 1970년대까지 이 마을에는 35가호2016년 현재 23가호가 모여 살았는데, 일정한 날에 가호마다 한 사람씩 출역하여 논을 갈았다. 각각 가지고 나온 볏모를 공동으로 심었고, 성황답을 제초하고 관리하였으며, 공동으로 수확하여 성황당의 제비祭費를 마련하였다.

1945년 전후, 이 마을에는 법원에 드나들며 남의 땅을 자기 이름으로 등기하기를 일삼는 사람이 성황답을 자기 명의로 만들어놓고 팔아버렸다. 이 마을 사람들은 너나없이 출역하여 가곡천 냇가에 돌담을 에두르고 질흙을 지어다가 북돋아 두 마지기 성황답을 새로 만들었다. 가곡천 냇가에 있는 성황답에서, 1950년부터 1960년까지 약 10여 년 동안 마을 사람들이 공동으로 논농사를 지으며 성황당의 제비도 마련할 수 있었다. 어느 해엔가 가곡천에 홍수가 터져 애쓰게 만들어놓은 성황답을 쓸어가 버렸다.

1961년부터 마을 사람들은 음력 2월 1일에 정기적으로 농악놀이를 하였다. 농악놀이꾼들은 집집마다 돌아다니면서 농악놀이로 집안의 안녕을 빌어준 값으로 쌀과 돈을 모아 성황당의 제비를 마련하였다. 농악놀이로 성황당 제비를 마련하는 것은 1973년까지 이어졌다. 마을 젊은이들이 하나둘 고향땅을 등지고 도시로 떠나게 되면서 농악놀이도 어렵게 되었다.

가곡천 지방도 1차선 공사가 이루어진 1960년대, 강원도 지방정부는 포플러나무 묘목을 이 마을 사람들에게 제공하였고, 이 마을 사람들은 일정한 구역에 포플러나무를 가로수로 심었다. 1975년, 가곡천을 따라 나 있는 1차선 지방도로를 2차선으로 확장하는 공사에 들어갈 때 강원도 지방정부는 포플러나무를 베어내어 성냥개비와 젓가락 공장에 팔았다. 이 마을 사람들은 강원도 지방정부에 항의하였다. "포플러나무 묘목은 강원도 지방정부가 제공한 것이지만, 그 묘목은 우리들이 심었다. 그러니 묘목 값 이외의 포플러나무 판매 대금은 우리 마을에 돌려달라."는 것이었다. 160만 원을 받아내었다. 그 돈을 종자[種子]로 삼고 이자를 키우고 관리하면서 지금까지 성황당의 제비를 마련하고 있다.

[사례2] 경북 울진군 울진읍 온양1리 최의봉 씨[1930년생, 남]

이 마을 사람들은 두 마지기[이 지역은 한 마지기가 150평] 1모작 논을 공동으로 소유하고 있었다. 이 논을 '동답'이라고 하였다. 해마다 마을 사람에게 소작을 주었다. 소작료는 쌀 두 가마니였다. 소작료로 받은 쌀로 정월 보름날 성황제사의 제비로 썼고, 나머지는 마을 경비로 삼았다.

[사례3] 경북 울진군 매화면 오산2리 박선동 씨[1935년생, 남]

이 마을 사람들은 논 세 마지기[이 지역은 한 마지기가 150평]를 공동으로 소유하고 있었다. 이 논을 '동답[洞畓]'이라고 하였다. 동답은 '무지치'라는 곳에 있다. 1모작 논이다. 이 마을 사람들은 해마다 동회에서 소작인을 결정하였다. 소작인은 이 마을 공동으로 모시는 '대보름제사'와 '추석제사' 때 제비[祭費]를 전담[專擔]하였다.

[사례4] 경북 울진군 기성면 구산1리 최상운 씨[1931년생, 남]

이 마을 사람들은 논 열다섯 마지기[이 지역은 한 마지기가 150평]를 공동으로 소유하고 있다. 공동 소유의 논을 '동답'이라고 하였다. 동답은 이 마을 사고무친[四顧無親]한 일곱 분들이 이 세상을 하직하기 전에 마을 사람들에게 물려준 것이었다. 이 마을 사람들은 해마다 향회에서 동답 소작인을 결정하였다. 소작료는 논 한 마지기당 쌀 한 가마니였다. 이 마을 사람들은 소작료로 정월 보름날에는 '정초고사', 단옷날에는 '단오고사', 음력 9월 9일에는 '중구고사'를 지냈다. 중구고사를 마친 후에는 이 마을 사고무친한 일곱 분을 모신 산소에 가서 제사를 지냈다. 일곱 분의 산소는 여기저기 흩어져 있었는데, 1970년대에 모두 한곳으로 이장移葬했다.

[사례5] 경북 의성군 점곡면 송내리 김부근 씨1942년생, 남

이 마을 사람들은 논 세 마지기이 지역은 한 마지기가 200평와 밭 한 마지기한 마지기가 200평를 공동으로 소유하고 있다. 공동 소유의 논과 밭을 '공동 토지'라고 하였다. 이 공동 토지는 지금으로부터 약 300년 전, 이 마을 사고무친한 시어머니와 며느리가 이 세상을 하직하면서 마을 사람들에서 물려준 유산이었다. 논은 이 마을 '탯골'이라는 논들에 있고, 밭은 논 위쪽에 있었다. 사고무친한 시어머니와 며느리 묘소는 바로 그 밭 안에 있다. 이 마을 사람들은 해마다 정월 보름날 향회를 열었다. 이때 3년 주기로 공동 토지 소작인을 결정하였다. 지금은 이 마을 조 씨가 소작하고 있는데, 소작료는 1년에 70만 원 정도다. 8월 추석 전날에는 이 마을 이장을 비롯한 몇 사람이 사고무친한 시어머니와 며느리 묘소의 벌초를 하였다. 음력 10월 그믐날 오전 8시에는 이 마을 사람들이 마을회관에 모여 사고무친의 시어머니와 며느리의 제사를 지냈다.

[도51] 동네할머니(좌)와 동네할아버지(우) 산소[경북 김천시 지례면 상부2리, 2016년 11월 3일]
이 마을 사람들은 사고무친한 노부부를 '동네할아버지', '동네할머니'라고 부르고 있다.

[사례6] 경북 김천시 지례면 상부리 한명암 씨 1921년생, 남

이 마을 사람들은 논 세 마지기 이 지역은 한 마지기가 200평 와 밭 두 마지기 한 마지기가 100평 를 공동으로 소유하고 있다. 이 논을 '동답', 밭을 '동밭'이라고 하였다. 동답과 동밭은 언제인지 모르지만, 이 마을에 살았던 어느 사고무친한 노부부가 이 세상을 하직하기 전에 마을 사람들에서 물려준 것이었다. 동답은 이 마을 이장이 수고의 값으로 경작하고 있고, 동밭은 팔아서 마을 기금을 마련하였다. 이 마을 사람들은 사고무친한 노부부의 묘소를 마련하였다**(도51)**. 지금도 음력 8월 중, 일정한 날을 택하여 사고무친한 노부부 묘소의 벌초

를 한다. 음력 9월 9일 '동고사洞告祀'를 지내고 난 후에 사고무친한 노부부 묘소에서 제사를 지낸다.

[사례7] 경북 성주군 가천면 용사리 최삼록 씨1941년생, 남

이 마을 사람들은 공동으로 논 서 마지기이 지역의 1마지기는 200평를 소유하고 있다. 이 논을 '동답洞畓'이라고 하였다. 동답은 언제인지 모르지만, 사고무친한 '이동지'가 이 세상을 하직하기 전에 마을 사람들에서 물려준 것이었다. 이 마을 사람들은 이 동답을 마을 어느 한 사람에게 해마다 소작으로 주었다. 이 마을 사람들은 해마다 이동지의 산소를 벌초하였다. 그리고 음력 7월 그믐날 밤에는 이 마을 공동 소유의 전각殿閣에서 이동지에게 제사를 올렸다. 세월이 흘러 1990년대부터 이 동답은 폐답廢畓이 되고 말았다. 이때부터 이동지 제사를 올리지 않고 있지만, 이동지 산소의 벌초는 하고 있다.

[사례8] 울산광역시 울주군 두동면 삼정리 김홍섭 씨1932년생, 남

이 마을 사람들은 공동으로 소유하고 있는 밭을 '동밭'이라고 하였다. 동밭은 '기박듬'이라는 이 마을 사람들 공동 소유의 '동산洞山' 아래 있었고, 100평 정도였다. 이 마을 사람들은 해마다 이 마을 사람에게 동밭의 소작을 주었다. 소작료는 이 마을 사람들의 농청이 열리는 날에 떡을 마련하는 것이었다. 이 마을 사람들은 첫 논매기가 끝날 무렵인 대서양력 7월 24일경 날에 마을 '당수나무서낭나무' 아

래 모여 농청을 열었다. 이날을 '나다리 먹는 날'이라고 하였다. '나다리 먹는 날'이란 농청을 조직하면서 막걸리를 비롯한 여러 가지 음식을 먹는 날이라는 말이다. '나다리'는 농청 조직의 '나[出]고 듦[入]'이라는 말이었다. 이날 농청 조직에 들어오려는 사람은 막걸리 한 말, 그리고 동밭 소작인은 소작료로 떡을 제공하였다.

사례1의 성황답, **사례2**와 **사례3**의 동답, 그리고 **사례8**의 동밭은 마을 사람들이 스스로 마련한 것이었다. **사례4**의 동답, **사례5**의 공동 토지, **사례6**의 동답과 동밭, 그리고 **사례7**의 동답은 마을의 사고무친한 사람들이 남겨준 것이었다.

사례5의 공동 토지와 **사례7**의 동답은 마을 공동 자금 마련, **사례6**의 동답은 이장 수당, **사례8**의 동밭은 이 마을 사람들이 두레를 결성하는 날 음식 제공을 목적으로 활용되고 있었다.

4장

갯발의 생활사

미역밭 주인

홍양호洪良浩, 1724~1802는 《북새기략北塞記略》에서 동해안 사람들의 미역 따기를 다음과 같이 기록하였다**(도52)**.

> 다시마와 미역은 물속 바위에서 자라는데, 명천(明川), 경흥(慶興)의 서수라곶(西水羅串)에서는 매년 3, 4월에 배를 타고 나가 따냈다. 물고기기름을 물 위에 뿌리면 물 밑까지 훤히 보였다. 긴 막대로 이것을 따냈다.

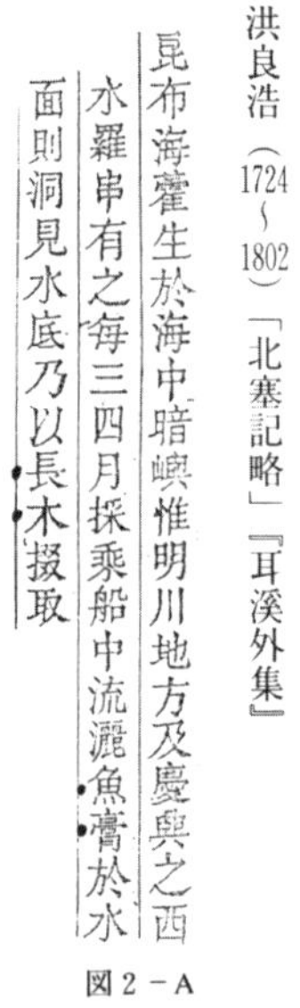

洪良浩（1724～1802）「北塞記略」『耳溪外集』

昆布海藿生於海中暗嶼惟明川地方及慶興之西水羅串有之每三四月採乘船中流灑魚膏於水面則洞見水底乃以長木掇取

図2－A

[도52] 《북새기략(北塞記略)》(일부)

지금의 함경북도 지역의 사례였지만, 이러한 미역

[도53] 일본식 낫대바리[2000년 10월 18일, 일본 이와테현 미야코시(岩手縣 宮古市)]
한 어부가 자그마한 배를 타고 바다로 나가 창경(窓鏡)으로 물속을 들여다보며 '낫대'로 미역 따위를 따는 이소미료어법이다. 하지만 이런 어법을 이곳에서는 '키시하유료(キシハユ漁)'라고 하였다.

따기는 동해안 어느 지역이나 크게 다르지 않았다. '물고기기름[魚膏]'은 문어, 명태 등의 간에서 걸러낸 것이었다. 이것을 '푸름'이라고 하였고, 푸름을 담는 그릇을 '푸름통'이라고 하였다. 푸름을 솜방망이에 찍어 물 위에 뿌리면 기름방울이 퍼지면서 유리 구실을 해주었다. 기름방울로 덮인 수면[水面]은 명경지수[明鏡止水]가 되어주었다. 자루가 기다란 낫으로 미역을 따냈다. 이때의 낫을 '낫대'라고 하였다. 이렇게 미역을 따는 일을 '창경바리' 또는 '낫대바리'라고 하였다.

동해안의 조수 간만 차이는 평균 50㎝ 정도다. 일본열도에서 조수 간만 차이가 50㎝인 곳의 미역 따기도 같은 방법이었다. 일본 사람들은 이런 어법을 '이소미료[磯見漁]'라고 했다(도53).

정약용丁若鏞, 1762~1836은 《경세유표經世遺表》에서 동해안 미역밭 소유구조에 대하여 지적하였다.

> 통천(通川) 이남과 삼척(三陟) 이북에 미역이 산출되는 곳은 본디 개인 소유[私主]가 없었다.(중략) 공동 채취한 다음 공동으로 분배해서 세액에 충당하였다(通川以南 三陟以北 其產藿之田 本無私主 (중략) 與民偕作 及時刈取 通同分排 以充稅額).

위의 글은 동해안 삼척을 중심으로 북쪽 지역은 미역밭이 공동소유, 남쪽 지역은 미역밭이 개인 소유였다는 것이다. 동해안 미역밭 소유구조는 어떠하였는지 실질적인 사례를 통해 구체적으로 살펴보자.

[사례1] 강원도 고성군 현내면 대진리 김덕호 씨1918년생, 남

이 마을 사람들은 미역밭을 '성에'라고 했고, 공동 소유하였다. 소만양력 5월 21일경에서 하지양력 6월 21일경 사이 미역을 '여물었다'고 하여 이 시기에 땄다. 미역은 여물어야 국을 끓여도 풀어지지 않았고 맛도 좋았다. 1가호당 남정네 한 사람에게만 미역을 딸 자격이 주어졌다. '창경배'를 타고 미역밭으로 가서 '낫대'로 미역을 땄다. 낫대의 자루는 4m 정도의 박달나무로 만들었다. 창경窓鏡이라는 물

안경으로 물속을 빤히 들여다보면서 미역을 땄다. 한번 미역 따기가 시작되면 자유롭게 미역을 땄다. 자기가 딴 미역은 자기가 차지하였다.

[사례2] 강원도 강릉시 강동면 심곡리 박추진 씨1944년생, 남

1970년대까지 이 마을은 50가호로 구성되었다. 미역밭을 '성에'라고 했고, 이 마을의 미역밭은 북쪽의 '부치끝'에서 남쪽의 '가매소'까지였다. 정월 보름날, 이 마을 미역밭에서 1년 동안의 미역 채취권을 입찰하였다. 다른 지역 사람도 입찰에 참여할 수 있었다. 낙찰자는 계약서를 쓰고 1년 동안의 미역밭 채취권을 차지하였다. 이 사람을 '곽암주藿岩主'라고 하였다. 미역밭 낙찰금은 마을 사람들이 서로 분배하였다.

곽암주는 마을 사람들을 고용하여 음력 2월 중 미역밭의 잡초를 제거하였다. 제초 도구를 '섶씨레'라고 했는데, 섶씨레는 괭잇날을 펴낸 모양의 쇠붙이를 자루에 끼워 만든 것이었다. 이것으로 미역밭에 붙어 있는 잡초를 제거하는 일을 '풀매기'라고 하였다. 미역은 소만양력 5월 21일경 무렵에 채취했다. 이때 곽암주는 마을 사람들을 고용하여 미역을 땄다. 곽암주와 마을 사람들은 서로 절반씩 미역을 나누고, 마을 사람들은 그 미역을 똑같이 나누었다.

[사례3] 강원도 삼척시 원덕읍 호산4리 김철동 씨1940년생, 남

이 마을 사람들은 미역밭을 '미역짬'이라고 하였다. 이 마을 미

역짬은 모두 12개 사싯암, 지대매암, 넛두암, 군두암, 솟딩이, 만앙잠, 흑암, 등금머리, 집앞바우, 망모, 파랑개, 간암였다. 음력 8월에 미역밭을 나누었는데, 미역밭 크기에 따라 가호 수가 달랐다. 예를 들어 '만앙잠'에는 4가호, '파랑개'에는 15가호가 배정되었다. 이를 '통 뽑는다'고 하였고 해당 가호는 정해진 미역밭을 분할 소유하였다. 음력 11월 중에 해당 미역밭의 잡초를 '섶씨레'로 제거했다. 음력 2월에 미역을 따고 나서 서로 분배하였다.

[사례4] 경북 울진군 울진읍 온양2리 김순종 씨 1931년생, 남

이 마을 미역밭을 '미역짬'이라고 하였다. 이 마을 미역짬은 북쪽에서 남쪽으로 5개 꼭대기자리, 가운데자리, 노만짬, 새짬, 태금짬가 있었다. 음력 10월 중 마을회의 때 미역짬을 서로 나누었는데, 이를 '짬 뽑는다'고 했다. 미역짬 한 곳에는 보통 20가호 안팎이 배정되었고 해당 가호의 사람들은 공동으로 미역짬을 관리하고 공동으로 채취·분배했다. 음력 10월 말부터 11월 초순까지 미역짬의 제초를 하였는데, 이를 '방구 닦기'라고 하였다. 여기에서 '방구'는 방房이라는 말이다. 제초 도구는 '씨레'라고 하였다. 미역짬에 참여한 가호마다 일정한 인원이 출동하여 방구를 닦았다. 음력 1월부터 미역을 거두어들일 때까지 하루에 2가호에서 각각 1명씩 출역하여 미역밭도 감시하였다. 이를 '짬 지킨다'고 하였다. 음력 4월에 미역을 땄다. 미역은 그날그날 저울에 달아 나누었다.

[사례5] 경북 영덕군 남정면 부흥리 박성종 씨 1940년생, 남

이 마을 사람들은 미역밭을 '미역짬'이라고 하였다. 이 마을 미역짬은 7개 개늘개, 강지, 갓바우, 간짬, 넘부리, 중섬, 배머리 였다. 1970년대까지는 미역짬이 모두 개인 소유였으나 이후 마을 가구 수대로 분할하여 소유하게 되었다. 음력 8월 15일, 이 마을 사람들은 미역짬을 제비뽑기로 나누었다. 이를 '짬구지'라고 하였다. 미역짬은 1년 동안 분할 소유하였다. 음력 10월 중에 미역짬의 잡초를 제거하였다. 이를 '짬 맨다'고 하였다. 음력 3~4월 중에 미역을 땄다. 1가호에 1명이 출역하였다. 남자들은 자루가 긴 '설낫'으로 물속의 미역을 땄다. 여자들은 자루가 짧은 '목낫'으로 물 바깥의 미역을 땄다. 미역짬 분할 소유주들은 따낸 미역을 저울로 분배하였다.

[사례6] 경북 포항시 장기면 계원1리 김옥출 씨 1943년생, 남

이 마을에서는 미역밭을 '미역바위'라고 하였다. 이 마을의 미역바위는 모두 개인 소유였다. 김 씨는 이 마을 '등대끝'이라는 곳에 2천5백 평 정도의 미역바위를 소유하고 있었다. 이 미역바위는 조상 대대로 물려받은 것이었다. 이 마을은 100가구로 구성되었는데, 그중 40가구가 '미역바위'를 소유하고 있었다. 음력 10월 중에 미역바위의 잡초를 제거하였다. 이 마을에서는 이런 일을 '기세 磯洗 작업'이라고 하였다. 음력 3~4월 중에 미역을 땄다.

1970년대 중반에 미역바위를 소유하고 있지 않은 마을 사람들과 미역바위를 소유하고 있는 마을 사람들 사이에 소유권 분쟁이

[도54] 황새박우(2016년 10월 13일)
'황새박우'는 이 마을 김 씨 소유의 미역밭이다. '황새(두루미)'를 비롯한 새들의 안식처 구실도 하는 곳이다.

일어났다. 그 이후로 김 씨 개인 소유의 미역바위는 60% 정도가 마을 공동 소유의 것으로 되었다.

[사례7] 경북 경주시 양남면 수렴1리 설정규 씨 1948년생, 남

이 마을 사람들은 미역밭을 '미역돌'이라고 하였다. 이 마을에는 11개의 미역돌이 있었다. 모두 개인 소유였다. 11개 미역돌과 소유자 성씨는 다음과 같았다. ①황새박우/김씨(**도54**), ②깍개돌/권씨, ③용산영감시돌/서씨, ④두럽이/최씨, ⑤곰피박우/설씨, ⑥두럽이옆에/김씨, ⑦두럽이옆에옆에/김씨, ⑧유춘달돌/권씨, ⑨유춘달돌옆/권씨, ⑩마출이/김씨, ⑪세출이/김씨.

음력 10월에 '씰게'라는 도구로 미역돌의 잡초를 제거하였다. 음력 3월 중에 '설낫길이 2.5m'으로 미역을 땄다. 수심 3m 이상의 미역은 보잘것없었다. 이 마을 사람들은 길이 2m, 폭 30㎝ 크기로 미역을 붙여 말렸다. 이 정도의 미역을 '대곽大藿'이라고 하였고, 대곽의 단위는 '오리'였다. 오리 10개를 '단', 단 100개를 '접'이라고 했다. 설 씨는 미역돌 곰피박우를 소유했는데, 1년에 50단 정도를 생산했다.

[사례8] 울산광역시 북구 구유동 제전마을 김명출 씨1941년생, 남

이 마을 사람들은 미역밭을 '미역돌'이라고 하였다. 이 마을 미역돌은 8개소고동, 단추방, 잔창일번, 잔창이번, 옥수방, 배돌, 중돔, 높은바위였다. 이 마을 사람들은 해마다 양력 9월 16일에 미역돌을 나누었다. 이를 '미역

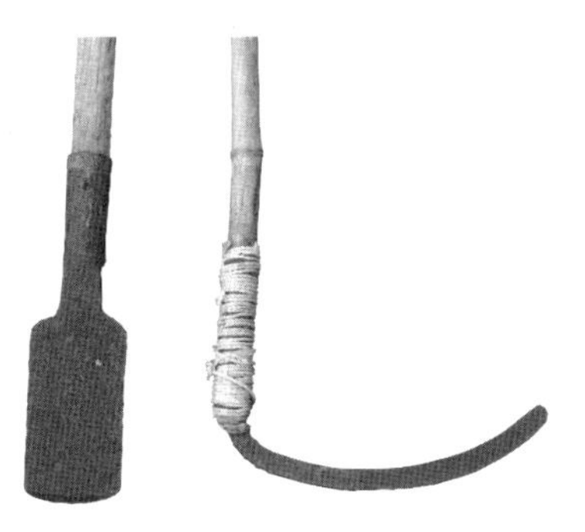

[도55] '씰게'(좌)와 '설낫'(우)

김명출 씨(1941년생, 남)가 쓰던 것이다. 씰게 자루는 외국산 '아비통나무'를 다듬어서 만들었다(길이 268.5㎝, 날의 폭 6.5㎝, 날의 길이 23.3㎝). 설낫은 왕대나무로 만들었다(길이 298.2㎝). 날은 철근으로 만들었다(날의 폭 1.4㎝, 날의 길이 22.5㎝).

돌 가른다'고 했다. 해당 미역돌은 1년 동안 분할 소유하였다. 양력 10월 20일 전후에 '씰게'로 미역돌의 잡초를 제거하였다. 이를 '미역돌 맨다'고 하였다. 양력 5월 1일을 전후하여 물 바깥 미역과 물 속 미역을 땄다. 물속 미역 따는 낫을 '설낫'이라고 하였다(**도 55**). 따낸 미역은 저울로 뜨면서 분배하였다.

[사례9] 부산광역시 기장군 시랑리 동암마을 정상택 씨[1934년생, 남]

이 마을 사람들은 미역밭을 '곽전[藿田]'이라고 하였다. 이 마을 곽전은 모두 9개[오랑대, 거북바위, 벌러리, 제비섬, 갓밑에, 큰섬, 중둑개안, 비둘기, 집앞]였다. 음력 9월 중에 곽전을 서로 나누었다. 이를 '구지 뽑는다' 또는 '곽전 나눈다'고 하였다. 해당 곽전은 1년 동안 분할 소유하였다. 음력 10월 중에 곽전의 잡초를 '쓰레'라는 도구로 제거하였다. 이를 '돌 씬다'고 했다. '씬다'는 '문지르다'의 의미를 갖는 '쓸다'에서 온 말이었다. 정월에는 수심 2m까지의 미역을 '설낫대'라는 낫으로 잠수하지 않고 땄다. 그보다 깊은 곳의 미역은 음력 3월에 제주도 출신 해녀들에게 일정한 품삯을 주고 땄다. 따낸 미역은 곽전 소유주들이 분배하였다.

사례1의 강원도 고성 지역과 **사례2**의 강원도 강릉 지역의 미역밭은 마을 사람들이 공동으로 소유했다. **사례3**의 강원도 삼척 지역과 **사례4**의 경북 울진 지역은 미역짬을 마을 사람들이 1년 주기로 분할하여 소유했다. **사례5** 경북 영덕 지역의 미역밭[미역짬]은 개인 소유에서 마을 사람들 1년 주기 분할 소유로 변동되었다. **사례6** 경북 포항 지역의 미역밭[미역바위]과 **사례7** 경북 경주 지역의 미역밭[미역돌]은 개별 소유했다. 다만, **사례6**의 경북 포항시 장기면 계원1리의 미역밭[미역바위]은 개인 소유와 분할 소유가 공존하고 있었다. **사례8** 울산 지역의 미역밭[미역돌]과 **사례9** 기장 지역의 미역밭[곽전]은 마을 사람들이 분할 소유했다.

동해안에서 **사례1**의 고성 지역은 미역밭의 제초를 하지 않았다. **사례2**의 강릉시 강동면 심곡마을부터 **사례9** 부산시 기장 지역까지는 미역밭의 제초 작업을 했다. **사례2** 지역을 제외한 지역은 모두 마을 사람들이 분할 소유하거나 개별적으로 소유했다. 이는 미역밭의 제초 작업을 능률적으로 하기 위한 어촌사회의 조직과 관련성이 있다고 생각한다. 구체적인 연구는 앞으로의 과제로 남겨둔다.

조선시대 제주도 해녀가 울산으로 온 까닭

2016년 울산대곡박물관에서 열린 특별전의 도록 이름은 《울산 역사 속의 제주민-두모악·해녀 울산에 오다-》이다.

특별전 도록의 핵심 내용은 다음과 같다.

조선시대 울산지역에는 제주도 사람들이 거주했다. 이들은 왜 울산에 왔던 것일까? 울산의 여러 자료에 이들의 존재가 기록되어 있어 매우 흥미롭다. 두모악은 조선시대 제주도를 떠나 육지로 와서 살았던 사람들을 일컬었다. 《경상도 울산부 호적대장》 가운데 두모악이 등장하고 있어 주목된다. 두모악은 1609년광해군 1, 1672년현종 13, 1684년숙종 31, 1708년숙종 34 호적대장에 기록되어 있다. 1609

년 기유식己酉式 호적대장은 두모악이 11호 정도 확인된다. 남면南面 대대여리大代如里 2호, 남면 온양리溫陽里 9호였다. 1672년 호적대장에는 부내면 제10 백련암리白蓮巖里에 187호가 거주하고 있는 것으로 나온다. 백련암리는 현재 울산 북구 연암동 일원에 해당된다. 1684년에는 부내면 제21 성황당리城隍堂里에 197호가 거주하고 있었다. 성황당리는 현재 울산 중구 반구동 일원에 해당된다. 1705년에는 부내면 제23 성황리城隍里에 192호가 거주하고 있었다. 1708년 호적대장에는 부내면 제22 성황당리城隍堂里에 185호가 거주하고 있는 것으로 나온다(**도56**).

울산부 호적대장을 통해 두모악은 18세기까지 육지인과 격리된

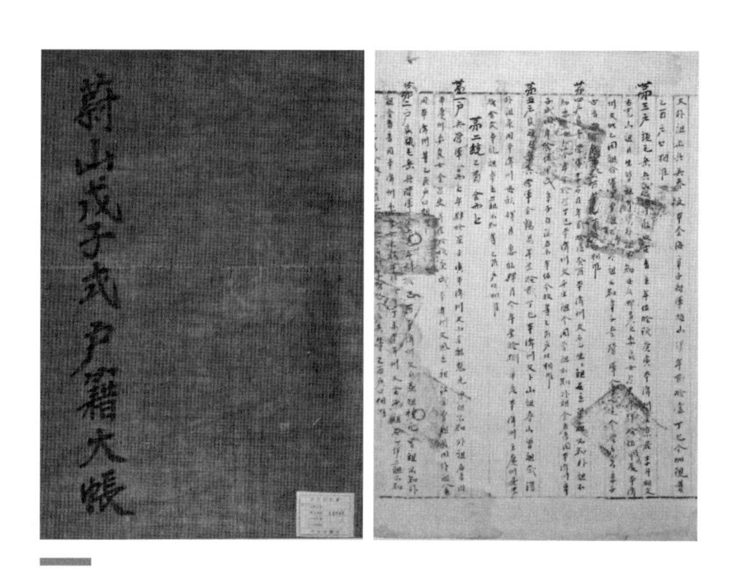

[도56] 울산 무자식 호적대장(蔚山 戊子式 戶籍臺帳) [서울대학교 규장각 한국학연구원(규14985)]
1708년, 울산 부내면 제22 성황당리(城隍堂里)에 두모악(제주도) 사람들 185호가 거주하고 있는 것으로 나온다.

가운데 그들 나름의 특수 부락을 이루어 생활해 왔다는 사실을 알 수 있다. 두모악은 대체로 천인賤人으로 대우를 받았다. 이들은 그 나름의 부락을 형성하고 그들 사이에 혼인을 했다. 두모악은 육지인이 꺼리는 존재였고, 관청으로부터 특정한 역을 부과받았고, 그 주거와 출입도 통제되었다.

조선시대, 제주도 사람 '두모악'들은 왜 울산으로 왔을까. 천한 대접을 받으면서 왜 울산에 살았을까. 울산과 그 주변 지역 어촌 마을 사람들의 미역밭 생태와 제주 해녀들의 관계를 살펴본다.

[도57] 제주도 출신 해녀들의 물질(2016년 10월 14일, 경북 경주시 감포읍 오류4리)
이 마을에 거주하고 있는 제주도 출신 해녀들이 물질을 하고 있다.

[사례1] 경북 경주시 감포읍 오류4리 조성근 씨1937년생, 남

이 마을 미역돌은 개인 소유였다. 한 가호에서 3, 4개의 미역돌을 소유하는 경우도 있었다. 조 씨는 6남 중 3남으로 태어났다. 미역돌을 물려받지 못했다. 30세 때 우씨 소유의 미역돌을 샀다. 미역돌 이름은 '아랫거랑밑'이었다.

음력 10월 중에 잡초를 맸다. 조간대 잡초는 여자들이 호멩이로 맸고 수심 2m까지의 잡초는 남자들이 씰게로 맸다. 수심 2m 이상의 미역돌은 제주도 출신 해녀들이 잠수하여 호멩이로 맸다(도57).

음력 2월에 미역을 땄다. 조간대 미역은 여자들이 낫으로 땄고, 수심 2m까지의 미역은 남자들이 설낫으로 땄다. 수심 2m 이상의 미역은 제주도 출신 해녀들이 잠수하여 낫으로 땄다.

조간대에서 수심 2m까지의 미역돌을 '씰게자리'라고 했는데, 씰게자리 미역은 일조량이 풍부하니 미역이 꼬들꼬들하고 폭이 좁았다. 씰게자리 미역은 비쌌다. 수심 2m 이상의 미역돌을 '호멩이자리'라고 했는데, 호멩이자리 미역은 일조량이 부족하니 미역이 무르고 폭이 넓었다. 호멩이자리 미역은 값이 낮았다.

[사례2] 울산광역시 동구 주전동 장만조 씨1939년생, 남

이 마을 소유 미역밭은 남쪽 '보밑'부터 북쪽 '선골'까지 9개지경, 동방, 물목, 엉근돌, 생이돌, 큰불, 끝돌, 선돌, 노랑돌로 나누어져 있었다.

미역돌마다 곽주들을 배정했다. 이를 '돌제비'라고 하였다. 미역돌 돌제비를 끝내고 나서 다시 돌제비로 하나의 미역돌을 가호의

[도58] 기세호멩이(길이 25.2㎝, 날 길이 5.8㎝, 날 폭 6.4㎝)
부산광역시 기장군 일광면 칠암리에서 제주도 출신 해녀 고 씨(1942년생, 여)가 쓰던 것이다.

숫자만큼 나누었다. 그러니 미역돌마다 으뜸을 따로 둘 필요가 없었다.

음력 9월부터 10월 사이, 주로 남정네들이 배를 타고 '씰게'라는 도구로 수심 2m까지 미역돌의 잡초를 제거하였다. 이를 '돌 맨다'고 하였다. 그리고 수심 3~4m의 미역돌 잡초는 제주도 출신 해녀들을 고용하여 맸다. 해녀들의 제초도구는 '기세호멩이'였다(**도58**). 현재 해녀들의 하루 돌매기 품삯은 15만 원이다.

음력 2월 중에 미역을 땄다. 미역돌 꼭대기의 것은 여자들이 낫으로 땄고, 수심 2m까지는 남자들이 설낫으로 땄다. 수심 2m 이상 미역은 제주도 출신 해녀들이 잠수하여 낫으로 땄다. 해녀는 그날 따낸 미역 중에서 10분의 1을 품삯으로 받았다. 미역은 수심이 깊어갈수록 가치가 떨어졌다.

[사례3] 울산광역시 울주군 서생면 나사리 최정숙 씨 1947년생, 여

이 마을 소유 미역밭은 남쪽 '안섭잘'부터 북쪽 '납닥돌'까지 5개 앞바당, 대장끝, 여담네밭밑에, 솔안, 독바우로 나누어져 있었다.

이 마을 사람들은 음력 8월 중에 미역돌을 배정하였다. 이를 '제비 뽑는다'고 하였다. 스스로 곽주藿主라고 하였다. 곽주는 대부분 여성들이었다. 곽주들은 사공 한 사람을 선임하였다. 사공은 배를 소유하고 있는 남자였다. 곽주들은 사공의 배를 타고 다니면서 잡초도 제거하고 미역도 땄다.

음력 9, 10월 중에 미역돌에 붙은 잡초를 제거하였다. 이를 '몰일'이라고 하였다. '몰'은 모자반과의 해조류를 말한다. 몰일은 몰을 제거하는 일이라는 말이다. 여성 곽주들이 '씨레'라는 도구로 잡초를 제거하였다. 잡초를 제거한 미역돌에는 미역이 그만큼 많이 붙어 자랐다.

정월과 음력 2월에 미역을 땄다. 보통 곽주들은 낫으로 미역을 땄고, '설낫꾼'들은 물속의 미역을 땄다. 미역을 배에 싣고 와서 여러 개의 미역더미를 만들어놓고 분배하였다. 이를 '짓가리'라고 하였다. 사공은 곽주마다 신발을 한 짝씩 모아 바구니에 담았다. 미역더미마다 신발을 올려놓았다. 자기 신발이 있는 미역더미를 신발 주인이 차지하였다. 이를 '원짓'이라고 하였다. 사공과 배의 몫으로 미역 한 더미를 차지하였다. 이를 '사공짓'이라고 하였다. 설낫꾼 3명의 몫으로 미역더미 하나를 받았다. 이를 '설낫꾼짓'이라고 하였다. 설낫꾼이 되는 것은 쉽지 않았다. 이 마을 전체 여성 노

동자 중에서 10분의 1 정도가 설낫 기능을 보유했다.

설낫꾼이 따내지 못하는 물속의 미역은 제주도 해녀들이 따냈다. 곽주들과 해녀들은 서로 6 : 4 비율로 나누었다. 곽주들은 10분의 6의 미역을 가지고 서로 나누었고, 해녀들은 10분의 4를 가지고 서로 나누었다.

[사례4] 부산광역시 기장군 일광면 이천리 이동마을 방현호 씨 1936년생, 남

이 마을 소유 미역밭은 남쪽 '줄바위'에서 북쪽 '양물채'까지 4개 검등돌, 방돌, 악진바위, 양물채로 나누어져 있었다. 이 마을 사람들은 미역밭을 '미역돌'이라고 하였고 음력 10월 중에 미역돌을 분배하였다. 이를 '미역돌 가른다'고 했다. 1970년대 무렵, 이 마을은 50여 가호로 구성되었다. 종이쪽지에 미역돌 이름을 적어 마당에 펼쳐 놓고 가호마다 한 사람이 종이쪽지를 한 장씩 잡으면 정해진 미역돌의 1년간 '곽주藿主'가 되었다. 곽주들은 미역돌마다 대표 한 사람을 선임하였다. 이를 '모개비'라고 하였다. 모개비는 으뜸에 해당하는 말이었다. 곽주들은 모개비의 지시에 따랐다.

동지 양력 12월 22일경 무렵, 미역돌에 붙은 잡초를 제거하였다. 이를 '씰게질한다'고 하였다. 모개비가 "씰게질 하러 나오세요!"라고 소리를 질렀다. 곽주마다 '씰게'를 들고 나왔다. 씰게는 괭이를 편 모양의 쇠붙이를 자루에 박아 만든 것이다.

미역돌 잡초는 수심이 깊은 곳보다 얕은 곳에 많았다. 잡초의 종류는 대왕몰, 무가사리[石草], 우무가사리, 진도바리, 도박 등이었다.

양손으로 씰게를 잡고 미역돌에 붙은 잡초를 제거하였다. 씰게질은 남녀가 같이 했다. 잡초를 제거한 미역돌에는 그만큼 미역이 많이 붙어 자랐다.

미역은 수심에 따라 '돌미역'과 '물미역'으로 분류했다. 수심 1m까지의 미역을 돌미역, 그 이상의 미역을 물미역이라고 하였다. 음력 2월부터 돌미역은 곽주들이 모두 출어出漁하여 낫이나 설낫으로 땄다. 모개비는 미역더미'패기'라고 함를 띄엄띄엄 만들어놓았다. 가호마다 각각 1깃씩 차지하였다. 이를 '원짓'이라고 하였다. 그리고 모개비는 구성원 몫의 1깃과 함께 모개비 몫으로도 1깃을 더 차지하였다. 이를 '모개비짓'이라고 하였다. 이렇게 미역 깃을 나누는 것을 '짓가리'라고 하였다.

이어서 물미역을 땄다. 채취 대상의 물미역은 수심 2m 정도까지였다. 미역돌마다 사공 한 사람이 배를 가지고 나왔다. 배에 몇 사람의 아낙네를 태웠다. 이때의 아낙네를 '설낫꾼'이라고 하였다. 설낫꾼은 물미역을 따는 여성 기능인이었다. 설낫을 물속에 드리우고 한쪽 발로 설낫을 걸어 휘돌리며 물미역을 땄다. 따낸 물미역은 여러 개를 묶어서 배 가까운 곳으로 던졌다. 사공은 갈퀴 따위로 물미역 더미를 건져 올렸다. 그리고 미역을 나누었다. 가호마다 1깃, 사공 한 사람과 배 1척 몫으로 1깃, 그리고 설낫꾼 3명 몫으로 1깃을 차지하였다. 설낫꾼들끼리 각각 배당의 깃을 서로 나누었다.

수심 2m 이상의 물미역은 제주도 출신 해녀들이 물속으로 들어가 따냈다. 곽주와 해녀들은 6 : 4의 비율로 나누었다. 곽주들은 10분의 6의 미역을 가지고 서로 나누었고, 해녀들은 10분의 4의 미역을 가지고 서로 나누었다.

그리고 제주도 해녀들은 이 마을 갯밭에 있는 성게, 해삼, 전복, 소라, 우뭇가사리 따위는 자유롭게 땄다.

[사례5] 부산광역시 기장군 일광면 칠암리 고 씨[1942년생, 여]

고 씨는 제주도 출신 해녀다. 29세가 되는 해에 이 마을로 와서 해녀작업으로 생계를 꾸렸다. 31세가 되는 해에 이 마을 남자와 혼인[婚姻]하였다.

이 마을 미역돌은 여러 곽주들이 1년 주기로 소유했다. 미역돌에 붙은 수심 2m까지 미역을 '설낫미역', 그 이상의 미역을 '물미역'이라고 하였다. 고 씨는 해마다 음력 10월 중에 미역돌 물미역밭의 잡초를 맸고, 그 값으로 품삯을 받았다. 잡초를 매는 일을 '돌맨다', 그리고 그 값을 '돌맨값'이라고 하였다. 돌맨값은 그때그때 달랐다.

정월 보름 이전, 고 씨는 미역돌 주변에 자라는 참몰을 땄고 그 중 3분의 1 정도를 품삯으로 받았다. 음력 2월, 설낫미역은 곽주들 중에서 여성 설낫꾼들이 땄고, 물미역은 제주도 출신 해녀들이 땄다. 이때마다 고 씨가 딴 물미역 중에서 3분의 1 정도를 품삯으로 받았다.

미역돌 곽주들은 미역과 참몰만 소유하였기 때문에 제주도 출신 해녀들은 그 이외 해산물을 자유롭게 딸 수 있었다. 음력 5월부터 8월까지는 우뭇가사리를 땄다. 음력 9월부터 10월까지는 성게와 도박을 땄다. 동짓달과 섣달에는 해삼을 잡았다. 해삼 중에는 더러 홍해삼도 있었다.

울산과 그 주변 갯마을 사람들은 미역돌을 공동 또는 집단으로 소유하였다. **사례1**의 마을 사람들은 개별적으로, **사례2, 3, 4**의 마을 사람들은 공동으로 소유했다. 미역돌 수심 2m까지, 소위 '설낫미역밭'은 스스로 잡초도 맸고 미역도 땄다.

울산의 사례에서 **사례2** 태화강 북쪽 마을의 설낫꾼은 남자였고, **사례3** 태화강 남쪽 마을의 설낫꾼은 여자였다.

미역돌 수심 2m 이상, 소위 '물미역밭'의 잡초 매기와 미역 따기는 제주도 출신 해녀들의 몫이었다. 제주도 출신 해녀들은 그 값으로 일정한 품삯을 받았다. 참몰 이외의 해산물은 제주도 해녀들이 자유롭게 따면서 생계를 꾸릴 수 있었다. 조선시대, 제주 해녀들이 울산과 그 주변 갯마을로 삶터를 옮겨온 배경도 바로 이 때문이었다.

언양장에 나타난 바닷물고기 추적

언양장은 울산광역시 울주군 언양읍에 매월 2일, 7일에 서는 오일장이다. 언양장은 청도, 밀양, 동래, 양산, 경주, 영천, 그리고 울산까지 7개 고을 산물이 모이는 오일장이라고 해서 옛날에는 '7읍장'이라고 불렀다.

1962년 음력 1월 13일(양력 2월 17일), 울산광역시 울주군 두동면 삼정리 김홍섭 씨(1932년생, 남)는 어머니 제사상祭祀床에 올릴 제물을 사려고 언양 오일장으로 갔다. 옛사람들은 제사 때에 쓸 제물을 마련하기 위하여 보는 장을 '제사장祭祀場'이라고 하였다. 김 씨는 제사장의 내용을 일기장에 적어두었는데, 그 내용은 다음과 같다**(도59)**.

그 당시 화폐단위는 환圜이었다. 김 씨는 제사장 물목을 크게 실과實果, 해어海魚, 기타로 나누었다. 해산물은 세 항목에 모두 들어

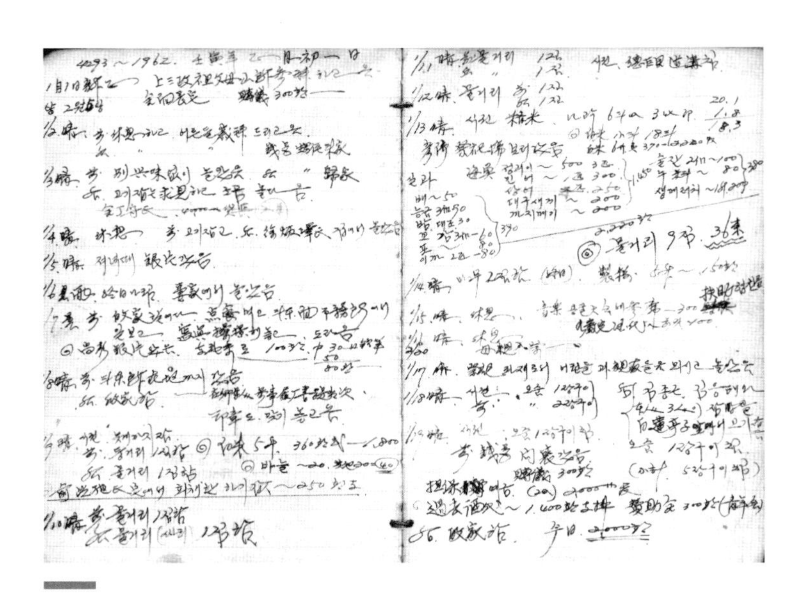

[도59] 김홍섭 씨의 일기(일부)

실과		해어(海魚)		기타	
배	50환	정괴이	3匹 500환	술잔 2個	100환
능금	3個 90환	민어	1匹 300환	오료(午料)	80환
밤	대조 30환	상어	2匹 250환	생메러치 1升	200환
꼬감	3個 60환	대구 새끼	200환		
포	80환	까지메기	200환		
이까 2匹	80환				
소계	390환	소계	1,450환	소계	380환

있고 포脯와 '이까오징어'는 건어물이라서 '실과實果' 항목에 넣었다. '생메러치'는 생生 멸치임에도 불구하고 '기타' 항목에 기재되었다. 멸치는 제물의 대상이 아니기 때문이었다. 생물의 바닷물고기는

'해어海魚'와 기타 항목에 들어 있었다. 이들 바닷물고기는 언제 어느 갯마을에서 잡았던 것일까. 이를 추적하여 보았다.

정괴이전갱이

김 씨는 500환을 주고 '정괴이' 3마리[匹]를 샀다. '정괴이'는 전갱이라는 말이다. 전갱이는 방패 비늘이 발달한 바닷물고기다.

[사례1] 울산광역시 동구 주전동 장만조 씨1939년생, 남

전갱이의 어기漁期는 삼동三冬이었다. 이때 전갱이들은 이 마을 연안으로 몰려왔다. 어부 2명이 1척의 풍선을 타고 어장으로 가서 닻을 드리우고 손낚시로 전갱이를 낚았다. 낚싯줄의 끝에 '추낚싯봉'를 맸다. 추에서부터 낚싯줄 위쪽으로 90㎝ 간격마다 보채줄 12개를 맸다. 보채줄 길이는 약 60㎝ 정도였다. 보채줄에 털낚시를 하나씩 맸다. 전갱이는 털낚시를 물었다.

민어

김 씨는 300환을 주고 민어 1마리[匹]를 샀다. 민어는 한반도 서해와 남해에 서식하며 일본 서남부에도 분포하는 것으로 알려져

있지만, 동해안에서도 잡혔다.

[사례2] 부산광역시 기장군 일광면 이천리 이동마을 방현호 씨1936년생, 남

이 마을 민어 어기는 음력 2월부터 음력 4월까지였다. 이 마을 사람들은 '주벅'에서 1년 내내 물고기를 잡았다. 주벅의 구조는 간단하지 않았다. 우선 육지에서 바다 쪽으로 길게 그물을 설치하였다. 말뚝을 박고 그것에 '장등'이라는 그물을 걸었다. 그 끝에 '원통'이라는 통그물을 설치하였다. 원통 모서리에 '불통'이라는 그물주머니를 붙였다. 불통이 둘이면 '이각망二角網', 불통이 셋이면 '삼각망三角網', 불통이 다섯이면 '오각망五角網'이라고 했다. 2~3일에 한 번씩 주벅 그물 속에 든 물고기를 잡아냈다. 이때 민어도 잡혔다.

[사례3] 울산광역시 동구 주전동 장만조 씨1939년생, 남

민어는 1년 내내 이 마을 앞바다 물속 갯바위에 정착하고 있었다. 어부 2명이 풍선 1척에 타고 어장으로 가서 닻을 드리우고 각각 손낚시로 민어를 낚았다. 낚싯줄의 끝에 '추낚싯봉'를 매고 추 아래쪽에 보채줄 두 가닥을 맸다. 짧은 것은 30㎝, 긴 것은 70㎝ 정도였다. 보채줄마다 각각 하나씩 낚시를 맸다. 미끼는 미꾸라지였다.

상어

김 씨는 250환을 주고 상어 2마리[匹]를 샀다. 동해안 사람들은 상어를 그물과 주낙으로 잡았다.

[사례4] 부산광역시 기장군 일광면 이천리 이동마을 방현호 씨1936년생, 남

이 마을 사람들은 '고빠리별상어'를 상어주낙으로 많이 낚았다. 어장은 이 마을 앞바다였다. 어기漁期는 정월부터 음력 3월까지였다. 이때는 고빠리 산란기였다. 상어주낙의 원줄을 '모리'라고 하였다. 모리에 7m 간격으로 보채줄3m을 묶었다. 미끼는 오징어를 토막 낸 것이었다. 상어주낙 하나에 낚시 200개 정도를 맸다. 이 마을 사람들은 낚시를 '자리'라고 하였다. 보통 어부 4명이 상어주낙 10바퀴 정도를 어선에 싣고 어장으로 갔다. 상어주낙은 조류 따라 밑바닥에 깔아놓았다가 물살을 거스르면서 걷어 올렸다. 어획물은 배와 상어주낙 몫으로 1깃, 어부 각각 1깃씩 차지하였다. 고빠리를 끓는 물에 넣었다가 들어내어 껍질을 벗겼다. 고빠리 10마리를 하나의 줄에 걸어 묶었다. 이를 한 '테'라고 하였다. 이것을 시장으로 유통시켰다.

[사례5] 울산광역시 울주군 강동면 구유리 김명출 씨1941년생, 남

이 마을 사람들은 상어 수컷을 '차랭이', 상어 암컷을 '알싸'라고 불렀다. 어장은 이 마을 앞바다였고, 어기는 삼동三冬이었다. 곱상

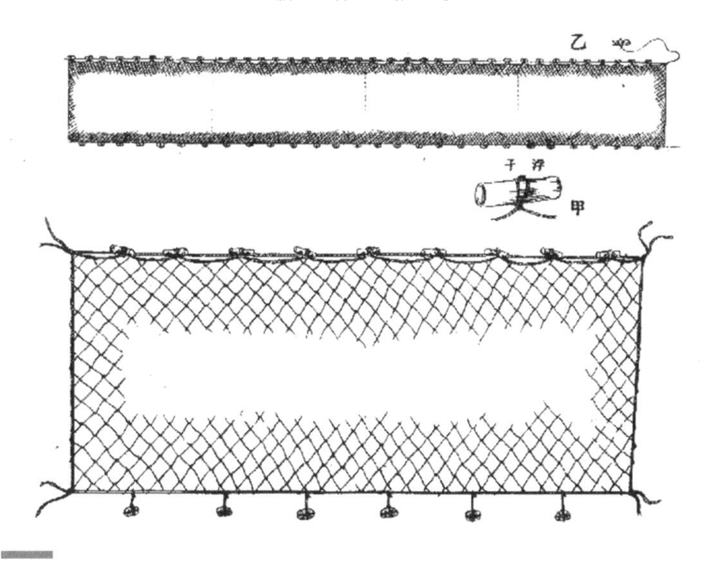

[도60] 상어그물(《한국수산지(韓國水産誌)》에서)

어가 주종을 이루었다. 이 마을 사람들은 곱상어를 상어그물로 잡았다(**도60**). 그물코의 길이는 17㎝ 정도였다. 상어그물의 윗줄을 '구세', 아랫줄을 '빌'이라고 하였다. 구세 줄에 2m 간격으로 부표를 매달았다. 부표는 오동나무로 만든 것으로 '틉'이라고 하였다. 빌에 2.5m 간격으로 돌을 매달았다. 이를 '돌'이라고 하였다. 상어그물의 폭은 5m, 길이는 200m 정도였다. 한 척의 배에 5명의 어부가 같이 타고 다니면서 상어그물로 곱상어를 잡았다. 한 사람이 각각 상어그물 2틀을 마련하였다. 어장에 10틀의 상어그물을 쳤다. 상어그물 10틀을 이어 붙이는 순서는 시계바늘 돌듯이 윤번되었다. 그물 한가운데 곱상어가 많이 몰리기 마련이었으니, 공평을 기하기 위함이었다. 자기 상어그물에 든 상어는 자기가 차지하였다. 어부들은 뱃삯으로 5분의 1 정도의 상어를 선주에게 주었다. 다만 상어잡이 진두지휘자 사공은 뱃삯이 면제되었다. 이때 잡은 상어는 끓는 물에 데쳐내어 껍질을 벗겼다. 배를 째어 내장을 도려내고 칼로 토막을 내었다. 이를 '상어포'라고 하였다(도61). 상어포를 시장에 내다 팔았다. 상어포는 산적길쭉길쭉하게 썰어 갖은 양념을 하여 대꼬챙이에 꿰어 구운 음식 감이 되었다.

대구 새끼

김 씨는 200환을 주고 대구 새끼를 샀다. 대구는 명태, 임연수어 등과 함께 한대성 물고기다. 대구의 남방한계선은 진해만鎭海灣이었다.

[사례6] 경북 경주시 감포읍 오류4리 조성근 씨1937년생, 남

정월부터 음력 2월까지 대구는 산란을 위하여 이 마을 갯밭으로 찾아왔다. 이 마을에는 '눈본대구'라는 말이 전승되었다. "눈[雪]을 보아야 맛있는 대구"라는 말에서 비롯되었다. 한반도 동해안을 따라 산란하러 내려온 대구는 맛이 뛰어났다. 또 이 마을에는 '눈먼 대구'라는 말도 전승되었다. 산란을 하려고 몰려온 대구의 눈[眼]에

[도61] 상어포(2016년 10월 9일, 강원도 삼척시 원덕읍 갈남1리)
이 마을 어느 집에서 빨랫줄에 상어포를 걸어 말리고 있었다.

는 백태[白苔]가 끼어 있는 경우가 많았다. 그러면 대구는 앞이 잘 안 보였다. 이와 같은 대구의 생태에 맞는 어구가 탄생되었다. 그것이 대구주낙이었다. 원줄 20㎝ 간격으로 보채줄[길이 15㎝ 정도]을 묶고 그 끝에 빈 낚시를 매었다. 하나의 대구주낙에 400개의 낚시를 매달았다. 하나의 대구주낙을 한 '꼬지'라고 하였다. 어부 1~2명이 풍선을 타고 어장으로 나갔다. 어부 한 사람당 한 꼬지의 대구주낙을 마련하였다. 해안선 따라 수심 7m 어장에 대구주낙을 드리웠다가 아침에 들어올렸다. 대구주낙에는 대구는 물론 문어도 걸려들었다.

까지메기

김 씨는 200환을 주고 '까지메기'를 샀다. 가자미[넙칫과]를 까지메기라고 하였다.

[사례7] 울산광역시 북구 구유동 제전마을 김명출 씨[1941년생, 남]

가자미의 어기는 삼동[三冬]이었다. 어장은 이 마을 앞바다였다. 가자미는 산란하려고 이 마을 앞바다로 몰려왔다. 이때 이 마을 사람들은 가자미주낙으로 가자미를 낚았다. 가자미주낙 원줄에 1m 간격을 두고 보채줄[길이 70㎝ 정도]을 묶고 그 끝에 낚시를 매었다. 가자미주낙 하나에 360개의 낚시를 매달고 낚시마다 오징어 미끼를 달았다. 하나의 가자미주낙을 '바꾸바퀴'라고 하였다. 배 한 척에 가자미주낙 25개를 실었다. 선원은 3명 정도였다. 새벽 3시 무렵에 어장으로 가서 가자미주낙을 드리우고 1시간 후에 걷어 올렸다. 선주는 배와 어구의 몫으로 60%를 차지했고 어부 3명은 40%를 차지하여 서로 분배했다.

생메러치생 멸치

김 씨는 200환을 주고 '생메러치' 1되[升]를 샀다. '생메러치'는 생生 멸치라는 말이다.

[사례8] 울산광역시 동구 주전동 장만조 씨1939년생, 남

이 마을 사람들은 밤에 불을 밝혀 멸치를 잡는 배를 '화선火船'이라고 하였다. 화선의 노는 5개였다. 동해안의 조수 간만의 차이가 보잘것없기 때문이었다.

화선으로는 1년 내내 멸치를 잡았다. 어장은 이 마을 가까운 갯밭이었다. 물때는 가리지 않았고 밤에만 멸치를 잡았다. 화선 한쪽에 그물을 묶은 다섯 발 정도의 소나무로 만든 '쳇대'를 설치하고, 맞은편에 '곳대'라고 하는 막대기에 그물을 걸면 '체[箕]' 모양의 그물이 되었다.

화선의 모든 것을 진두지휘하는 으뜸을 '사공'이라고 했다. 화선에서 불을 밝히는 '불쟁이'가 한 명 있었다. 옛 사람들은 '솔공솔방울'으로 불을 밝혔다. 그 이후 가스로 불을 밝혔다. 사공이 "체 놓아라!"라고 외치면, '체쟁이'가 쳇대를 바다로 내려놓았다. '그물쟁이'는 그물을 물속으로 들어가게 기다란 막대기로 눌러주었고, '곳대쟁이'는 기다란 막대기로 곳대를 눌러주었다. 갯바위에 화선이 부닥뜨리지 않게 '옆사공'이 배를 조종했다. 체쟁이와 그물쟁이가 그물을 들어올리기를 반복하며 멸치를 잡았다.

멸치 분배도 간단하지 않았다. 배의 몫으로 '뱃짓'을 1깃, 그물 몫으로 '그물짓' 1깃을 나누었다. 선주 몫으로 '선주짓' 1깃, 사공 몫으로 '사공짓' 1.5깃을 나누었다. 나머지 모든 선원들은 '선원짓'으로 각각 1깃씩 차지하였다.

1962년 정월 13일, 언양 오일장에 나타난 바닷물고기의 추적 결과는 다음과 같다.

'정괴이전갱이'는 **사례1**의 갯마을 사람들이 털낚시로 잡았을 가능성이 있다. 민어는 **사례2**의 지역에서 주벅에서 잡았을 가능성이 있다. 언양 오일장의 장날1962년 정월 13일과 **사례2** 갯마을 주벅에서 민어를 잡는 어기음력 2월부터 4월까지는 달랐다. **사례3**의 갯마을에서는 1년 내내 민어 낚시가 가능하였다고 하지만, 이 마을에서 줄낚시로 낚은 민어가 언양 오일장까지 올라왔을지는 의문이다.

사례4의 갯마을에서는 주낙으로 '고빠리참상어', **사례5**의 갯마을에서는 그물로 곱상어를 잡았다. **사례4**의 갯마을 사람들은 고빠리를 통째로 팔았고, **사례5**의 갯마을 사람들은 상어포로 팔았다. 그러니 언양 오일장에서 김 씨가 250환을 주고 샀던 상어 2마리[匹]는 **사례4**의 갯마을에서 주낙으로 낚은 고빠리일 가능성이 높다.

사례6의 갯마을에서는 대구주낙으로 대구를 낚았다. 김 씨가 200환을 주고 샀던 대구 새끼는 **사례6**의 갯마을에서 잡았을 가능성이 있다. 그러나 김 씨가 샀던 대구는 '새끼'라고 하였다. 1959년 1월 14일, 《경향신문》에는 기선저인망機船底引網 어업에 대한 다음의 기사가 실렸다.

> 대구는 해류(海流)가 순조롭지 못해서 흉어(凶漁)를 면치 못하였으나 최근 동해안 방어진(方漁津) 앞바다에 알맞은 수온(水溫)이 흘러들어 다소 호전될 것이 기대된다.

그 당시 울산 방어진은 기선저인망 근거지였다. 기선저인망으로 마구 잡은 대구 새끼가 언양 오일장으로 올라갔을 가능성도 없지 않다. **사례7**의 갯마을 사람들은 가자미주낙으로 가자미를 낚았다. 김 씨가 200환을 주고 샀던 '까지메기가자미'는 이 마을 사람들이 잡았을 가능성이 높다. **사례8**의 갯마을 사람들은 화선火船으로 멸치를 잡았다. 김 씨가 200환을 주고 샀던 '생메러치멸치'는 이 마을 사람들이 잡았을 가능성이 높다.

영길 넘는
시변리 사람들

한반도의 땅은 동고서저東高西低하다. '동고東高'의 영동 지역은 농경지가 협소하고, '서저西低'의 영서 지역은 농경지가 광활하다. 영동 지역 갯마을 사람들은 양식을 구하기 위해 갯밭에서 얻은 해산물을 등에 지고 백두대간의 고개고개를 넘어 영서 지역으로 가서 물물교환하며 살아왔다.

강원도 양양군 현남면 시변리는 영동 지역에 위치한 마을 중에서도 농경지가 협소하여 양식 생산이 어려운 지역이었다. 시변리 사람들은 바다에서 생산한 여러 가지 해산물을 등에 지고 백두대간을 넘어 영서嶺西 지역의 이 마을 저 마을을 돌아다니면서 해산물과 양식을 바꾸면서 생계를 꾸려왔다. 영동과 영서 사람들이 넘나들었던 고갯길을 '영길嶺-'이라고 불렀고, 해산물과 양식을 바꾸는 일을 '바꿈'이라고 하였다. 바꿈이란 시변리 사람들에게 전승되었던 물물교환의 의미를 갖는 말이었다. 시변리 사람들은 갯밭에서 언제 어떻게 해산물을 마련하였을까. 그리고 언제 어떻게 영길을 넘나들었을까. 시변리 사람들의 기억 속에서 영길과 바꿈을 더듬어보았다.

바꿈하는 해산물

소금

안순호 씨[1932년생, 남]에게 가르침을 받았다. 안 씨가 어렸을 때 보았던 소금 생산 방법이다. 소금가마는 드럼통을 펴서 만들었다. 소금가마 크기는 가로 2m, 세로 1.5m, 높이 50㎝ 정도였다. 시변리 갯가 '무궁화동산'에 소금가마를 앉혔다. 소금을 만드는 시기는 봄과 겨울이었다. 물지게로 바닷물을 지어다 소금가마에 부었다. 하루 동안 장작불로 달여 소금을 만들었다.

고르매

김조광 씨[1943년생, 남]에게 가르침을 받았다. '고르매'를 보통 '동해안의 김'이라고 하였다. 어기는 음력 2~3월이었고 갯밭 물웅덩이에 많았다. 맨손으로 땄으나 물속 깊이 있는 것은 낫 따위로 건져내는 경우도 있었다. 둥그렇게 직경 27㎝ 정도로 떠서 발 따위에 널어 말렸다. 20장을 한 '첩', 50장을 한 '동'이라고 하였다. 영서 지역 사람들은 이것으로 모내기 때 반찬으로 삼는 경우가 많았다.

명태

김조광 씨[1943년생, 남]에게 가르침을 받았다. 시변리 사람들은 명태를 그물 또는 낚시로 잡았다. 그물로 잡는 명태를 '그물명태', 낚시로 잡는 명태를 '낚시명태'라고 하였다.

그물명태 어기[漁期]는 삼동[三冬]이었고, 주 어장은 시변리 갯밭 '우럭성에' 주변이었다. 우럭성에는 시변리 포구에서 300m 정도 떨어진 곳에 있었다. 수심 20~30m 정도였다. 30ha 정도로 드넓었다. 우럭성에 주변은 바다 밑이 모래로 이루어진 곳으로 '해불'이라고 하였다. 배는 '목선'이라고 하였는데, 길이는 28~20자 정도, 노는 5개, 돛은 2개였다. 배는 한 사람이 소유하였다. 한 척의 배에는 선주를 포함하여 5명 정도가 타고 갔다.

선주와 선원은 명태그물을 각자 소유하는 망주[網主]였다. 명태그물은 면사[綿絲]로 만들었고, 그물코 길이는 2치[1치는 3.03㎝] 정도였다. 그물의 윗줄을 '웃베릿줄', 그물의 아랫줄을 '알베릿줄'이라고 하였다. 웃베릿줄에 띄엄띄엄 부표를 매달았다. 부표는 참나무껍질로 만들었고 '틉'이라고 하였다. 알베릿줄에 띄엄띄엄 '뻣발'이라는 돌을 매달았다. 명태그물의 폭은 3.5m, 길이는 80m 정도였다. 명태그물 단위는 '필[疋]'이라고 하였다.

선주와 선원은 아침에 배를 타고 어장으로 갔다(**도62**). 각자 1필

[도62] 목선(1950년대) [촬영 속초문화원]
동해안은 조수 간만의 차이가 평균 50㎝ 정도이니, 조류를 이용한 무동력선의 속력은 무딜 수밖에 없었다. 그러니 보통 5명이 모두 노를 저어 힘을 보태는 경우가 많았다. 동해안 목선의 노가 5개인 까닭도 바로 이 때문이었다.

씩 마련한 명태그물을 모아 이어 붙이고 물속에 드리웠다. 명태그물을 드리울 때마다 이어 붙이는 순서는 시계바늘 돌듯이 윤번輪番되었다. 명태가 그물 한가운데에 가장 많이 쏠리기 때문이었다. 명태그물을 드리우고 나서 48시간 뒤에 명태그물을 들어 올렸다. 망주는 각자 자기 소유의 명태그물에 든 명태를 차지했고, 그 중 1두름명태 20마리당 8마리의 명태를 뱃삯으로 선주에게 주었다.

낚시명태 어기는 삼동이었고, 어장은 우럭성에였다. 목선 1척에 7명이 타고 아침 일찍 어장으로 갔다. 각자 명태주낙을 마련하였다. 기다란 줄을 '낚시말기'라고 하였다. 낚시말기 40㎝ 간격마다

[도63] 명태낚시 손질(1950년대)[촬영 속초문화원]
두 아낙네가 명태낚시를 손질하고 있다. 남정네는 명태낚시로 명태를 잡았고, 명태낚시를 손질하는 일은 아낙네들의 몫이었다.

'초리'라고 하는 아릿줄을 묶었다. 초리 끝에 낚시를 맸다. 모두 250개의 낚시가 매달렸다. 낚시는 '자리'라고 하였다. 미끼는 '양미리'라는 물고기였다. 명태낚시를 사려놓은 상자를 '낚시함지'라고 하였다**(도63)**. 한 사람이 낚시함지 4개를 가지고 갔다. 사공의 지시에 따라 일사불란하게 움직였다. 아침 4시부터 낚시를 드리웠다. 정해진 사람이 명태낚시를 드리웠다. 이 사람을 '낚시사공'이라고 하였다. 2시간 후쯤에 명태낚시를 당겼다. 여러 선원들은 낚시에 물린 명태를 떼어내어 한데 모았다. 이를 '무중한다'고 하였다.

명태를 서로 나누는 것을 '짓갈이'라고 하였다. 선주는 10깃 중에서 3깃, 사공과 낚시사공은 10깃 중 각각 1.5깃을 차지했다. 나머지를 4깃을 4명의 선원들이 각각 1깃씩 차지하였다.

세치

김조광 씨(1943년생, 남)에게 가르침을 받았다. 시변리 사람들은 임연수어를 '세치'라고 하였다. 세치 어기(漁期)는 봄과 가을이었다. 봄의 세치를 '봄세치', 가을의 세치를 '가을세치'라고 하였다. 봄세치 길이는 15㎝, 가을세치는 30㎝ 정도였다.

봄세치 어기는 곡우(양력 4월 20일경)부터 소만(양력 5월 21일경)까지였다. 이 무렵은 세치들이 체외수정(體外受精, 모체 바깥에서 이루어지는 수정)을 하는 시기였다. 체외수정하는 일을 '가리한다'고 하였다. 세치들은 가리하려고 우럭성에로 몰려들었다. 우럭성에는 명태 어장과 겹치는 곳이었다. 목선 한 척에 어부 5명이 각각 세치그물 2필을 가지고 나갔다. 선주와 선원 각각을 '망주(網主)'라고 하였다. 세치그물의 그물코 길이는 7㎝ 정도였다. 이 정도의 그물코를 '세손아리'라고 하였다. 엄지와 새끼손가락을 뺀 나머지 세 손가락이 드나들 정도였다. 그물 윗줄을 '웃베릿줄', 그물 아랫줄을 '알베릿줄'이라고 하였다. 웃베릿줄의 부표를 '틉', 알베릿줄의 돌멩이를 '뿟발'이라고 하였다. 세치그물 폭은 3m, 길이는 100~120m 정도였다**(도64)**.

아침에 선주와 선원 5명이 목선을 타고 어장으로 갔다. 각자 가지고 간 세치그물 2필을 이어 붙였다. 이어 붙이는 순서는 날마다

[도64] 세치그물(1950년대)[촬영 속초문화원]

어부가 세치그물을 장대에 걸어놓고 보망(補網)하고 있다.

윤번[輪番]되었다. 세치그물은 바다에 드리웠다가 하루 만에 들어 올렸다. 망주들은 각자 자기 그물에 든 세치를 차지했다. 어획량의 10분의 1 정도를 뱃삯으로 선주에게 주었다. 각자 세치를 할복[割腹]하고 널어 말렸다. 특히 세치는 "입하[양력 5월 5일경] 바람에는 쉬도 슬지 않는다."라는 말이 전승된다. 입하 바람에는 쉬[파리알]가 생기지 않는다는 말로, 이 시기에는 생선이 잘 말랐다.

가을세치 어기는 백로[양력 9월 8일경]에서 입동[양력 11월 8일경]까지였고 어장은 우럭성에였다. 목선을 타고 어장으로 가서 닻을 내리고 배를 세운다. 줄낚시 맨 끝에 '등댓돌'이라는 추를 매달았다. 등댓돌에서 20m 간격으로 아릿줄[15㎝] 10개를 줄줄이 묶고, 아릿줄 끝에 낚시를 하나씩 매었다. 미꾸라지를 미끼로 각각 세치를 낚았다. 어획량의 10분의 1 정도를 뱃삯으로 선주에게 주었다. 할복하여 널어 말렸다. "세치껍질에 기왓장이 날아간다."라는 말이 전승되었는데, 이는 세치껍질이 너무나 맛있어서 기와집을 팔아 먹는다는 말이었다. 이 정도로 세치는 영서 지역으로 바꿈 갈 때 꼭 지참해야 할 품목이었다.

손꽁치

김조광 씨[1943년생, 남]에게 가르침을 받았다. 손꽁치는 맨손으로 잡는 꽁치라는 말이다. 손꽁치 어기는 소만[양력 5월 21일경]에서 하지[양력 6월 21일경]까지였다. 최성어기는 망종[양력 6월 6일경] 무렵이었다. 손꽁치는 보통 한 사람이 거룻배를 타고 바다로 나가 맨손으로 잡았다. 손꽁치 어구는 '꽁치풀'이었다. 꽁치풀의 구조는 다음과 같다. 1.2m 정도의 왕대나무를 양쪽으로 쪼개어 그 사이에 '뜸부기'라는 모자반과의 바다풀[최고 2.5m]을 끼워놓고 실로 왕대나무를 얽어매었다. 거룻배를 타고 바다로 나가서 꽁치풀 양쪽에 줄을 묶어 바다에 띄웠다. 이를 '꽁치풀 띄운다'고 하였다. 꽁치는 이것이 산란장인 줄 알고 꽁치풀 언저리로 몰려들었다. 꽁치풀 양쪽에 묶은 줄을 당겨 뱃전에 붙였다. 어부는 뱃전에 배를 붙이고 양손으로 꽁치풀에 몰려 있는 꽁치를 잡아내었다. 이를 '손꽁치 줍는다'고 했는데 하루에 한 사람이 200~300마리 정도를 잡았다. 손꽁치 20마리를 한 '두름', 100마리를 한 '동'이라고 했다.

고개 넘어 바꿈

시변리 사람들은 언제 어떻게 백두대간을 넘어 바꿈을 하였을까.

시변리 안 씨[1932년생, 남]는 열네 살 때부터 열아홉 살 때까지 어머니, 이모, 이웃집 김 씨 [1934년생, 남]와 같이 5~6명이 소금을 지고 바꿈하러 조침령, 박달령, 곰배령을 넘었다. 소금 100근짜리 포대를 '토리'라고 했는데, 한 사람이 소금 한 토리를 지고 갔다. 조침령[770m]은 강원도 양양군 서면 서림리와 강원도 인제군 기린면 진동리 경계에 있다. 시변리에서 서림리까지는 70리 거리로 하루가 걸렸다. 서림리에서 하룻밤을 자고 이튿날 조침령을 넘어 방동리[기린면]까지 다시 70리를 갔다. 방동리에서 하룻밤을 자고 이튿날부터 소금을 팔러 이 마을 저 마을 가가호호 다녔다. "소금 사세요, 소금 사세요!"를 외쳤다. 주로 잡곡과 교환하였다. 한번 바꿈하러 가면 7일 정도가 걸렸다.

시변리 김 씨1933년생, 남는 어렸을 때 바꿈을 다녔다. 남정네들은 물고기를 염장한 것과 말린 것을 바지게에 졌고, 아낙네들은 광주리 따위에 이고 백두대간의 '영길嶺-'을 넘었다. 가족 단위로 14세 정도의 자녀들도 같이 갔다. 백두대간 넘어 바꿈하러 가는 시기는 얼음이 풀린 초봄과 가을 추수가 끝난 늦가을이었다. 파는 일은 주로 아낙네들이 맡았다. 명태를 반쯤 말린 것을 '코다리'라고 했는데, 코다리는 영서 사람들에게 인기가 높았다. 영서 사람들은 코다리를 화롯불에 구워 먹기를 좋아하였다.

《표준국어대사전》국립국어연구원 표제어에 '영길嶺-'은 없다. 북한어로 '령길嶺-'은 '고개로 오르내리는 길'이라고 설명한다. 그렇지만 백두대간 동쪽, 특히 강릉, 양양, 고성 지역 사람들은 영동 지역과 영서 지역을 넘나들면서 삶을 꾸려왔고, 백두대간을 넘나들었던 그 고갯길을 '영길'이라고 하였다. 물물교환하는 일을 양양 지역 사람들은 '바꿈', 고성 지역 사람들은 '무곡貿穀'이라고 했다. 시변리 사람들은 영길을 넘나들며 한반도 동고서저의 환경을 극복하며 살아왔다.

짬고사와 씨드림

짬고사

바다에서 미역이 붙어 자라는 바위를 부산광역시 기장에서 경북 포항까지는 '미역돌', 경북 영덕에서 강원도 삼척까지는 '미역짬'이라고 한다. 경북 울진군 후포리 후포항에서 동쪽으로 23㎞ 떨어진 바닷속에 동서 길이 21㎞, 남북 길이 54㎞의 바위가 있는데, 이 바위를 동해안 사람들은 '왕돌짬'이라고 했다. 한반도 주변 바다에는 물속 또는 물 바깥에 갯바위들이 수없이 많지만, 필자가 알고 있는 한, 왕돌짬은 한반도가 거느리고 있는 물속 바위에서 가장 큰 것이다. 그리고 강원도 강릉 지역, 양양 지역, 고성 지역 사람들은 갯바위를 '성에'라고 했다.

경북 울진군 매화면 오산2리에서 강원도 삼척시 원덕읍 갈남1리까지 갯마을 사람들은 미역짬에서 해산물 풍작을 기원하는 고사를 지냈는데, 이를 '짬고사'라고 했다. 제주도 갯마을 사람들은 해산물 풍작을 기원하는 굿을 하는데, 이를 '영등굿'이라고 한다. 영등굿 속에 '씨드림'이 있다. 씨드림은 마을에서 가장 빠른 걸음을 걷는 부인을 골라 '멜망탱이[씨앗 파종용 멱서리]'를 둘러매고 빠른 걸음으로 갯가 여기저기 돌며 조[粟]를 뿌리는 것이다. 동해안의 짬고사와 제주도의 씨드림은 농산물의 씨앗을 갯밭에 뿌림으로써 해산물 풍작을 기원한다는 점에서 주목할 필요가 있다. 동해안의 짬고사와 제주도의 씨드림은 어떻게 전승되었을까.

[사례1] 강원도 삼척시 원덕읍 갈남1리 이삼옥 씨[1947년생, 남]

이 마을에는 1970년대 무렵 120가호가 모여 살았다. 이 마을에는 10개의 미역짬[새암, 작은섬, 큰섬, 잠바위, 구릉바위, 검등바위, 구석채, 솟발이, 치바위, 애바위]이 있었다. 음력 10월 중에 미역짬 10개를 서로 나누었다. 이를 '통뽑는다'고 했고, 공동 소유 기간은 1년이었다. 미역짬의 구성원을 '암주'라고 했다. 암주들은 정월 보름날 아침에 짬고사를 지냈는데, 반드시 돼지머리를 올렸다. 짬고사가 끝난 후에 조나 조밥을 뿌리는 일은 없었다.

[사례2] 강원도 삼척시 원덕읍 노곡1리 장봉주 씨[1940년생, 남]

이 마을은 1970년대 무렵에 40여 가호가 모여 살았다. 이 마을 사람들은 갯밭을 5개 미역짬[소우덤, 큰우덤, 물치, 말새, 왕바위]으로 구분했다. 음력 10월 중에 미역짬 5개를 나누어 1년간 소유했다. 이를 '통 뽑는다'고 했다. 미역짬의 구성원을 '암주[岩主]'라고 하였다. 암주들은 정월 대보름날 아침 일찍 '짬제사'를 지냈다. 짬제사에는 여러 제물과 함께 조밥과 국수를 올렸다. 짬제사가 끝난 후에 짬에 조밥과 국수를 뿌렸다. 조밥은 미역이 많이, 그리고 국수는 미역이 길게 나기를 바라는 기원의 의미가 담겨 있었다.

[사례3] 강원도 삼척시 원덕읍 고포리 주○○ 씨[1928년생, 여]

이 마을은 1970년대 무렵에 30가호가 모여 살았다. 이 마을 사람들은 이 마을 갯밭을 6개의 미역짬[집앞바우, 안보리바우, 바깥보리바우, 성게짬, 성황끝, 흰바우]으로 구분했다. 음력 10월 중에 미역짬 6개를 서로 나누었다. 소유 기간은 1년이었다. 미역짬의 구성원들은 정월 대보름날 새벽에 짬고사를 지냈다. 짬에 조[粟]를 뿌리면서, "미역 많이 나게 해주세요!"라며 빌었다.

[사례4] 경북 울진군 울진읍 온양1리 김춘환 씨[1935년생, 남]

이 마을은 1970년대 무렵에 67가호가 모여 살았다. 이 마을 사람들은 이 마을 갯밭을 5개 미역짬[태암, 첫바우, 물찍개, 가운데자리, 소암]으로 구분했다. 음력 10월 초순에 미역짬 5개를 서로 나누었다. 음력 10월 중순 또는 하순에 잡초를 제거했는데, 이를 '짬 맨다'고 하였다. 미역짬을 맬 때는 '섶씰개'라는 도구를 사용했다.

정월 대보름날 밤 12시 전에 짬마다 짬고사를 지냈다. 제관祭官은 짬에 가서 제물을 올려 제를 지내고, 짬 이곳저곳에 조와 수수 섞은 것을 뿌렸다. 이때 "용왕님, 우리 짬에 미역 많이 나게 해주세요!"라고 빌었다. 이 마을에서는 1987년까지 짬고사를 지냈다.

[사례5] 경북 울진군 매화면 오산2리 박선동 씨1935년생, 남

이 마을은 1970년대 무렵에 100여 가호가 모여 살았다. 이 마을은 갯밭을 4개의 미역짬까마, 진북, 진남, 맨담으로 구분했다. 대설양력 12월 8일경 무렵에 4개의 미역짬을 나누었는데, 이를 '짬 뽑는다'고 하였다. 짬 하나를 25가호 정도가 1년 동안 공동으로 소유했다. 이들을 '암주岩主'라고 하였다. 암주들은 동지양력 12월 22일경 무렵에 짬마다 잡초를 제거했는데, 이를 '짬 맨다'고 했다.

정월 대보름날 밤에는 암주들이 제물을 간단하게 마련하고 짬의 일정한 곳에 진설陳設하여 '짬고사'를 지냈다. 이때 제상에 조밥도 올렸다. 짬고사가 끝나면 짬 이곳저곳에 조밥을 뿌렸다. 조밥을 뿌릴 때마다 "미역 많이 나게 해주세요!"라며 풍작을 기원했다. 그리고 이듬해 춘분양력 3월 21일경 무렵에 미역을 땄다.

사례 1, 2, 3 마을 사람들은 정월 대보름날 아침에, **사례 4, 5** 마을 사람들은 정월 대보름날 밤에 '짬고사'를 지냈다. **사례 2, 3, 4, 5** 마을 사람들은 조또는 조밥, 수수, 국수 등을 짬에 뿌렸다. 다만 **사례1** 마을 사람들은 돼지머리를 올렸다. **사례4** 마을에서는 1987년까지 짬

고사가 전승되었다. 그러나 제주도에는 지금까지도 '씨드림'이 행해지고 있다.

씨드림

2017년 3월 10일[음력 2월 13일], 제주시 조천읍 북촌리를 찾아갔다. 이 마을에는 지금 70여 명의 해녀가 물질을 하면서 생계를 돕고 있다. 이 마을 해녀들은 배를 타고 나가 물질하는 경우가 많았다. 이를 '뱃물질'이라고 하였다. 배는 어촌계 소유였다. 이 마을 어촌계장을 비롯한 70여 명의 해녀들은 해마다 '영등굿'을 치렀다. 영등

[도65] 김 씨의 축원상(祝願床)
천에 가족의 이름과 주소를 적어 놓았다. .

굿은 음력 2월에 영등신에게 올리는 굿이다.

영등굿판은 이 마을 어촌계[漁村契] 창고 건물 안에 마련하였다. 이 마을 해녀들은 정성을 모아 영등신을 위한 제상을 차렸고, 해녀들 개별적으로도 축원상[祝願床]을 마련했다. 이 마을 해녀 김 씨[1958년생]의 경우, 양푼 메에 숟가락 3개를 꼽았는데, 이를 '요왕메'라고 하였다. 그리고 요왕메 옆 보시에 담은 메는 김 씨의 시조부[媤祖父]의 몫이었다. 바다에서 운명[殞命]한 조상에게만 올린다고 하였다**(도65)**.

영등굿은 하루 동안 펼쳐졌다. 영등신을 비롯한 여러 신이 내려오는 깃발을 세우는 제차[祭次]부터 시작되었다. 이때의 제차를 '삼천벵멧대 세움'이라고 했다. 이어서 '초감제'를 하였다. 제주도 굿의 첫째 굿거리였다. 이때 굿의 목적을 신에게 전하는데, 그 내용은 다음과 같다.

> 영등대왕 오시는 데, 저 바당[海]에랑 천초, 미역, 고동, 생복 씨[種子] 많이 주곡, 가는 궤기[魚] 오는 궤기 이 북촌(北村)에 보내여 줍서 서천제민공연[數千諸民供宴]을 바치려고 합니다.

그리고 요왕맞이 굿을 하였다. 이 굿거리 끝부분에 '씨드림'이 벌어졌다. 여러 가지 해산물 씨앗을 이 마을 어장에 드리는 행위다. 두 해녀가 '멜망텡이'라는 씨앗 바구니에 콩을 담았다. 원래는 조[粟]를 담았었는데 지금은 조가 귀한 농작물이 되었으니 대신 콩을 담은 것이다. 심방[巫堂]은 영등신에게 빌었다. "영등대왕님, 우리 해

[도66] 씨앗 받아들고 춤추기
씨앗을 받아든 해녀와 이 마을 해녀들이 모두 굿 소리에 맞추어 춤을 추고 있다.

[도67] 씨드림
한 해녀가 갯밭으로 달려가 씨를 뿌리고 있다.

[도68] 씨점
이 마을 해녀들이 '씨점'의 결과를 주시하고 있다.

녀들 살게 메역 씨, 천초 씨 전복 씨 줍서!"

해산물의 씨앗을 두 해녀가 받아들었다. 이 마을 해녀들은 굿소리에 맞추어 요란하게 춤판을 만들었다. 해산물의 씨앗을 많이 받았음을 서로 확인하는 행위이기도 했다. 두 해녀는 갯밭으로 달려가 해산물 씨앗을 갯밭에 뿌렸다(도66, 67).

다시 영등굿 제장에 굿판을 펼쳤다. 심방 두 사람은 서로 마주 서서 돗자리 위에 콩 씨앗을 뿌렸다. 돗자리 위에 씨앗이 흩어진 상태를 보고 이 마을 갯밭 동서남북 해산물 상태의 흉풍을 점쳤다. 이것을 '씨점'이라고 한다. 돗자리는 이 마을 해녀들 갯밭의 축소판이었다(도68).

[도69] 방선(放船)
내년에 다시 만날 것을 기약하면서 영등대왕을 태운 배를 띄워 보내고 있다.

다시 이 마을 해녀들은 배를 타고 먼바다로 나갔다. 이 마을 해녀 김 씨1958년생는 한지에 제물 싸기를 3개 만들었다. 이를 각각 '요왕지', '선왕지', '몸지'라고 하였다. '요왕지, 선왕지, 몸지'를 바다에 던졌다. 이를 '지드림'이라고 하였다. 그리고 바다에서 운명한 시조부에게 올렸던 메는 그대로 바다에 던졌다. 해녀들은 내년에 다시 만날 것을 약속하면서 영등대왕을 태운 배를 띄워보냈다(**도69**). 영등신을 기쁜 마음으로 보내겠다는 다짐 때문이었을까. 춤과 노래는 멈추지 않았다.

강원도 삼척시 원덕읍 월천2리 주○○ 씨1928년생, 여에게 '영등할매'의 가르침을 받았다. 영등할매는 음력 2월 초하룻날 왔다가 보름날 승천하는데, 영등할매를 맞아들이기와 보내드리기는 집집마다 개별적으로 이루어졌다. 초하룻날 새벽 5~6시경, 영등할매를 위한 상床을 방에 차렸다. 시루떡, 건어乾魚, 나물 등을 올렸다. '도장곳간'에는 '얼개미어레미'에 떡을 담아 올리기도 했다. 도장은 부富의 공간이었다. 그리고 "영등할매, 금년 농사 잘 되게 해주세요!"라고 빌었다. 다시 보름날 새벽 5~6시경에 영등할매 상을 차리고 "영등할매, 조심히 승천하세요!"라고 빌었다.

동해안의 영등할매와 제주도의 영등신은 같았다. 다만, 동해안에서는 영등할매를 위한 제사를 집집마다 개별적으로 모셨고, 제주도의 영등신을 위한 굿은 마을 공동으로 이루어지는 것이었다. 그리고 동해안에서는 해산물 풍작을 기원하는 짬고사를 정월 대보름날 지냈고, 제주도에서는 음력 2월 13일에 영등굿에서 '씨드림'이라는 이름으로 이루어지고 있었다.

동해안의 짬고사와 제주도의 씨드림은 농산물의 씨앗을 갯밭에 뿌림으로써 해산물 풍작을 기원하는 같은 성격의 신앙이었다.

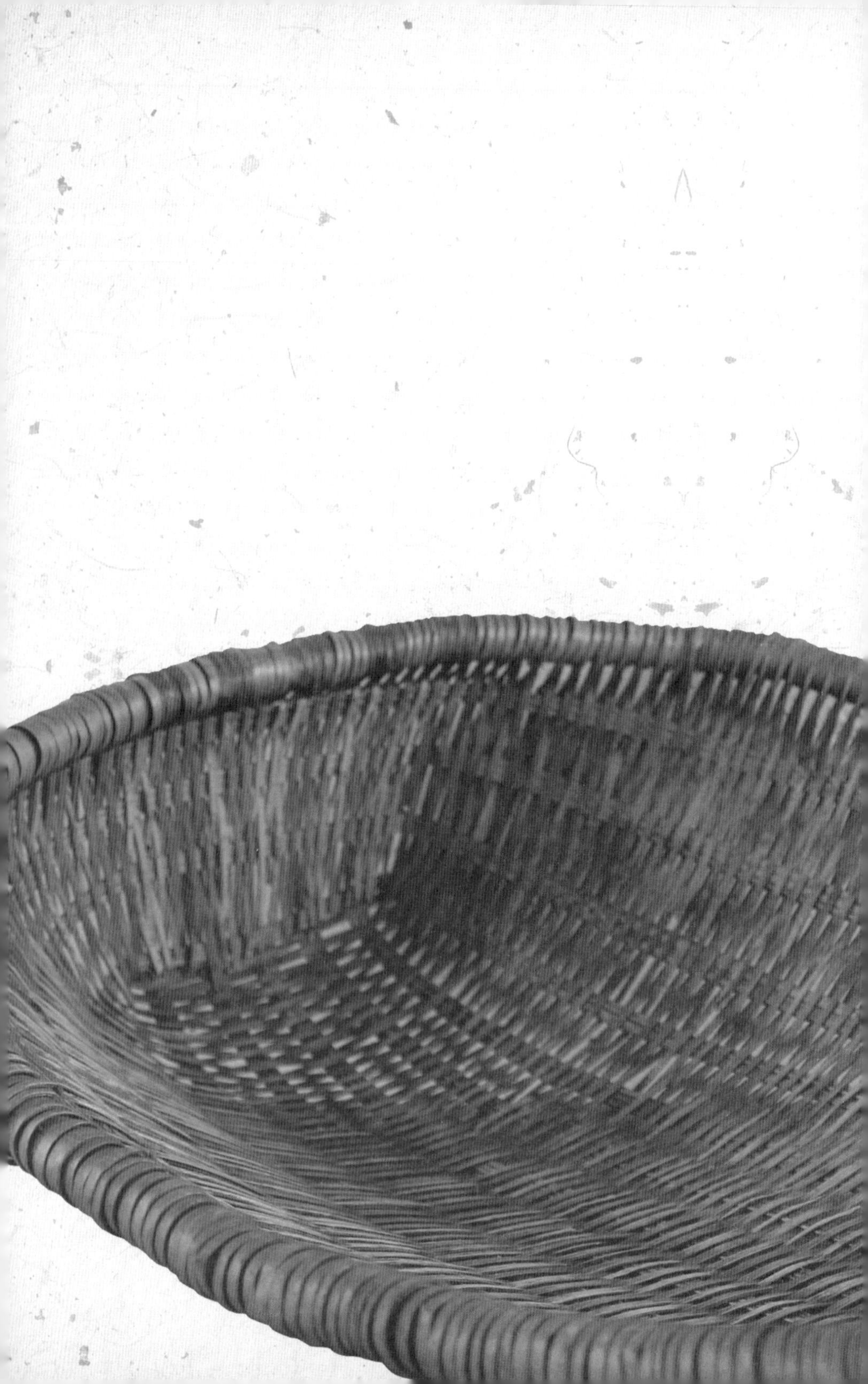

5장

도구의 생활사

디딜방아 소리

디딜방아와 절구의 문화권

원초경제사회 때 겉곡을 찧거나 알곡을 빻는 일은 일상사日常事였다. 사람의 힘으로 이 모든 일을 이루어냈다. 다리 힘으로 찧고 빻는 대표적인 도구는 디딜방아, 손힘으로 찧고 빻는 대표적인 도구는 절구였다. 제주도에는 디딜방아도 아니고 절구도 아닌 '남방아'가 전승되고 있었다. 제주도 남방아는 손으로 찧거나 빻는 것이니, 절구의 아류다.

2016년 10월 23일, 강원도 고성군 현내면 마달리 노인회관에서 만난 박두훈 씨1947년생, 남의 가르침으로 디딜방아와 절구의 문화권을 가늠할 수 있다. 박 씨는 강원도 홍천군 서석면 어론리에서 태어났다. 홍천 지역 사람들은 집집마다 절구를 하나씩 갖추고 있었다. 절구는 나무로 만든 것이었다. 절굿공이를 '절구깽이'라고 했다. 홍천 지역 사람들은 이것으로 겉곡을 찧거나 알곡을 빻았다. 박 씨는 35세가 되는 해에 홍천에서 현재 살고 있는 영동 지역 마달리로 이주했다. 영동 지역 마달리에는 디딜방아 5개가 있었다. 디딜방아는 개인 소유였다. 그러나 디딜방아가 없는 집에서는 디딜방아가 있는 집으로 가서 겉곡을 찧거나 알곡을 빻았다. 디딜방아 주인에게 허가를 받는 일도 없었다. 삯을 주거나 받지도 않았다. 서로 아무런 관심도 두지 않고 있는 사이임을 비유적으로 이르는 말인 "닭 소 보듯, 소 닭 보듯"이었다. 디딜방아 없는 집의 사람이 디딜방아 있는 집으로 가서 아무렇지도 않게 방아를 찧거나 빻는 일은 하나의 관습법으로 허용되고 있었다.

디딜방아를 마을 사람들이 공동으로 마련하는 경우도 있었다. 울산광역시 동구 주전동 장만조 씨 1939년생, 남의 가르침을 받았다. 울산 주전동은 상마을, 중마을, 아랫마을, 큰불, 번덕, 새마을로 구성되었다. 자연마을마다 공용의 디딜방아를 하나씩 갖추어 놓고 자유롭게 방아를 찧었다. 강원도 고성군 거진읍 초계리 이진태 씨 1937년생, 남의 가르침을 받았다. 이 마을 사람들은 디딜방아를 '발방아'라고 하였다. 10가호마다 발방아를 하나씩 갖추어 놓고 자유롭게 방아를 찧었다.

필자는 한반도를 기행하는 동안, 동해안 지역에서 전통적으로 겉곡을 찧고 알곡을 빻는 절구와 절굿공이를 보지 못했다. 이와

[도70] 거제도의 도구통(거제시 연초면 다공리, 1940년 11월 17일)[촬영 타카하시 노보루(高橋昇)]
거제도 사람들은 절구를 '도구통'이라고 하였다.

반대로 남해안과 서해안 지역에서 전통적으로 겉곡을 찧고 알곡을 빻는 디딜방아를 보지 못했다.

동해안 지역과 가까운 거제도에서 전통적인 곡식을 찧거나 가루를 빻는 도구는 절구였다. 1940년 11월 17일, 일본인 농학자 타카하시 노보루高橋昇는 경남 거제시 연초면 다공리 김 씨 농가를 찾아갔다. 이 마을 사람들은 절구를 '도구통'이라고 하였다. 당시에 30년 전까지는 도구통을 나무로 만들었지만, 지금은 돌로 만든다고 하였다. 도구통에는 3개의 부속품이 놓여 있었다**(도70)**.

• 방구: 절굿공이를 '방구'라고 했다. 나무로 만든 것이다.

- 도구주게: 도구통에서 벼 또는 보리 따위를 찧을 때 저어주는 '주게주걱'다.
- 메: 인절미나 흰떡 따위를 만들기 위하여 찐 쌀을 치거나, 벼로 쌀을 만들기 위하여 맨 처음 치는 도구다. 벼는 두 번 정도 도구통에서 찧어 멥쌀을 만드는데, 첫 번째를 '나락 아시 찧는다'고 했고 나락 아시는 남정네들이 도구통에서 이것으로 찧는 경우가 많았다.

동해안 지역에 절구가 전혀 없는 것도 아니었다. 강원도 양양군 양양읍 화일리 김낭영 씨1933년생, 남는 절구를 만들어 보기도 하였다. 늦가을에 소나무를 베어서 도끼로 소나무 윗면을 내려치면서 구멍을 냈다. 구멍에 불을 지펴 태워 도끼로 불에 탄 자국을 쪼아냈다. 구멍에 불을 놓아 태우고, 그 자국을 도끼로 쪼아내기를 반복하며 절구를 만들었다. 이렇게 만든 절구는 겉곡을 찧고 알곡을 빻는 도구는 아니었다. 이것에서 양념 따위를 빻았을 뿐이었다.

전라남도 신안군에 있는 비금도에는 '도구통절구통'과 디딜방아가 동시에 전승되고 있다. 비금도 고서리 서산마을 이춘길 씨1947년생, 남 집에는 디딜방아에 딸린 도구통이 있었다. 이 집에는 헛간에 '방아청방앗간'을 마련하였다. 비금도의 디딜방아 구조는 다음과 같았다. 굵은 나무 한 끝에 공이를 박고 반대쪽에 판자를 박았다. 보통 두 사람이 발로 판자를 밟으며 디딜방아를 찧을 수 있게 만들었다. 이를 '동굿대'라고 하였다. 동굿대 한쪽의 공이를 '메'라고 했다. 동굿

[도71] '메'와 '도구통'
1950년대부터 전승된 비금도(전남 신안군) 디딜방아에 딸린 도구들이다. 동해안 지역 사람들은 '메(폭 16.0㎝, 길이 36.0㎝)'를 '고', '도구통(지름 57.0㎝, 높이 40.0㎝, 깊이 29.0㎝)'을 '호박돌'이라고 하였다.

대 한가운데를 돌로 괴었다. 이를 '사오장'이라고 하였다. 동긋대 한쪽을 발로 밟았다가 내려놓을 때마다 메는 도구통에 있는 곡식을 찧어나갔다**(도71)**. 보리 찧기를 '보리방아', 나락 찧기를 '나락방아'라고 하였다. 비금도의 디딜방아는 1950년대부터 전승되었다고 입을 모았는데, 전통적으로 전해져오던 것이 아니었다. 비금도에 디딜방아가 전승되기 이전에는 도구통에서만 곡식을 찧거나 쓿었을 것임은 물론이었다.

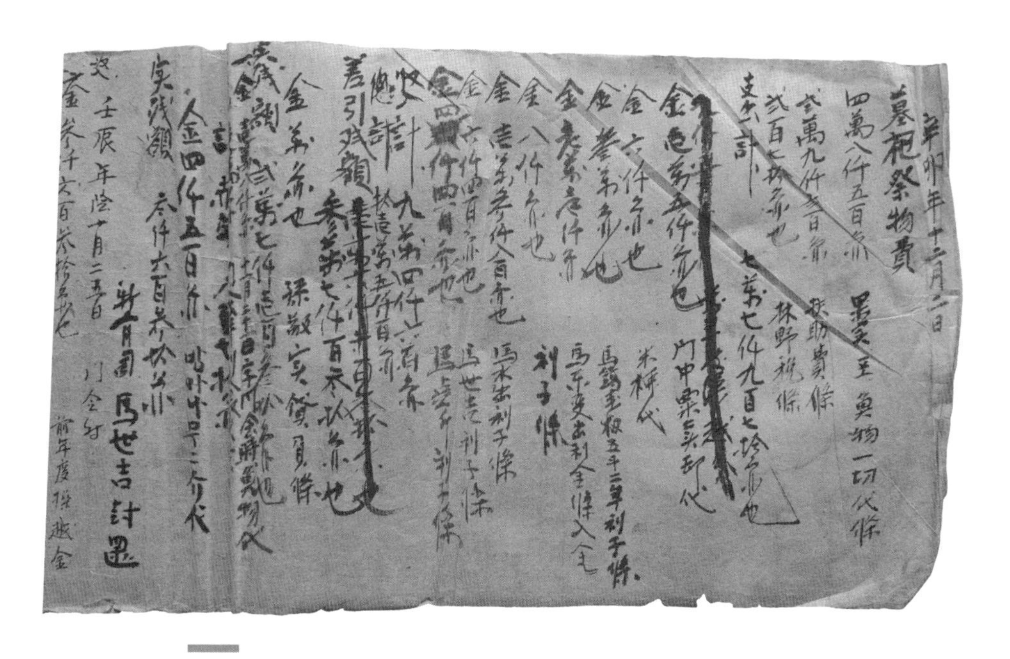

[도72] 《마씨문중하기부(馬氏門中下記簿)》(일부)

디딜방아의 구조

경북 의성군 단촌면 관덕1리에 살고 있는 마숙철 씨1955년생, 남는 《마씨문중하기부馬氏門中下記簿》를 간직하고 있는데, 여기에는 신묘辛卯, 1951년 12월 2일 4,500원四仟五百圓을 수입하였다고 기록되어 있다. 그것은 방아나무 2개[二介]를 판 대금代金이었다**(도72)**. 방아나무는 디딜방아를 만들 나무였다. 마 씨 문중 공동으로 소유하고 있는 밭에 있는 2그루 나무를 디딜방아를 만들 나무로 팔았던 것이다.

울산광역시 울주군 두동면 삼정리 김홍섭 씨1932년생, 남는 '디딜방

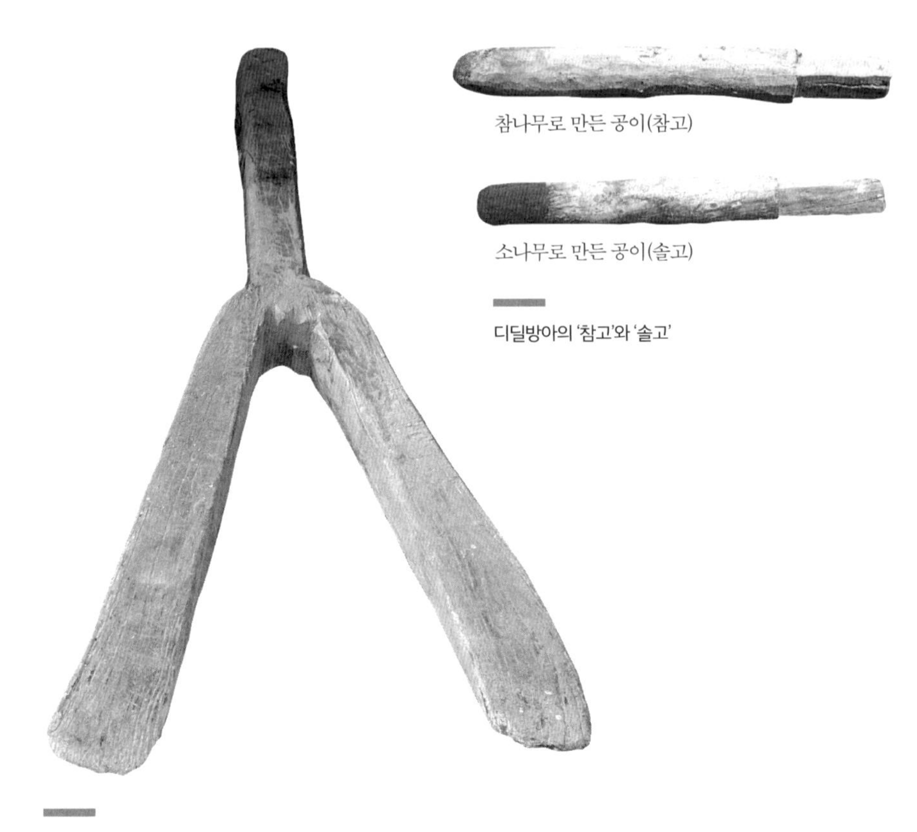

참나무로 만든 공이(참고)

소나무로 만든 공이(솔고)

디딜방아의 '참고'와 '솔고'

[도73] 디딜방아의 구조
① 방아가리: 참나무로 만들었다(길이 276.0cm, 방아가랭이 폭 54.0cm).
② 솔고: 소나무로 만든 디딜방아 공이다(직경 8.0cm, 길이 77.5cm).
③ 참고: 참나무로 만든 디딜방아 공이다(직경 7.5cm, 길이 79.5cm).
④ 호박돌: 방아공이로 찧을 수 있게 돌절구 모양으로 우묵하게 팠다(아가리 직경 23.0cm, 길이 20.0cm).

아 나무는 밤나무'인 경우가 많았다고 가르쳐주었다. 밤나무는 어느 정도 커가다가 반드시 가랑이가 벌어지는 속성이 있기 때문이었다.

경북 의성군 점곡면 윤암2리 남석구 씨 1929년생, 남 집에는 지금까지 디딜방아를 간직하고 있었다. 굵은 나무 한 끝에 공이를 박고 다른 끝을 두 갈래가 나게 하여 발로 디딜 수 있도록 만들었다. 그리고 공이 아래에 방아확을 파 놓았다. 굵은 나무를 '방아가리'라고 하였다(도73). 참나무로 만든 것이었다. 방아가리를 떠받치는 나무나 돌을 '방아사래'라고 하였다. 이것은 돌로 만들었다.

공이를 '고'라고 하였다. 공이는 참나무와 소나무로 만들었다. 공이의 나무는 곡식의 대상에 따라 달랐다. 보리, 벼, 서숙 등의 겉곡식을 찧어 쌀을 만들 때는 소나무를 사용했고, 콩, 밀, 쌀 등의 알곡식을 빻을 때는 참나무 공이를 사용했다. 소나무로 만든 공이를 '솔고', 참나무로 만든 공이를 '참고'라고 하였다. 보리, 벼, 서숙 따위를 찧어 쌀을 내는 솔고보다 콩, 밀, 쌀 등을 빻아 가루를 내는 참고가 무거웠다. 그리고 방아확을 '호박돌'이라고 하였다.

디딜방아에서 찧고 빻기

주로 나이가 어린 두 사람이 방아가리의 가랑이에 한쪽씩 발을 올려놓고 발에 힘을 주어 밟았다 놓았다 하면서 방아를 찧거나 빻았다. 이런 일을 '방아 찧는다' 또는 '방아 빻는다'고 하였다. 나이가 든 어머니는 호박돌 주위에 앉아서 바깥으로 튕겨 나온 겉곡식이나 알곡식을 수수비로 호박돌 안으로 쓸어 넣었다. 이런 일을 '우겨 넣는다' 또는 '씰게질한다'라고 하였다.

경북 봉화군 춘양면 소로2리 김월순 씨1931년생, 여에게 보리, 서숙조, 벼, '꿀밤도토리'을 디딜방아에서 찧는 일과 알곡 빻아 가루내기의 가르침을 받았다.

- 보리방아: 보리를 방아에서 찧어 보리쌀을 만들 때, 먼저 보리에 물을 조금 부어 적셔준다. 하나의 호박돌에 3~4되를 넣고 찧었다. 이를 '아이 찧는다'고 하였다. '얼개미어레미'에서 쳤다. 구멍으로 빠진 것을 '저겨'라고 하였다. 아이 찧고 나서 나온 저는 돼지나 소에게 주었다. 두 번째 보리방아를 '씬다'라고 하였다. 얼개미에서 쳤다. 이때 나온 저는 떡을 만들었다. 세 번째 보리방아를 '능근다'고 하였다. 이때 나온 저는 감자와 같이 섞어 범벅을 만들었다. 보리방아는 세 번 찧어야 보리쌀이 탄생되었다.
- 서숙방아: '서숙조'을 방아에서 찧어 좁쌀을 내었다. 첫 번째 방아 '아이 찧고' 나서 '치키'로 까불렀다. 두 번째 찧고 나서 까부르면 좁쌀이 탄생되었다.
- 나락방아: 벼를 방아에서 찧어 쌀을 내었다. 아이 찧고 나서 까불렀다. 다시 두불 찧고 나서 까불렀다. 세 번째 찧는 것을 '씬다'고 하였다. 씰고 나서 까부르면 쌀이 탄생되었다.
- 가루방아: 여러 가지 알곡을 방아에서 찧어 가루를 내었다. 방아에서 찧고 가루체에서 거르기를 반복하면 가루가 탄생되었다.

동해안 지역 사람들은 디딜방아로 겉곡도 찧고 알곡도 빻았다. 디딜방아 소유는 개인 소유와 공동 소유가 공존하였다. 디딜방아를 개인 소유하고 있는 지역에서, 디딜방아를 소유하고 있지 않은 사람은 디딜방아를 소유하고 있는 집으로 가서 자유롭게 겉곡도 찧고 알곡도 빻는 것이 하나의 관습법으로 작용하고 있었다. 간혹 동해안 지역에서 전승되는 절구는 양념을 빻는 도구에 지나지 않았다.

대그릇과 싸리그릇

댓가지로 만든 그릇을 '대그릇', 싸릿개비로 만든 그릇을 '싸리그릇'이라고 하고자 한다. 동해안 지역의 남부 지역 사람들은 대그릇에 익숙하였고, 북부 지역 사람들은 싸리그릇에 익숙하였다.

대그릇의 재료인 대나무는 아열대 및 열대에서 온대지방까지 널리 퍼져 있는 벼과 대나무아과에 속한 식물이다. 동해안 남부 지역에도 대나무가 분포하고 있었고, 그것으로 대그릇을 만들었다. 동해안 지역 대그릇 문화권의 북방 한계선 중, 대그릇 대량 생산지는 경북 포항시 북구 흥해읍 남송2리를 주목하고자 한다.

대나무가 귀한 동해안 북부 지역 사람들은 싸리나무로 여러 가지 싸리그릇을 만들었다. 동해안 지역 싸리그릇 문화권의 남방 한계선 중, 싸리그릇 대량 생산지는 경북 의성군 옥산면 실업리를 주목하고자 한다.

대그릇 고장, 경북 포항 남송마을

한반도의 대그릇 문화는 대나무와 함께 머나먼 남쪽 나라에서 왔다. 인도네시아 사람들은 대그릇을 '바기[bagi]'라고 하였다. 오키나와 사람들은 대그릇을 '바아키[バーキ]'와 '소오키[ソーキ]'라고 하였다. 오키나와의 '바아키'는 운반 용구, '소오키'는 식생활 용구였다.

한반도와 그 부속도서의 남부 지역 사람들은 대그릇을 '소쿠리'와 '바구니'라고 하였다. 섬진강蟾津江을 기점으로 동쪽 지역 사람들은 비교적 소쿠리라는 대그릇을 많이 썼고, 섬진강을 기점으로 서쪽 지역 사람들은 비교적 바구니라는 대그릇을 많이 썼다.

인도네시아의 '바기', 오키나와의 '바아키', 한반도 남서부 지역의 '바구니'는 같은 말에서 비롯하였을 가능성이 높다. 그리고 오키나와의 '소오키'와 한반도 남동부 지역의 '소쿠리'는 같은 말에서 비롯하였을 가능성이 높다. 이로 미루어볼 때, 경북 포항시 북구 흥해읍 남송2리는 오키나와에서 한반도까지 이어지는 대그릇 문화권에서 북방 한계선에 놓여 있는 것이었다.

2003년 6월 11일, 경북 포항시 흥해읍에서 집으로 돌아가려고 버스 정류장에서 버스를 기다리는 박석현 씨1930년생, 남를 만났다. 박 씨가 살고 있는 남송2리[흥해읍]로 갈 예정이었다. 박 씨를 나의 차에 태우고 남송2리로 가면서 이야기를 주고받는 동안, 박 씨가 대그릇 만드는 일로 생계를 도왔음을 알게 되었고, 자연스럽게 박 씨에게 대그릇에 대한 가르침을 받을 수 있게 되었다.

남송2리 사람들은 예로부터 대그릇을 만들며 생계를 꾸렸다. 대나무의 재료는 신우대였다. 신우대 생산지는 울릉도의 부속도서인 '죽도'였다. 상인이 죽도에서 신우대를 사서 이 마을까지 가지고 와서 팔았고, 이 마을 사람들은 상인에게 신우대를 사서 대그릇을 만들었다. 대그릇 테두리는 물푸레나무였다. 산촌 사람들이 채취한 물푸레나무를 사서 썼다.

남송2리의 대그릇은 여러 가지가 전승되었지만, 그중에서도 네 종류의 '소고리[소쿠리]'가 주종을 이루었다. 크기에 따른 소고리 종류는 다음과 같았다.

① 잿소고리: 재나 거름 따위를 담아 나르는 소고리였다. 부수적으로 개울에서 미꾸라지 따위를 잡는 어구로도 쓰였다.
② 큰소고리: 보리나 벼 등 곡물을 담아 나르거나, 떡쌀을 담아 물을 빼는 그릇으로도 쓰이는 소고리였다**(도74)**.
③ 중소고리: 삶은 보리쌀을 담아두는 그릇으로 쓰이는 경우가 많은 소고리였다**(도75)**.
④ 소소고리: 밥을 담아두는 그릇으로 쓰이는 경우가 많은 소고리였다**(도76)**.

[도74] 큰소고리(가로 49.5㎝, 세로 61.5㎝, 높이 17.0㎝)

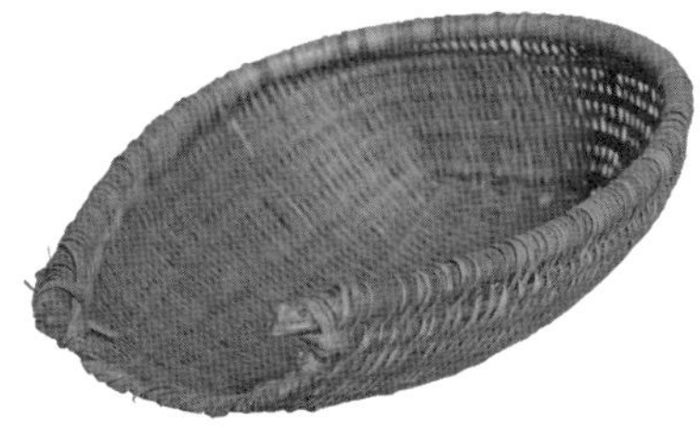

[도75] 중소고리(가로 34.0㎝, 세로 45.0㎝, 높이 16.0㎝)

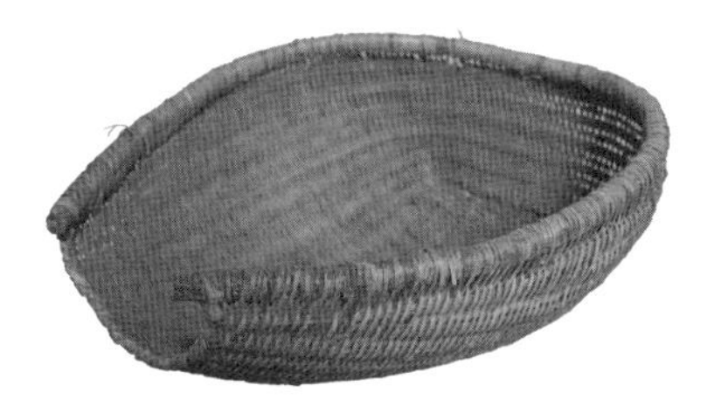

[도76] 소소고리(가로 27.3㎝, 세로 31.5, 높이 10.0㎝)

①~④소고리는 모두 앞은 벌어지고 뒤는 우긋하게 물푸레나무로 테두리를 삼고 신우대오리로 엮어 만들었다.

싸리그릇 고장, 경북 의성 실업1리

한반도의 싸리그릇 문화는 싸리와 함께 머나먼 북쪽 나라에서 왔다. 중국 대륙 동북 지역 사람들은 싸리를 비롯한 버들가지로 만든 바구니를 '광즈[筐子, kuāngzi]'라고 하였다. 중국 동북 지역의 '광즈'와 한반도 대그릇 문화권에서 벗어난 북부 지역의 '광주리'는 같은 말에서 비롯하였을 가능성이 높다. 이로 미루어볼 때, 경북 의성군 옥산면 실업리는 싸리그릇 문화권에서 남방 한계선에 놓여 있다.

2016년 10월 31일, 경북 의성군 옥산면 실업1리에서 김정수 씨 1944년생, 남로부터 싸리그릇의 가르침을 받았다. 원초경제사회 때의 싸리나무는 해마다 겨울에 땔나무 채취의 대상이었다. 싸리나무 밑동에서는 움돋이가 나왔다. 싸리그릇의 재료는 참싸리 움돋이였다.

참싸리는 입추양력 8월 8일경를 기점으로 하여 그 이전과 그 이후의 상태가 달랐다. 입추 이전의 참싸리는 껍질이 쉬 벗겨졌다. 입추 이전의 참싸리로는 주로 '똘방광주리, 채광주리, 산태미' 따위를 만들었다. 입추 이후의 참싸리로는 주로 '바소구리, 다래끼' 따위를 만들었다. 그리고 참싸리 움돋이 2년째 된 것으로는 주로 빗자루를 만들었다.

광주리 10개를 한 '죽'이라고 하였다. 지게에 광주리 3죽을 지고 의성 오일장으로 가서 팔았다. 빗자루 10개를 한 '단'이라고 하였다. 지게에 빗자루 4~5단을 지고 의성 오일장으로 가서 팔았다. 이 마을에서 의성까지 거리는 12㎞ 정도였다.

똘방광주리, 채광주리, 산태미 따위를 만들 입추 이전에 채취한 참싸리 손질은 다음과 같다. 참싸리 움돋이 가지를 하루 동안 물에 푹 담갔다. 나뭇가지로 만든 집게로 참싸리 움돋이 가지를 훑었다. 그래도 벗겨지지 않는 것은 솥에서 삶아내어 껍질을 벗겨내기도 하였다. 속대를 하루 동안 햇볕에 말렸다. 광주리 따위를 만드는 날 다시 물에 담갔다.

입추 이후에 채취한 참싸리로 '바소구리[발채]' 따위를 만들 때는 굳이 껍질을 벗기지 않았다. 다래끼를 만들려고 입추 이후에 채취한 참싸리 손질은 다음과 같았다. 하루 정도 햇볕에 말렸다. 참싸리 움돋이 가지 밑동을 입에 물고 손으로 3가닥이 되게 으깼다. 햇볕에 말려 두었다가 다래끼를 만들 때는 물에 담갔다가 결어 만들었다. 오늘날까지 의성 지역에서 전승되고 있는 싸리그릇은 다음과 같았다. 이것들은 옥산면 실업1리에서 만들어졌을 것임은 물론이었다.

① 똘방광주리: 동그스름한 모양의 광주리다. 이 마을 사람들은 '동그스름하다'를 '똘방하다'라고 하였다. 주로 떡이나 지짐이 등 음식을 담아두는 그릇으로 쓰였다**(도77)**.

② 채광주리: 타원형의 광주리다. 정성이 담긴 음식 따위를 담아 나르는 그릇으로 쓰이는 경우가 많았다**(도78)**.

③ 바소구리: 지게에 얹어서 짐을 싣는 발채다. 싸릿대로 둥글넓적하게 짜서 접었다 폈다 할 수 있게 만들었다. 끈으로 두 개의 고리를 만들어 달아서 지게에 얹을 때 지겟가지에 끼우게 되어 있다**(도79)**.

[도77] 똘방광주리(직경 50.0㎝, 높이 11.0㎝)
경북 의성군 옥산면 실업리 김순조 씨(1937년생, 여) 집에서 쓰던 것이다.

[도78] 채광주리(가로 71.0㎝, 세로 58.0㎝, 높이 16.0㎝)
경북 의성군 옥산면 실업리 김순조 씨(1937년생, 여) 집에서 쓰던 것이다.

[도79] 바소구리(직경 115.0㎝, 높이 63.0㎝)
경북 의성군 점곡면 송내리 김부근 씨(1942년생, 남) 집에서 쓰던 것이다.

1940년 11월 24일, 일본인 농학자 타카하시 노보루高橋 昇는 대구광역시 동구 신기동 김정한 씨1912년생, 남 집에서 농기구를 조사하고 몇 장의 사진을 남겼다. 김 씨네 안채는 부엌 - 큰방 - 대청 - 작은방으로 구성되었다. 큰방과 대청 사이에 난간이 놓여 있었다. 집주인 김 씨는 탕건을 쓰고 앉아 있었다. 부엌과 큰방 칸살에 세운 벽에 소쿠리가 걸려 있었다. 이 소쿠리는 삶은 보리쌀을 담아두는 그릇으로 쓰였다. 이 마을에서는 이를 '소쿠리'라고 하였다. 이것은 경북 포항시 남송마을에서 만든 '중소고리'일 가능성이 높다. 그리고 김 씨가 앉아 있는 툇마루 밑에는 참싸리로 만든 '다래끼', 그리고 큰방과 대청 사이에는 싸리그릇 고장, 경북 의성군 옥산면 실업1리에서 만들어졌을지도 모를 '똘방광주리'가 놓여 있었다. 1940년대, 대구광역시 동구 신기동 김정한 씨 집은 남방문화의 대그릇과 북방문화의 싸리그릇이 모여 있었다**(도80)**.

2015년 7월 18일, 필자는 경북 의성군 점곡면 동변2리 박찬혁 씨

[도80] 안채(대구광역시 동구 신기동, 1940년 11월 24일) 촬영 타카하시 노보루(高橋昇)
① 중소고리: 경북 의성 지역 사람들은 '치소쿠리'라고 하였다.
② 다래끼: 싸리나무로 만든 바구니다.
③ 똘방광주리: 둥그런 모양의 광주리라는 말이다.

[도81] 치소쿠리(가로 41.0㎝, 세로 50.0㎝, 높이 14.5㎝)
경북 의성군 점곡면 동변리 박찬혁 씨 집에서 쓰던 것이다.

네 집에 찾아갔었다. 이 집에는 경북 포항시 남송마을에서 만들어졌을 것으로 추정되는 '중소고리'가 있었다. 이 마을에서는 이것을 '치소쿠리'라고 하였다. '치[키(箕)]'를 닮은 소쿠리라는 말에서 비롯하였다(도81).

경북 포항시 남송마을은 아시아 지역 중에서 대그릇 만들기의 북방 한계선에 놓여 있었고, 경북 의성군 옥산면 실업1리는 싸리 그릇 만들기의 남방 한계선에 놓여 있었다.

버들고리의 고향

고리는 대오리나 버드나무 가지 따위로 엮어서 상자나 바구니처럼 만든 물건이다. 대나무가 많은 한반도 남부 지역에서는 대고리, 대나무가 귀한 한반도 중부와 북부 지역에서는 버들고리가 전승되었다. 한반도 동해안 지역에는 대고리와 버들고리가 동시에 전승되었다. 다음에 몇 사례를 소개한다.

[사례1] 경북 봉화군 춘양면 소로2리 김월순 씨 1931년생, 여

김 씨 친정은 경북 서남부에 있는 지금의 김천시였다. 21세가 되는 해에 이 마을로 시집왔다. 혼사를 치르고 난 사흘 후, 신랑과 신부가 친정으로 갔다. 이를 '근친近親 간다'고 하였다. 신랑과 함께 친

정집에 1개월 정도 머물렀다가 다시 시집으로 신랑과 함께 돌아왔다. 이를 '태상 간다'고 하였다. 이때 김 씨 어머니는 떡고리에 떡을 담아주었다. 떡고리에는 절편, 인절미가 가득 담겼다. 떡고리는 여덟 되들이와 한 말들이가 있었는데, 김 씨는 떡고리를 정성껏 보관하였다가 천정 부모 제사 때 떡을 담아 가는 그릇으로 이용하곤 했다.

김 씨의 떡고리는 여덟 되들이였다. 떡고리는 안팎 두 짝이었다. 아래짝은 버들가지로 엮은 것에 자귀나무 판자를 붙이고 솔뿌리로 감았다. 위짝은 아래짝과 같이 만들었다.

[사례2] 경북 경주시 양북면 용동리 강○○ 씨[1932년생, 여]

강 씨는 이웃 마을 송전리[양북면]에서 태어났다. 24세가 되는 해에 이 마을로 시집왔다. 혼사[婚事]를 끝내고 3일째 되는 날, 신랑 측 어른들이 신부 집으로 음식을 갖추고 가서 사돈끼리 인사를 나누었다. 이를 '신행[新行] 간다'고 하였다. 신랑 측 사돈들은 신랑과 신부만 남겨놓고 자리를 떴다. 신랑과 신부는 신부 집에서 3일을 보냈다. 신부는 신부 집에서 만들어 준 떡을 '당새기'에 담고 시집으로 왔다. 이를 '첫 친정집 다녀왔다'고 했다. 떡은 시집 식구는 물론 시집 동네 이웃집 사람들에게 나누어주었다. 신부가 시집살이를 하는 동안에 이러쿵저러쿵 흉보지 말라는 뜻으로 돌리는 의미도 있었다. 강 씨는 당새기를 가지고 있다가 친정 부모 제사 때에 떡을 담아 가는 그릇으로 쓰기도 하였다. 강 씨는 당새기를 애지중지

[도82] 경주 지역의 당새기
경주 지역의 '당새기'는 매우 고급스럽다. 아래짝과 위짝이 한 벌을 이룬다.
*아래짝/가로 32.5㎝, 세로 29.2㎝, 높이 11.0㎝
*위짝/가로 35.5㎝, 세로 32.5㎝, 높이 10.8㎝

간직하고 있었다.

당새기는 안팎 두 짝이었다. 아래짝 겉은 왕대 겉살의 대오리로 날줄과 씨줄로 결었고, 속은 왕대 속살의 대오리로 빗살문처럼 결었다. 겉과 속을 붙이고 왕대나무 오리를 테두리에 붙이고 솔뿌리로 감았다. 위짝도 아래짝과 같은 방법으로 만들었다(**도82**).

[사례3] 울산광역시 울주군 두동면 삼정리 김홍섭 씨1932년생, 남

1962년 음력 2월 9일, 김 씨는 일기에서, "울주군 범서면 척과리에 봉채 가지고 갔다옴"이라고 기록하였다. 봉채封采는 혼인 전에 신랑 집에서 신부 집으로 신부의 치마, 저고리, 꽃버선, 꽃신 등과 예장禮狀을 보내는 일이었다. '옷고리'에 채단과 예장을 넣고 보자기로 쌌다. 멜빵에 지고 신부 댁으로 갔다. 이를 '봉채 간다'고 하였다. 혼주婚主인 신부 아버지는 백지를 깐 소반을 들고 나와 봉채를 받았다. 봉채를 담고 갔던 옷고리는 신부가 평생 옷가지를 담아두

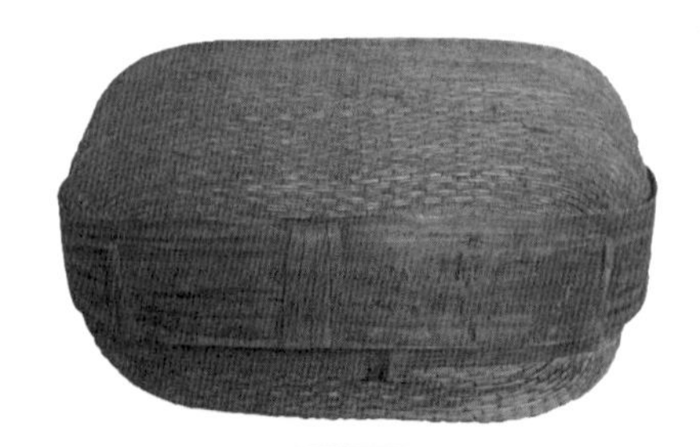

[도83] 울산 지역의 옷고리
울산 지역의 옷고리는 비교적 타원형에 가깝다. 아래짝 속에는 창호지로 발랐던 흔적이 남아 있다. 울산 지역의 옷고리는 김천 지역에서 만들어졌을 가능성이 높다(*아래짝/가로 55.0㎝, 세로 52.5㎝, 높이 18.5㎝ *위짝/가로 60.5㎝, 세로 55.0㎝, 높이 21.5㎝).

는 그릇으로 간직하였다. 옷고리는 버들가지로 엮어서 바구니처럼 만든 그릇이었다. 아래짝과 위짝으로 이루어졌다. 아래짝과 위짝 테두리에 소리나무 판자를 대고 솔뿌리로 감아 붙였다(**도83**).

사례2는 대고리[당새기], **사례1**과 **3**은 버들고리였다. 대고리나 버들고리는 소위 '쟁이'가 만든 것이다. 그런데 '대백정'이라는 말은 없지만, '버들백정'이라는 말은 전승되었다. 그것은 대고리와 버들고리의 재료 확보 방법의 차이 때문이었다. 대[竹]는 일정한 밭에서 생산되었다. 대그릇을 만들어 생계를 도왔던 소위 죽세공들은 자기 소유의 대밭이나 타인 소유 대밭의 대를 살 수밖에 없었다. 그러나 버들고리를 만들어 생계를 도왔던 버들백정들은 여기저기 돌아다니면서 버들가지를 확보하였다. 버들백정들은 버들가지를 채취하기 위하여 여기저기 돌아다녔던 유랑민流浪民들이었다. 그래서 버들세공들을 백정이라고 하였다. 김재호 선생안동대학교 민속학과은 나에게 버들백정 이야기를 들려주었다.

> 옛날 버들백정의 딸이 시집을 갔다. 시집가는 날 버들백정 딸은 아버지에게 신신당부했다. 사돈댁에 가시거든 비록 주위에 좋은 버들이 눈에 띄더라도 절대 버들에 대하여 이러니저러니 말하지 마시라는 것이었다.
>
> 때는 한여름이었다. 냇가에 버들이 휘영청 늘어져 있었다.
>
> "야, 그놈의 버들 참 좋다!"
>
> 버들백정은 딸의 부탁을 잊어버리고 버들 모양에 감탄의 말을 내뱉고 말았다.
>
> 사돈댁에서는 신부 아버지의 버들 감탄사를 듣고, 사돈 집안이 버들백정의 집안이라는 것을 눈치채고 말았다는 것이다.

김 선생은 이 이야기를 아버지에게서 들었다고 하였다. 김 선생의 고향은 경북 영주 지역이었다. 죽공예 대신 버들공예가 전승되는 곳이다. 그렇다고 버들백정의 가족들만이 여기저기 다니면서 버들가지를 채취하였던 것은 아니었던 것 같다. 강원도 강릉시 왕산면 목계리 박종근 씨[1935년생, 남]는 다음의 이야기를 들려주었다. "아랫마을 오봉리[왕산면] 어느 집 할머니는 해마다 봄에 우리 집에 와서 여러 날 머물렀다. 개천에서 버들가지를 채취하여 그 껍질을 벗겨서 말렸다. 이것은 버들고리나 '쳉이[箕]'를 만들 재료로 버들 기능공들에게 팔기 위한 수단이었다."

동해안 지역 중에서 대그릇 만들기의 북방한계 지역은 포항 지역이었고, 그 북쪽은 버들그릇 만들기의 지역이었다. 일제강점기 조선총독부가 만든 《조선의 취락朝鮮の聚落》에서, 버들그릇을 만드는 백정이 사는 마을은 지금의 강원도 삼척시 A마을, 경북 문경시 B마을, 그리고 경북 김천시 C마을이라고 하였다. 바로 이들 마을은 버들그릇 만들기 분포 지역이었다. 필자는 백정이 살았다는 마을을 찾아갔다. 버들그릇의 지역 차이라도 찾고 싶은 호기심 발동 때문이었다.

삼척 지역 A마을 버들고리

2016년 10월 10일, 삼척 지역 A마을을 찾아갔다. 이 마을 앞에는 오십천이 흐르고 있고 아파트가 가득 들어서 있었다. 삼척 지역 A마을 주변 마을을 찾아가 보았다.

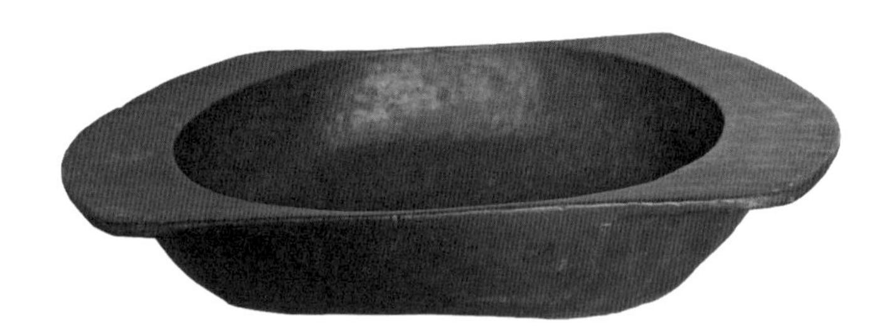

[도84] 강릉 지역의 방팅이
강릉 지역 사람들은 함지를 '방팅이'라고 한다(가로 67.6㎝, 세로 47.2㎝, 높이 14.0㎝).

[사례4] 강원도 삼척시 원덕읍 고포리 주○○ 씨[1928년생, 여]

이 마을 사람들은 옷을 담는 버들고리를 '고리짝', 떡을 담는 버들고리를 '모재비'라고 하였다.

강원도 강릉시 강동면 심곡리에서 만난 전정란 씨[1931년생, 여]와 강원도 고성군 현내면 마달리에서 만든 진춘자 씨[1938년생, 여]는, 떡을 담고 다니는 그릇은 버들고리가 아니고 '방팅이[함지]'라고 하였다. 방팅이는 나무로 네모지게 짜서 만든, 운두가 조금 깊으며 밑은 좁고 위는 넓은 것이다**(도84)**.

문경 지역 B마을 버들고리

2016년 11월 30일, 문경 지역 B마을을 찾아갔다. 이 마을 앞에는 조령천[鳥嶺川]이 흐르고 있었다. 이 마을 이 씨[1930년생, 남]에게 다음과 같은 내용의 가르침을 받았다. 문경 지역 B마을은 1마을과 2마을로 나누어져 있다. 1970년대 무렵, B1마을은 200가호, B2마을

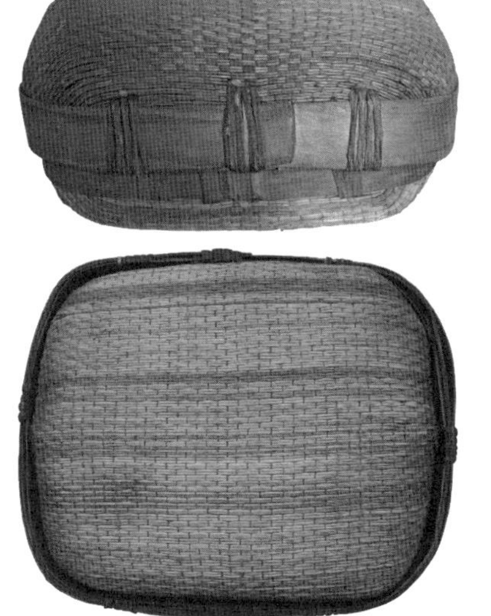

[도85] 문경 지역의 똘방고리
문경 지역 똘방고리는 거의 원형에 가깝다(*아래짝/가로 42.2㎝, 세로 34.0㎝, 높이 12.0㎝ *위짝/가로 43.5㎝, 세로 37.0㎝, 높이 15.5㎝)

은 5가호 정도가 살았다. B2마을은 버들백정들이 살았던 마을이었다. B2마을 주변 마을을 찾아가 보았다.

[사례5] 경북 문경시 마성면 남호1리 이종기 씨[1931년생, 남]

이 마을에는 귀한 음식을 담고 다니는 버들고리는 2가지가 전승되었다. 떡을 담고 다니는 버들고리를 '떡고리', 유과와 과일 따위를 담고 다니는 버들고리를 '똘방고리'라고 하였다. 똘방고리는 떡고리보다 컸고, 비교적 '똘방한[동그스름한]' 모양이었다**(도85)**.

김천 지역 C마을 버들고리

2016년 11월 31일, 김천 지역 C마을을 찾아갔다. 이 마을은 두 개의 개천이 만나는 지점에 위치하고 있었다. 갯가의 폭은 제법 넓었다. 그만큼 버드나무도 많이 자라고 있었다. 이 마을 한 씨[1921년생, 남]에게 다음과 같은 내용의 가르침을 받았다.

이 마을에 '치[箕]'를 만들어 생계를 꾸렸던 '고리쟁이' 후손 2가호가 지금까지 살고 있다. 고리쟁이들은 버들가지로 치와 버들고리를 만들면서 생계를 꾸렸다.

[사례6] 경북 김천시 지례면 신평리 이○○ 씨[1939년생, 여]

이 마을 사람들은 버들가지로 만든 떡고리를 '당새기', 버들가지로 만든 옷고리를 '옷고리'라고 하였다.

동해안 지역에서 버들고리 기능이 전승되는 지역은 강원도 삼척 지역 A마을과 문경 지역 B마을, 경북 김천 지역 C마을이었다. 버들가지로 만든 떡고리를, **사례4**의 삼척 지역 A마을 주변 마을 사람들은 '모재비', **사례5**의 문경 지역 B마을 주변 마을 사람들은 '떡고리', **사례6**의 김천 지역 C마을 주변 마을 사람들은 '당새기'라고 하였다. 그리고 **사례5**의 문경 지역 B마을 주변 마을에는 떡고리와 함께 똘방고리도 전승되고 있다.

버들공예의 전승은 대그릇 기능이 전승되었던 경북의 경주 지역과 포항 지역 이북以北 지역이었다. 그러나 강릉 지역에서부터 고성 지역까지는 버들백정의 마을은 드러나지 않았다. 이 지역에서는 '방팅이함지'가 떡고리를 대신하고 있었다. 강원도 강릉 지역과 고성 지역 사람들은 버들고리 대신 왜 '방팅이함지'라는 나무 그릇에 떡을 담고 다녔을까. 강원도 영동 지역은 백두대간과 너무 가깝다. 버드나무가 자랄 수 있는 공간이 협소할 수밖에 없다. 이 지역에서는 버들백정들의 버들공예가 전승되지 못하였던 것은 아닐까. 그러니 버들고리 대신 '방팅이함지'에 떡을 담고 다녔던 것은 아닐까.

물동이의 얼굴

원초경제사회 때, 한반도 사람들의 식수食水 마련은 여성들의 몫이었다. 제주도에는 이런 속담도 전승되었다. "물항굽 ᄆᆞ르민 살림 노고롯 못ᄒᆞᆫ다.물 항아리 바닥에 물이 마르면 살림이 넉넉하지 못하다."고 말이다. 그러니 한반도의 여성들은 식수 마련에 게으를 겨를이 없었다. 식수는 우물이나 냇가에서 일정한 그릇에 담고 운반하였다. 운반법은 두 가지였다. 머리에 이어 나르기와 등에 지어 나르기였다. 한반도의 여성들은 머리에 이어 날랐고, 제주도 여성들은 등에 지어 날랐다. 머리에 이어 나르는 그릇을 '물동이', 등에 지어 나르는 그릇을 '허벅'이라고 하였다.

물을 이어 나르는 그릇은 목숨만큼 귀한 것이었다. 고분지통鼓盆之痛이라는 옛말은 중국은 물론 한반도에서도 전승되었다.

중국 전국시대 사상가 장자莊子, 365?~270?는 어느 날 부인을 잃었다. 그의 친구 혜자惠子는 장자에게 달려가 조문弔問하였다. 장자가 물동이를 두드리며 노래를 부르고 있었다. 고분지통은 아내가 죽었을 때 물동이를 두드리며 슬퍼한 장자의 고사故事에서 나온 말이다. 그러니 고분지통은 상처喪妻한 남편의 고통을 대변하는 말이었다.

한반도에서 전승되는 고분지통은 중국의 경우와 달랐다. 울산광역시 울주군 두동면 삼정리 김홍섭 씨1932년생, 남에게 가르침을 받았다. 한반도 사람들은 부인이 죽어 슬퍼하는 이웃 사람에게 조문을 가면, "고분지통을 어찌 감당하시옵니까!"라고 위로의 말을 했다. 고분지통에 관한 다음과 같은 유래가 전승되고 있다.

옛날 어느 가난한 부부가 살고 있었다. 남편은 땔나무를 채취하여 팔고, 부인은 삯일로 생계를 어렵게 꾸려가고 있었다. 가난한 부부는 물동이 하나를 마련하지 못하였다. 부인은 물동이 대신 양푼으로 식수를 이어 나르고 있었다. 어느 날 남편은 용기를 내어 부인에게 물동이를 하나 마련하여 주었다. 식수 운반으로 고생하는 부인을 위해서였다.

부인은 어느 추운 날 우물에 물을 길러 갔다. 물동이에 식수를 긷고 오다가 그만 얼음장에 미끄러지면서 물동이가 '파싹팍' 깨지고 말았다. 원통함을 이겨내지 못한 부인은 우물에 빠져 죽고 말았다. 남편은 땔나무를 지고 집으로 왔다. 집 안에는 부인도 물동이도 보이지 않았다. 부인과 물동이를 찾아 나섰다. 부인은 우물에 빠졌고, 물동이는 깨져 있었다. 부인의 장례를 치렀다. 남편은 부인을 그리워하는 마음을 달래려고 물동이 하나를 다시 샀다. 남편은 부인이 그리울 때마다 물동이를 치면서 "내 부인이 이 물동이 때문에 죽었구나!"라는 내용의 노래를 부르며 슬픔을 달랬다. 이렇게 물동이 때문에 부인을 잃어버린 남편은 하루하루 원통한 마음을 달래며 살아갔다. 이것이 고분지통의 유래였다.

[사례1] 강원도 강릉시 구정면 여찬리 함만호 씨1942년생, 남

이 마을에는 옹기가마가 있었다. 1970년대까지만 하더라도 이 마을 20여 가호는 옹기 만들기를 생업으로 살아가고 있었다. 이 마을에서는 물을 길어 나르는 그릇을 '물동이'라고 하였다. 아래의 물동이는 이 마을 옹기가마에서 만든 것이었다. 전체적으로 요강 모양이었다. 한 말들이로 검은 빛깔이다. 물동이 중배에 손잡이를 붙였다**(도86)**. 이 마을 사람들은 물동이 여러 개를 묶어 백두대간

[도86] 물동이(아가리 직경 29.5㎝, 높이 25.0㎝)
강원도 강릉시 구정면 여찬리 함만호 씨(1942년생, 남) 집에서 쓰던 것이다.

을 넘어 영서 지역까지 팔러 다녔다. 물동이 한 말들이 하나를 준 값으로 콩, 옥수수, 벼, 조, 팥 등을 한 말씩 바꿨다.

[사례2] 경북 의성군 점곡면 사촌3리 권오윤 씨 1938년생, 여

이 마을 사람들은 '버지기'라는 옹기로 식수를 길어 날랐다. 버지기는 둥글넓적하고 아가리가 넓게 벌어진 질그릇이었다. 버지기 중배에 손잡이를 붙였다. 여성들이 머리에 이어 날랐다(도87). 이 마을의 버지기는 두 가지가 전승되었다. 물을 길어 나르는 것과 콩나물을 키우는 것이었다. 모양과 크기는 비슷하였다. 다만, 콩나물버지기 밑바닥 한쪽에 구멍 직경 1.0㎝ 하나가 나 있었다. 이것은 콩나물을 키우는 동안에 물을 빼는 구멍이었다.

[도87] 버지기(아가리 직경 37.5㎝, 높이 22.0㎝)
경북 의성군 점곡면 사촌3리 권오윤 씨(1938년생, 여)가 쓰던 '버지기'라는 물동이다. 권 씨는 이것을 의성문화원에 기증하여 주었다.

[사례3] 울산광역시 울주군 두동면 삼정리 김홍섭 씨 1932년생, 남

1962년 음력 5월 9일, 김 씨는 일기에서 "물동이 하나를 쌀 한 되 주고 샀다"고 하였다. 쌀 한 되를 주고 산 것은 옹기 물동이였다. 음력 6월 11일, 김 씨는 일기에서 모심기 참 일을 하다가 잠시 쉬는 동안 때, 이 집 어머니는 '닭온밥'을 물동이에 담아 이고 갔다고 하였다. 닭온밥은 모심기 때 참 음식임과 동시에 보양식이었다. 닭을 삶은 육수에 닭고기와 쌀로 쑨 죽이었다.

이 마을의 물동이는 추봉도 경남 통영시 한산면 추봉리 구연수 씨 1939년생, 여 집에 있는 것과 비슷하였다. 구 씨는 이것을 '물동우'라고 하였다. 10되들이였다. 중배에는 손잡이도 붙어 있었다. 머리에 '따바리 똬리'를 받치고 물동우로 식수를 이어 날랐다. 물동우 안에 바가지를

[도88] 물동우(아가리 지름 33.5㎝, 높이 35.0㎝)
추봉도(경남 통영시 한산면 추봉리) 구연수 씨(1939년생, 여)가 쓰던 것이다.

엎어놓기도 하였다(도88). 1970년대 들어서면서 함석으로 만든 물동이가 등장하였다. 이런 모양의 물동이를 '양동이, 양철동이, 함석동이'라고 하였다(도89).

동해안 지역 **사례1, 2, 3** 지역의 물동이는 모두 모양이 달랐다. **사례1**과 **사례3** 지역에서는 물동이, **사례2** 지역에서는 '버지기'라고 하였다.

사례1 지역의 물동이는 서해안 지역 충남 아산시 송악면 외암리에서 전승되고 있다. 이 마을 김정효 씨[1939년생, 남] 집에 있었는데, 이것을 '물동이' 또는 '수박동이'라고도 하였다. 전체적으로 요강 모양이었다. 한 말들이로 검은 빛깔이다. 물동이 중배에 손잡이를

[도89] 양동이(1977년 2월 27일, 경남 합천군 합천면 내곡리)[촬영 현용준]
아이들이 양동이를 머리에 이고 식수를 운반하고 있다.

[도90] 물동이(아가리 직경 33.0㎝, 높이 27.0㎝)
충남 아산시 송악면 외암리 김정효 씨(1930년생, 남) 집에서 쓰던 것이다.

[도91] 김득신(金得臣)의 〈행려풍속도병(行旅風俗圖屛)〉(일부) [소장 호암미술관]
'버지기(물동이)'를 이고 있는 여인의 오른쪽 손에 잡은 것은 두레박일 가능성이 짙어 보인다.

붙였다(도90).

사례2 지역의 버지기는 서해안 지역에서는 찾을 수 없었다. 다만 조선왕조 시대 화가 김득신金得臣, 1754~1822의 〈행려풍속도병行旅風俗圖屛〉에서 이와 비슷한 물동이가 보였다(도91).

사례3 지역의 물동이는 서해안 낙월도전남 영광군 낙월면 상낙월리에서도 전승되고 있다(도92). 1936년 8월 18일, 《조선다도해여행각서朝鮮多島海旅行覺書》 일행은 낙월도에서 물동이를 이고 가는 여인의 사진을 찍었다. 앞의 여인은 옹기 '물동이'를 이고 있었고, 뒤의 여인은

[도92] 옹기 물동이와 목통 물동이를 지고 오는 여인(1936년 8월 18일, 낙월도)
《조선다도해여행각서(朝鮮多島海旅行覺書)》 일행

[도93] 김홍도(金弘道)의 〈단원풍속화첩(檀園風俗畵帖)〉(일부)

목통木桶 물동이를 이고 있었다. 목통 물동이 위에 나무바가지를 올려놓고 있었다. 이처럼 비교적 길쭉한 모양의 옹기 물동이는 경상남도와 전라남도 지역에 광범위하게 분포되고 있었다.

김홍도金弘道, 1745~1806의 〈단원풍속화첩檀園風俗畵帖〉 속의 우물가에 있는 잿빛 요강 모양의 물동이는 **사례1** 지역과 충남 아산시 송악면 외암리에서 전승되는 물동이 모양이었다. 그리고 목통木桶 물동이는 낙월도 아낙네가 이고 오는 모양이었다**(도93)**.

한반도의 물동이는 옹기 물동이와 목통 물동이가 전승되었는데, 옹기 물동이는 크게 세 가지가 전승되고 있다. **사례1** 지역을 비롯한 충남 아산시 송악면 외암리에서 전승되었던 요강 모양의 검은 잿빛 물동이, **사례2** 지역에서 전승되었던 단면이 마름모꼴인 '버지기' 물동이, 그리고 **사례3** 지역을 비롯한 남해안 지역에서 광범위하게 전승되고 있는 길쭉한 물동이였다. 한반도의 물동이는 지역마다 다양한 모양을 하고 있었다.

동해안 떳가리와 제주도 떼

나무토막을 엮어 물에 띄워 타고 다니는 통나무배가 있었다. 동해안 일부 지역 사람들은 '떳가리', 제주도 일부 지역 사람들은 '떼'라고 하였다. 동해안 떳가리는 '띠'와 '가리'로 이루어진 말이었다. '띠'는 뜨다[浮], '가리'는 통나무 여럿이라는 말이다. 장작더미를 '가리'라고 하고 있듯이 말이다. 그리고 제주도 '떼'는 '뜨다[浮]'와 명사형 어미 '에'로 이루어진 말이다. 동해안의 '떳가리'와 제주도의 '떼'를 비교하여 두 지역에서 통나무배의 탄생 배경을 살펴보고자 한다.

울진군 울진읍 온양리의 '떳가리'

이 마을 사람들은 통나무배를 '떳가리'라고 하였다.

[사례1] 경북 울진군 울진읍 온양리 최의봉 씨 1930년생, 남

최 씨는 한평생 서너 척의 떳가리를 만들어 어업활동에 사용하였다. 밭둑에 오동나무를 심어 가꾸었다. 오동나무는 빨리 자라는 나무였다. 10여 년 이상을 키우면 직경 25㎝ 정도 되었다. 오동나무는 삼동三冬에 베어냈다. 2~3년 동안 그 자리에 세워 말렸다. 그것으로 떳가리를 만들었다. 오동나무 여러 토막을 꿰뚫어 나뭇조각을 꽂았다. 이때의 나뭇조각을 '비녀장'이라고 하였다. 비녀장은 가동나무로 만들었다. 떳가리의 수명은 10년 정도였다.

노櫓를 '놀'이라고 하였다. 놀은 세 가지로 구분되었다.

- 놀우대: 놀의 손잡이다. 참나무로 만들었다.
- 놀잎: 노를 저을 때 물속에 잠기는 놀의 넓적한 부분이다. 가동나무로 만들었다. 가동나무 양지陽地 쪽의 면을 '양지자리', 음지陰地 쪽의 면을 '음지자리'라고 하였다. 양지자리는 야물어서 비틀어지지 않았다. 음지자리는 물러서 틀어지기 일쑤였다. 가동나무의 음지자리는 톱으로 켜내버리고 양지자리로만 놀잎을 만들었다.
- 놀따까리: 떳가리 '놀지게[뒷전]'에 조그맣게 나와 있는 '놀좃나무못'

에 끼우는 구멍을 낸 나무토막이다. 놀우대와 놀잎 사이에 붙였다.

뗏가리의 놀[櫓]은 어깨 밑으로 양손을 내려 저었다.

울진군 매화면 오산2리의 '뗏가리' 이용

이 마을 사람들은 뗏가리를 미역 따는 데 이용하는 경우가 많았다.

[사례2] 경북 울진군 매화면 오산2리 박선동 씨[1935년생, 남]

이 마을 사람들은 미역밭을 '미역짬'이라고 하였다. '짬'은 바다에 있는 바위라는 말이었다. 이 마을의 미역짬은 남쪽에서부터 북쪽으로 줄줄이 ①까마, ②진북, ③진남, ④맨담 4개가 있었다.

음력 10월 중에 미역짬을 결정했다. 이를 '미역짬 뽑는다'고 했다. 이 마을은 100여 가호로 구성되었다. 종이쪽지에 미역짬 이름을 하나씩 적고 마당에 펼쳐 놓았다. 1가호마다 한 사람의 대표가 나와 종이쪽지를 한 장씩 차지하였다. 종이쪽지에 적힌 미역짬을 1년 동안 소유했다. 미역짬의 구성원들은 해당 미역짬의 대표 한 사람을 선임하였다. 이를 '짬지기'라고 하였다. 미역짬 구성원들은 짬지기의 지시에 따라 미역짬에서 여러 가지 일을 하였다.

[도94] 돌매기(2016년 10월 17일, 경북 울진군 매화면 오산2리)[촬영 이혜연]
이 마을 박선동 씨(1935년생, 남)가 씨레로 돌매기를 하고 있다.

음력 10월 하순에 미역짬의 잡초를 매었다. 이를 '짬 맨다'고 하였다. 짬지기가 "짬 매러 나오세요!"라고 소리를 질렀다. 구성원마다 '씨레'를 들고 나왔다. 괭이를 편 모양의 쇠붙이를 자루에 박아 만든 것이었다. 양손에 씨레를 잡고 갯바위의 잡초를 매었다. 씨레로 미역짬의 잡초를 제거하는 일을 '돌매기'라고 하였다**(도94)**.

잡초를 맨 갯바위에 미역이 붙어 자랐다. 미역은 수심에 따라 '돌곽'과 '수심곽'의 두 가지로 구분하였다. 수심 1m까지의 미역을 돌곽'몸곽'이라고도 함, 그 이상 수심 4m까지의 미역을 수심곽이라고 하였다. 미역을 따는 낫을 '설낫'이라고 하였다. 구성원들이 모두 출어하여 설낫으로 돌곽부터 땄다. 짬지기는 미역 더미를 띄엄띄엄 만

[도95] 떳가리 위에서 미역 따기(2012년 5월 25일, 강릉시 강동면 정동진리) [촬영 마츠타 무츠히코(松田睦彦)]
한 남정네가 떳가리 위에서 '낫대(자루가 긴 낫)'로 미역을 따고 있다.

들어놓았다. 구성원마다 각각 1깃씩 차지하였다. 그리고 짬지기는 구성원 몫의 1깃과 함께 짬지기 몫으로도 1깃을 차지하였다.

이어서 수심곽을 땄다. 남정네 몇 사람은 떳가리를 타고 미역짬으로 나갔다. 물 위에 어유魚油를 뿌렸다. 이를 '푸름'이라고 하였다. 물속이 훤해졌다. 기다란 설낫으로 수심곽을 땄다(도95). 떳가리에 가득 수심곽을 싣고 뭍으로 왔다. 짬지기는 미역 더미를 띄엄띄엄 만들어놓았다. 구성원마다 각각 1깃씩 차지하였다. 떳가리를 타고 나가 수심곽을 딴 남정네는 구성원 몫의 1깃과 떳가리를 타고 가서 수심곽을 딴 값으로 1깃을 차지하였다. 그리고 짬지기는 구성원 몫의 1깃과 함께 짬지기 몫으로도 1깃을 차지하였다. 이 마을 떳가리는 수심곽을 따기 위해서 만들어진 것이었다.

제주도 조천읍 신촌리의 '떼'

이 마을 사람들은 떼를 해조류를 채취할 때 이용하는 경우가 많았다.

[사례3] 제주특별자치도 제주시 조천읍 신촌리 강하림 씨1896년생, 남

제주도에서 자생하는 나무들 중, 떼테우의 재료가 될 수 있는 나무는 한라산 700~800m 고지에 자생하는 구상나무뿐이었다. 구상나무는 다른 나무들에 비하여 부력이 뛰어나다. 80여 년 전까지

만 하더라도 제주도 어촌에서는 여러 사람들이 공동으로 한라산에 올라 구상나무를 베어다가 테우를 만들었다.

구상나무를 베어 일정한 곳까지 어깨에 올려놓고 운반하였고, 이를 다시 바닷길로 마을 포구까지 옮겨놓고 6개월 이상 나무껍질을 벗기지 않은 채 바닷물에 담갔다가 건조시켜 만들었다. 신촌 마을에서는 한라산에서 구상나무를 베어 제주시 서쪽 '도그내지금의 무수천'까지 어깻짐으로 운반해, 그것을 다시 바닷길로 마을 포구까지 옮겼다.

[도96] 제주도 떼 조립(1984년 5월 1일, 제주특별자치도 제주시 조천읍 신촌리)
이 마을 강하림 씨(1896년생, 남)의 지시 하에 겨울 동안 해체하여 두었던 떼를 일꾼이 조립하고 있다.

구상나무는 한라산[1,950m] 일부 지역에서만 자생하는 한정된 나무였기 때문에 자원이 고갈되면서부터는 일본 대마도로 가서 그곳 삼나무를 사다가 테우를 만드는 게 일반화되었다. 이 마을 사람들은 일본 쓰시마에서 생산한 삼나무로 떼를 만들었다. 그 구조는 다음과 같다(도96).

- 장쇠: 통나무를 가지런히 놓았을 때, 뒤 양쪽을 가로 끼워 고정시키는 나무토막이다. 가시나무로 만들었다. 앞의 것을 '이물장쇠', 뒤의 것을 '고물장쇠'라고 하였다.
- 멍에: 떼의 맨 앞뒤에 세우는 나무토막이다. 앞의 것을 '이물멍에', 뒤의 것을 '고물멍에'라고 하였다.
- 상자리: 떼 위에 설치한 자리[席]다.
- 노: 손잡이를 '부출', 노를 저을 때 물속에 잠기는 놀의 넓적한 부분을 '뵞잎'이라고 하였다. 부출은 삼나무, 뵞잎은 가시나무로 만들었다.

떼는 노를 어깨 위로 양손을 올려 저었다.

제주도 구좌읍 행원리의 '떼' 이용

이 마을 사람들은 떼를 해녀들이 거름용 해조류 따는 데 이용하

[도97] 고지기 물에(1977년 여름, 제주시 조천읍 북촌리)[촬영 현용준]
'고지기'는 거름용 해조류다. 제주도 갯마을 어디에서나 이것을 따냈다. 이를 '고지기 물에'라고 하였다. '테우' 한 척에 해녀 1~2명과 남자 사공 1명이 함께 하였다. 해녀는 잠수하여 '중게호미'로 '고지기'를 베어냈고, 뱃사공은 베어낸 '고지기'를 '공젱이'라는 갈퀴로 걸어 올렸다.

는 경우가 많았다.

[**사례4**] 제주특별자치도 제주시 구좌읍 홍복순 씨1931년생, 여

고지기는 모자반과의 거름용 해조류다. 뿌리는 원뿔 모양이고, 줄기는 원기둥 모양이다. 점심대漸深帶에서 자랐고 음력 7~8월에 성숙하였다. 고지기를 따는 일을 '고지기 물에'라고 하였다. 고지기는 감태, 미역과 함께 여자해녀들이 채취하는 바다풀이었다.

고지기의 어기漁期는 음력7월 하순부터 음력8월 중순까지였다.

조밭의 잡초 제거가 끝나고 소의 월동 사료인 목초 수확기 이전까지였다.

떼[筏船] 한 척에 해녀 1~2명과 1명의 사공이 타고 바다로 나갔다. 고지기 어장에 닻을 드리우고 떼를 세웠다. 해녀는 'ᄌᆞᆼ게호미'라는 낫을 들고 자맥질하며 고지기를 땄다. 사공은 떼 위에서 해녀가 따낸 고지기를 '공젱이'라는 갈퀴로 끌어당겼다(도97). 그리고 고지기를 뭍으로 운반하여 널어 말렸다. 떼의 몫[뱃깃], 사공의 몫[몸깃], 해녀의 몫[몸깃]으로 각각 1깃씩 나누었다. 말린 고지기를 '눌[노적가리]'로 쌓아 저장하여 두었다가 보리를 파종할 때 밑거름으로 주었다.

통나무배를 한반도 동해안 사람들은 '떳가리', 제주도 사람들은 '떼'라고 하였다. 떳가리 재료는 오동나무, 떼 재료는 삼나무였다. 떳가리는 주로 미역을 딸 때 이용되었고, 떼는 주로 거름용 해조류를 딸 때 이용되었다.

후기
찾아보기

한반도와 그 주변 도서 지역의 환경 조건은 여기저기 달랐다. 한반도 백성들은 자신이 살고 있는 입지 조건 속에서 다양한 삶의 방식을 창조, 발전, 계승시켜왔다. 예를 들어 한반도에 전승되었던 호미는 지역에 따라 다양한 모습을 하고 있었다. 그러나 소위 한국의 국가주의, 단일 민족주의는 한반도 여기저기 다양한 문화를 함몰시키는 결과를 초래하였다. 한국의 박물관 중에 여러 지역에서 전승되었던 호미를 전시하고 있는 박물관은 거의 없다.

필자는 미력이나마 이를 극복하고 싶었다. 한반도에서 원초경제사회를 살아온 백성들의 생활 무대를 산야, 전답田畓, 마을, 갯밭, 도구로 나누고, 어느 지역에서 어떠한 생활문화가 이루어져왔는지를 들여다보고자 하였다. 그러나 이 모든 것을 이루어내지 못했음을 자인한다. 필자의 여력이 있는 한 한반도에서 살아온 백성들의 입장에서 생활사 자취를 발굴하는 일은 계속 이어가고자 한다.

보잘것없지만 이 집필이 이루어지도록 따뜻한 마음으로 가르침을 주신 현지 분들께 머리 숙여 큰절을 올린다.

2019년 9월

고광민

찾아보기

ㄴ

ㄷ

ㅇ

ㅈ

찾아보기_마을명

찾아보기_인명

고광민

1952년 제주도 출생.
서민 생활사 연구자.
저서 《고개만당에서 하늘을 보다》, 《마라도의 역사와 민속》, 《제주 생활사》, 《섬사람들의 삶과 도구》, 《흑산군도 사람들의 삶과 도구》, 《조선시대 소금생산방식》, 《돌의 민속지》, 《제주도의 생산기술과 민속》, 《제주도 포구 연구》, 《사진으로 보는 1940년대의 농촌풍경》, 《한국의 바구니》 외.

동東의 생활사

2019년 10월 10일 초판 1쇄 발행

지은이 고광민
펴낸이 김영훈
편집 김지희
디자인 나무늘보, 부건영
펴낸곳 한그루
출판등록 제6510000251002008000003호
제주특별자치도 제주시 복지로1길 21
전화 064 723 7580 전송 064 753 7580
전자우편 onetreebook@daum.net 누리방 onetreebook.com

ISBN 978-89-94474-91-5 93380

이 도서의 국립중앙도서관 출판예정도서목록(CIP)은 서지정보유통지원시스템 홈페이지(http://seoji.nl.go.kr)와 국가자료공동목록시스템(http://www.nl.go.kr/kolisnet)에서 이용하실 수 있습니다. (CIP제어번호: CIP2019036917)

값 22,000원